Wolfgang Gessenharter, geboren 1942, studierte Philologie, Theologie, Politikwissenschaft sowie Philosophie, Soziologie und Öffentliches Recht in München und Freiburg. Er ist seit 1973 Professor für Politikwissenschaft an der Universität der Bundeswehr Hamburg. Schwerpunkte seiner Arbeit sind Politische Theorie, Extremismus-, Minderheiten-, Umwelt- und Zukunftsforschung; zahlreiche Veröffentlichungen auf diesen Gebieten.

Dieses Buch wurde auf chlor- und säurefreiem Papier gedruckt.

Originalausgabe Februar 1994

Umschlaggestaltung Adolf Bachmann, Reischach
Umschlagillustration Kristian Dekelver, Weinstadt
Satz DTP br
Druck und Bindung Ebner Ulm
Printed in Germany
ISBN 3-426-80026-8

2 4 5 3 1

Wolfgang Gessenharter

Kippt die Republik?

Die Neue Rechte und ihre Unterstützung durch Politik und Medien

Knaur®

Zu diesem Buch haben viele Gespräche mit Bekannten und Freunden, darunter auch Ausländern, die in Deutschland Schutz suchten, beigetragen.
Ihnen allen bin ich zu großem Dank verpflichtet. Besonders danke ich Markus Birzer, Peter H. Feindt, Henrike Fröchling, Dr. Helmut Fröchling und Ulla M. Geismann, ebenfalls auch Frau Margarete Kniese für ihre Hilfe bei der Erstellung des Manuskripts.

Inhalt

Kapitel 4

Die Verbreitung neurechter Ideologie
oder: War da was? Was war da?

Seite 123

Kapitel 5

Die Neue Rechte und die Rechtsaußen-Parteien, »Die Republikaner«
oder: Das Dilemma des Verfassungsschutzes

Seite 147

Kapitel 6

Die Neue Rechte in der bundesrepublikanischen Medienlandschaft
oder: Biedermann und die Brandstifter

Seite 185

Kapitel 7

Die politische Auseinandersetzung um das Asylproblem nach der deutschen Einheit *oder:* Triumph des neurechten Denkens?

Seite 215

Kapitel 8

Die Chancen der Bundesrepublik als »offene Bürgergesellschaft« *oder:* Ist die Zukunft der Neuen Rechten die Vergangenheit?

Seite 255

Einleitung

Der »Fall« Heitmann(s)

Ein Blick zurück: Es war schwer für ihn. Die Medien stürzten sich auf ihn, den Ungeübten. Er sollte Antworten auf Fragen und Probleme geben, bei denen Kürzel und Schlagworte sicher und präzise zur Hand sein mußten, wollte er sich nicht sofort verheddern. Tiefergreifende Antworten, die über Etiketten hinausgingen, waren überhaupt nicht gefragt; offenbar standen sie ihm aber auch nicht zur Verfügung. Der Mann dieser Szene: Steffen Heitmann, Justizminister des Landes Sachsen und von Bundeskanzler Helmut Kohl auf dem Bundesparteitag der CDU in Berlin Mitte September 1993 zum Nachfolgekandidaten des Bundespräsidenten, Richard von Weizsäcker, erkoren.

Also hielt er sich an jenen Worthülsen und Wirklichkeitsausschnitten fest, die ihm in dieser Lage als passend erschienen. Waren sie wirklich Ausdruck dessen, was er vielleicht gerne gesagt hätte? Wäre ihm, hätte er mehr Zeit gehabt, die ganze Situation vertrauter gewesen? Also passierte es: Er bedauerte in einem Interview die »Überfremdung« des deutschen Volkes; ein paar Tage später, in einem Gespräch mit der *Süddeutschen Zeitung* (vom 18./19. 9. 1993) sagte er dazu, er habe nichts zurückzunehmen: Bei der Bemerkung, er habe sich einmal daran gerieben, in einer deutschen Großstadt so vielen Ausländern begegnet zu sein, habe er »einfach Empfindungen Ausdruck gegeben, die viele haben. Und ich glaube, es muß möglich sein, solche Empfindungen einmal auszudrücken – wenn sie nicht abseitig sind, und ich halte sie nicht für abseitig«.

Und dann weitet er aus: »Das Merkwürdige ist in der Bundesrepublik Deutschland, daß es ein paar Bereiche gibt, die sind tabuisiert. Es gibt eine intellektuelle Debattenlage, die nicht unbedingt dem Empfinden der Mehrheit der Bürger entspricht, die man aber nicht ungestraft verlassen kann. Und dazu gehört das Thema Ausländer, dazu gehört das Thema Vergangenheit Deutschlands; die Nazi-Vergangenheit ...« Man müsse diese Debatten »aufbrechen, selbst auf die Gefahr hin, daß man dann in bestimmte Ecken gestellt wird, in denen man sich gar nicht wohl fühlt«; ihn aber gar im Zusammenhang mit »Republikanern« und der DVU zu nennen, halte er für »böswillig«; man solle jedoch versuchen, »auch dem Normalbürger eine Stimme zu geben in diesen Debatten«.

Daraufhin folgt das Angebot an den »Normalbürger«: Man müsse »lernen, mit dieser furchtbaren Geschichte, die wir haben, umzugehen«; aber aus ihr »eine Sonderrolle Deutschlands abzuleiten« – und er vergißt nicht hinzuzufügen: »bis ans Ende der Geschichte« – lehne er ab; vielmehr seien die Nazi-Verbrechen »einzuordnen ... in unsere Gesamtgeschichte, die wir als Volk haben«. Und unter Ausnutzung der Doppeldeutigkeit des Wortes »einmalig« – moralisch beziehungsweise historisch – begründet der Präsidentenkandidat, warum aus seiner Einschätzung, »daß der organisierte Tod von Millionen Juden in Gaskammern tatsächlich einmalig ist«, eben keine verpflichtende Besonderheit für Deutschland abzuleiten sei, weil dieser Tod »einmalig ist – so wie es viele historisch einmalige Vorgänge gibt«. Und damit es ganz klar ist, fährt er fort: »Wiederholung gibt es in der Geschichte ohnehin nicht.« Der intellektuelle Schlenker des Kandidaten: Die für manche »einmalige«, ungeheure Schuld, die diese Morde bedeuten, wird relativierend eingebunden in den großen Strom je »einmaliger« historischer Begebenheiten.

Der sächsische Ministerpräsident Kurt Biedenkopf, der natürlich seinem Kabinettsmitglied so gut es ging kollegial die Stange halten mußte, meinte zu diesen Äußerungen Heitmanns etwas säuerlich, dieser sei »ein Mann mit Prinzipien, der die Sprache unbefangen nutzt und sagt, was er denkt« (*Süddeutsche Zeitung* vom 20. 9. 1993). Biedenkopf, dem wir manche kluge Analyse des Rechtsextremismus in der Bundesrepublik verdanken (zum Beispiel in der Dokumentation der *Frankfurter Rundschau* vom 24. 6. 1989), urteilt etwas sehr arglos. Der Kanzleramtsminister Friedrich Bohl wittert schon eher Gefahr, auch wenn er sie lieber anderen als dem Kandidaten in die Schuhe schieben will: Er werde das Gefühl nicht los, »daß bestimmte Leute aus durchsichtigen Gründen in Heitmanns Äußerungen etwas ›hineininterpretieren, was er so nicht gesagt oder gemeint hat‹« (*Süddeutsche Zeitung* vom 20. 9. 1993). *Die Welt* sprach gar bekümmert-unbekümmert davon, daß jetzt die Kampagne gegen Heitmann losgehe. Dagegen machte Robert Leicht in der *Zeit* (Nr. 39 vom 24. 9. 1993) bei Heitmann »gedankliche Unschärfen« aus, die seine »Ansichten ins Platte und Peinliche verschärfen« und die schlimmer seien als seine konservativen Meinungen. Deshalb und weil er mit diesen Ansichten nicht versöhne, sondern spalte, sei er als Bundespräsident nicht wählbar. Ähnlich drückte sich auch Ignatz Bubis, der Vorsitzende des Zentralrats der Juden in Deutschland, aus, da er sich nicht vorstellen könne, »wie Herr Heitmann ein Präsident aller Deutschen werden will« (zitiert in der *Süddeutschen Zeitung* vom 20. 9. 1993).

Was sich hier im Herbst 1993, also im letzten Vierteljahr vor dem sogenannten Superwahljahr in Deutschland mit seinen insgesamt 18 Wahlgängen auf Kommunal-, Landes-, Bundes- und Europaebene abspielte, könnte – oberflächlich betrachtet – als Auftaktgeplänkel für dieses »Schicksalsjahr«, wie es oft tituliert wurde, angesehen werden: Das Parteiengezänk rankt sich an einem »knorrigen Konservativen« hoch – wäre da nicht immer auch zu hören, Heitmann spreche dem Normalbürger aus dem Herzen, er verlasse doch nur die eingeschliffenen Redeweisen an den Zeitgeist angepaßter Politiker, er sei einfach noch nicht genügend hineinsozialisiert in die altbundesrepublikanische politische Kultur, und insofern sollte man auf diesen noch unverdorbenen, noch seine eigene Sichtweise unverfälscht ausdrückenden Mann hören (etwa die Leserbriefe in der *Welt am Sonntag* vom 26. 9. 1993), zumal ihm auch nicht nachgesagt werden könne, daß er sich früher schon im »Blockflöten«-Ensemble der DDR-CDU mit anderen Tönen habe vernehmen lassen.

Recht eigenartig bei diesen Einlassungen ist allerdings, daß offenbar gar nicht geprüft wurde, ob der Kandidat wirklich so unbefangen, so unbeleckt, so fernab gängiger politischer Sprachhülsen formulierte. Was verleitete denn manche, so ganz selbstverständlich anzunehmen, daß jemand, der wie Heitmann dachte, wie ein »Normalbürger« denkt? Wie würde denn dieser Normalbürger überhaupt denken? Und woher hätte denn dieser seine politische Weltsicht? Was heißt denn in diesem Sinne eigentlich »Normalität«? Und sind die, die anders denken, Vertreter jener indoktrinierenden Intellektuellen, deren »Debattenlage ... nicht unbedingt dem Empfinden der Mehrheit der Bürger entspricht, die man aber nicht ungestraft verlassen kann«, wie Heitmann selbst betonte?

Als am 11. 11. 1988 der damalige Bundestagspräsident Philipp Jenninger zurücktrat, hatte er einen ähnlichen Zusammenhang wie Heitmann hergestellt. Auch Jenninger behauptete, es gäbe bestimmte Tabus in Deutschland, die man nicht ungestraft brechen dürfe, obwohl sie eigentlich jedermann bekannt seien. Auch er hätte damals wohl gerne so etwas wie »normales« Denken für sich bemüht – nur damals folgte ihm nicht einmal mehr die Mehrheit seiner eigenen Partei, der CDU. Seine Ansicht wurde als eine spezifische, als eine höchst umstrittene allerdings, gewertet, die man zwar vertreten könne, aber eben nicht in einem so repräsentativen Amt wie dem des Bundestagspräsidenten. Als Jenninger einige Monate später Botschafter der Bundesrepublik Deutschland in Österreich wurde, erregte diese Ernennung daher auch kein großes Aufsehen.

Was ist in diesen vergangenen fünf Jahren geschehen, daß im Herbst 1993 offenbar mit so ganz anderen Maßstäben gemessen wurde? Daß also nicht, wie bei Jenninger, alle Unterstützung sofort zusammenbrach, den Kandidaten Heitmann in ein noch höheres Amt zu hieven als jenes, aus dem Jenninger stürzte?

Wie unter einem Brennglas wird am Falle Heitmann eine politische Entwicklung deutlich, die, beruhend auf bestimmten Traditionen in Deutschland, in den letzten zwei Jahrzehnten mit zunehmender Tendenz Eingang in die politische Kultur fand, bis zur Einigung Deutschlands eine umstrittene Rolle spielte, seit der Einigung allerdings immer mehr so etwas wie eine Durchfärbung der dominierenden politischen Meinungs- und Willensbildung darstellt.

In den folgenden Kapiteln wird diese Entwicklung detailliert dargestellt. Wenn ein wichtiger Akteur in diesem Prozeß als »Neue Rechte« benannt wird, so muß sofort ein mögliches Mißverständnis ausgeräumt werden. Es handelt sich bei dieser Neuen Rechten nicht um eine feste Organisation, gar um eine Partei; vielmehr soll damit eine Vielzahl von Zeitschriften- und kulturellen Projekten, von Personen und Personengruppen bezeichnet werden, die als Multiplikatoren neurechter Gedanken in herkömmliche Organisationen und sogar Parteien hineinwirken; abgesehen von einigen wenigen, dann jedoch durchwegs dominan-

ten Personen oder Zeitschriften, ändern sich die Glieder dieser Neuen Rechten ständig; von »Mitgliedern« läßt sich mangels einer klar abgegrenzten Organisation nicht sprechen. Es gibt aber eine ziemlich klar abgrenzbare Menge von Ideen und Gedanken, die zwar im Laufe der Jahre weiterentwickelt werden, die aber dennoch so klare Konturen erkennen lassen, daß Abgrenzungen zu anderen ideologischen Strömungen – bei allerdings auch vorhandenen Überschneidungen – möglich sind.
Der zentrale Ansatzpunkt der Neuen Rechten ist der Kampf um die Wirklichkeit, präziser gesagt: der Kampf darum, was Menschen als ihre soziale und politische Wirklichkeit ansehen beziehungsweise ansehen sollen. Die Neue Rechte nimmt hier einen grundlegenden Gedanken auf, der in der Geschichte politischen Denkens nie ganz unbekannt war, in solchen Zeiten aber, in denen Orientierungsprobleme für die Menschen eine große Rolle spielten, sehr in den Vordergrund rückte: Politik findet immer innerhalb einer »gesellschaftlichen Konstruktion der Wirklichkeit« (Berger/Luckmann) statt; die Komplexität politischer, ökonomischer, sozialer, kultureller Zusammenhänge wird durch »Bilder« reduziert, und manchmal werden solche Bilder unmittelbar für die Wirklichkeit gehalten. So hat man etwa den Staat oft als Schiff dargestellt. Als Bismarck zurücktrat, sprach man davon, daß der Lotse das Schiff verlasse. Die Bemerkung, die man in den letzten Monaten so oft hören konnte, »das Boot ist voll«, verbleibt in demselben Bild. Für denjenigen, der diesen Gedanken der »Konstruktion von Wirklichkeit« ernst nimmt, stellt sich die dringende Frage, wer an dieser Konstruktion denn nun teilnimmt und wer seine Bilder politisch-gesellschaftlich durchsetzen kann: die Erstellung von Wirklichkeit wird also zur Machtfrage (Kapitel 1).
Die »Neue Rechte«, vor gut zwanzig Jahren in Deutschland etabliert, hat diese Machtfrage zum Schwerpunkt ihres Pro-

gramms gemacht. Dabei übernimmt sie den Gedanken des italienischen Politiktheoretikers und Generalsekretärs der KPI Antonio Gramsci, der den Kampf um die politischen Wirklichkeitsbilder als einen »kulturellen« Kampf bezeichnete, den er vom »politischen« Kampf im engeren Sinne, also dem Kampf um die institutionelle Macht im Staate, unterschied. Gramsci, der italienischen Linken zuzuordnen, stellte dabei die These auf, die »kulturelle Hegemonie« gehe der »politischen Hegemonie« voran – im Klartext: Willst du die politisch-institutionelle Vorherrschaft gewinnen, mußt du vorher die Ansichten der Menschen von der politischen Welt nach deinen Bildern, nach deinen Begriffen geformt haben.

Wie sich diese gesellschaftlich-politische Welt in der Konstruktion der Neuen Rechten darstellt, ist ebenso Inhalt des zweiten bis vierten Kapitels wie ein Abriß der Genese der Neuen Rechten von einer Ansammlung rechter Splittergruppen zu einer organisatorisch zwar nach wie vor unübersichtlichen, aber nichtsdestoweniger »kulturell« wirkungsvollen ideologischen Strömung in unserem Lande. Insbesondere jenen Projekten, Gruppierungen und Personen, die sich manchmal zum Verwechseln ähnlich dem politischen Konservatismus in Deutschland anverwandeln, muß dabei, vor allem nach der deutschen Einheit, die Aufmerksamkeit gelten: Hier werden wir die Stichworte im Zusammenhang finden, die beispielsweise im Falle Heitmanns als »Volkes Stimme« ausgegeben wurden. Der Gedanke, es sei nach 1989 endlich an der Zeit, jene Tabus aufzubrechen, die den Deutschen nach der »Katastrophe« von 1945 (als habe die Katastrophe nicht schon 1933 stattgefunden) von den Siegermächten oktroyiert wurden, und in die sie, gleichsam wie ein Stier am Nasenring, im Wege der »Umerziehung« hineingeführt wurden, paart sich bei der Neuen Rechten mit dem Appell an die Deutschen, endlich jene neue Identität für sich zu finden, die Deutschland als kulturell, ökonomisch und – wenn es nur will – politisch dominantem Land »eigentlich« längst zusteht: Deutschland müsse endlich seine politischen Verzwergungswünsche ad acta legen und aufhören, die Interessen aller anderen Nationen den seinen vorzuziehen; dabei sei besonders die Orientierung an allgemeingültigen Menschenrechten, dubioses Vermächtnis der undeutschen Französischen Revolution von 1789, aufzugeben; angesagt sei vielmehr ein »realistisches« Welt- und Menschenbild, das dem weltfremden Utopismus linker intellektueller Idealisten, die Deutschland am liebsten in einem »multikulturellen Einheitsbrei« als Nation verdampfen ließen, eine Abfuhr erteile.

Auf diese Kurzform gebracht, wird der im politischen Tagesgeschäft informierte Leser vielleicht fragen, ob hier nicht eine Namensverwechslung vorliege. Warum soll man von einer »Neuen Rechten« sprechen, wenn man bei diesem Programm genausogut an Schönhubers Partei der »Republikaner« oder gar an Freys »Deutsche Volksunion« oder das abgehalfterte Häufchen der »NPD« denken könne? Dieser Frage, nämlich dem Verhältnis von »Neuer Rechten« und insbesondere den »Republikanern«, geht das fünfte Kapitel nach. Sind diese Rechtsaußen-Parteien die parteiorganisatorische »Fleischwerdung« der neurechten Ideologie? Inwieweit sind sie »verfassungsfeindlich« und damit – nach dem Verständnis des Verfassungsschutzes – Objekt von dessen Ausspähungsbemühung? Ist es reine Verdummung der Öffentlichkeit, wenn Franz Schönhuber über den bayerischen Ministerpräsidenten und damaligen bayerischen Innenminister Edmund Stoiber sagt, dieser hätte wegen seiner ausländerfeindlichen Sprüche gar keine Chance, Mitglied bei seinen »Republikanern« zu werden? Wenngleich es durchaus Sympathien vieler Vertreter der Neuen Rechten zumindest für die »Reps« gibt, ist soviel jedenfalls eindeutig, daß eine Gleichsetzung der Neuen Rechten mit den »Reps« von ersteren nicht gewünscht, ja sogar abgelehnt wird. Umgekehrt dagegen hätte Schönhuber zu Beginn der neunziger Jahre gerne in der von ihm initiierten, von anderen (etwa Günter Rohrmoser) aber schon früher vorgeschlagenen Intellektualisierungskampagne seine Partei zum authentischen Sprachrohr der Neuen Rechten gemacht. Es scheint aber, daß gerade die heute wortmächtigsten Vertreter der Neuen Rechten (noch?) nicht ins Kampfesfeld der institutionalisierten, parteiendemokratischen Machtpolitik einsteigen wollen, sondern lieber im »kulturellen« Bereich der politischen Meinungsbildung verbleiben wollen. Anhand detaillierter Analysen genuin neurechter Medien, wie zum Beispiel *»Junge Freiheit«*, werden immer wieder (im 6. Kapitel) auftauchende Leitmotive der neurechten Ideologie herausgefiltert; und es ist nicht selten, wie ebenfalls nachgewiesen werden kann, daß diese Leitmotive in Berichte und Kommentare konservativer Tageszeitungen locker hineinrutschen. Beispiele aus der *Welt* und der *Frankfurter Allgemeinen Zeitung* können schon erschrecken lassen, wie weit die Neue Rechte in der bundesrepublikanischen Medienlandschaft Niederschlag gefunden hat.

Ein besonders markantes inhaltliches Beispiel für diesen allgemeinen Befund wird das siebte Kapitel bieten: Anhand der politischen Auseinandersetzung um das Asylproblem in den letzten Jahren und Monaten vor dem sogenannten parlamentarischen Asylkompromiß muß der Frage nachgegangen werden, ob hier die Welt- und Menschen»bilder« der Neuen Rechten politische Realität geworden sind.

Wenn die Neue Rechte also im Kampf um die kulturelle Hegemonie an diesem für das Verständnis der Bundesrepublik als einer »offenen Republik« so zentralen Frage endgültig obsiegt hätte, müßte die Frage dieses Buches – »Kippt die Republik?« – ehrlicherweise bejaht werden. Und in der Tat gibt es nicht wenige, aus deren Sicht der Zug schon endgültig in diese verhängnisvolle Richtung abgefahren ist.

Es ist aber nicht nur eine Frage der Analyse, ob dieser Defätismus unverrückbar angebracht ist. Schonungslose Analyse ist nur ein – wenngleich wichtiger – Teil von Politik; praktisches Handeln, orientiert an Zielen, ist der andere Teil. Um die Verbindung von beiden Teilen muß es also im letzten Kapitel gehen.

Das Spannungsfeld zwischen einer sich am völkischen Nationalstaat ausrichtenden neurechten Ideologie und einem an der grundgesetzlich gewollten offenen Republik orientierten Denken wird sich in den nächsten Jahren sicherlich intensivieren. Die Wahlen von 1994 könnten schon eine wichtige Weichenstellung in der praktischen Politik bedeuten. Die neurechte Ideologie liegt differenziert vor: Ihr Zielbild ist historisch rückwärtsgewandt und basiert auf einer sehr selektiven Wahrnehmung historischer Zusammenhänge. Es speist sich nicht zuletzt aus einem nostalgischen Impuls, verklärt etwa »traditionelle Werte« und lehnt damit wesentliche Teile der in den letzten drei Jahrzehnten vollzogenen gesellschaftlichen Modernisierung ab. Sie negiert zugleich die Kernpunkte der bundesrepublikanischen Verfassung. Das Gegenmodell der offenen Republik, der »offenen Bürgergesellschaft«, ist bisher nur in Umrissen erkennbar: Zivilgesellschaft, »Runde Tische«, Bürgergespräch (anstatt Parteiengezänk) sind einige Stichpunkte. Anhand eigener praktisch-empirischer Forschungsarbeit am Asylthema in einer Kommune soll dieses Modell praxisnah weiterentwickelt werden.

Kapitel 1

Politik, politische Sprache und Wirklichkeit *oder:* Ist der Mond aus grünem Käse?

Im alten Griechenland soll es einen Menschen gegeben haben, der so überzeugend seine Worte setzen konnte, daß ihm seine Zuhörer schließlich alles gläubig abnahmen, was er ihnen erzählte. Selbst daß der Mond aus grünem Käse wäre, verdichtete sich für sie immer mehr zu einer selbstverständlichen Wirklichkeit, als er anhob, ihnen dieses Molkerei-Wunder zu verklaren. Ob dieser Wortmagier nun historisch existierte oder nicht – dieses kleine Geschichtchen ist einerseits ulkig genug, um es zu erzählen, andererseits auch ernst genug, um seinem Hintergrund nachzuspüren.

Etwa ein knappes dutzendmal in den letzten Jahren vor der Deutschen Vereinigung bat ich bei thematisch einschlägigen Vorträgen meine Zuhörer, mir vorab auf einem Zettel anonym zwei Zahlen zu notieren. Zum einen sollten sie schätzen, wie viele Juden Anfang der dreißiger Jahre bei einer Gesamtbevölkerung von damals etwa 60 Millionen in Deutschland lebten, zum anderen, wie viele Juden es gegenwärtig seien. Sehr bald merkte ich, daß ich fast immer recht ähnliche Zahlen zu sehen bekam, wenn ich die Zettelchen auswertete: Ein großer Teil der jeweiligen Zuhörerinnen und Zuhörer schätzte, daß um die fünf oder sechs Millionen Juden am Ende der Weimarer Republik in Deutschland lebten. Natürlich gab es auch einige wesentlich höhere und – jedoch sehr viel weniger – tiefere Schätzungen. Den Vogel aber schoß ein junger Student ab, ein Stipendiat einer politischen

Stiftung, der allen Ernstes den Anteil der jüdischen Bevölkerung mit fünfzig Prozent angab, also 30 Millionen notiert hatte, und auf meine verwunderte Nachfrage, ob ich diese Zahl richtig läse, ganz freiwillig seine Anonymität aufgab und seine Überzeugung von der Richtigkeit seiner Schätzung nachhaltig unterstrich. Nur jeweils ein ganz kleiner Teil der Zuhörer kannte den wahren Zahlenwert, der bei etwa 600 000 Juden liegt, also bei rund einem Prozent der damaligen Bevölkerung. Im übrigen war die Verschätzung beim gegenwärtigen Judenanteil nicht so dramatisch, wenngleich auch hier deutlich überhöhte Zahlen gegenüber dem tatsächlichen Wert von etwa dreißigtausend Juden in der (alten) Bundesrepublik gewöhnlich genannt wurden.

War nun fast immer die Überraschung beim Publikum anfänglich recht groß, so wich sie schnell – auch dies in fast allen Fällen – einer immer deutlicher werdenden Skepsis: Dann könne es ja eigentlich nicht stimmen, daß die Nazis sechs Millionen Juden in den Vernichtungslagern vergast hätten, wurde mir oft entgegengehalten. Auf meine Bemerkung, daß es sich bei den jüdischen Opfern in den Gaskammern meist um nichtdeutsche, also beispielsweise um polnische oder galizische Juden gehandelt habe, folgte – auch dies in fast allen Fällen – die Nachfrage, was ich denn eigentlich unter »Jude« verstünde. Und nicht nur einmal konfrontierte man mich sodann mit der verqueren NS-Logik vom »Halb-« und »Vierteljuden«.

Spätestens an dieser Stelle der Diskussion wurde aber immer mehr Zuhörerinnen und Zuhörern deutlich, was sich hier gerade abgespielt hatte: Wir alle waren wieder einmal Zeugen geworden, wie fest verankert offensichtlich immer noch das Bild von der jüdischen Bedrohung in unseren Köpfen ist; gleichwohl will man nicht wahrhaben und wehrt sich deshalb dagegen, daß es den Nazis gelungen sein sollte, trotz der geringen Anzahl jüdischer

Mitbürger ein derart gewaltiges Gefahrenpotential hochzustilisieren, das die Pogrome gegen die Juden in Deutschland rechtfertigte, und zwar mit solcher Intensität, daß die Wirkung noch heute sichtbar ist. So manchem aber wurde dabei auch bewußt, wie schwer Menschen sich tun, etwas, was sich ihnen als Realität darstellt, zu korrigieren oder gar korrigieren zu lassen, und wie sehr sie sich anstrengen, an der Stimmigkeit ihrer Überzeugung als ganzer festzuhalten: Wenn ich mich hier wirklich irre, dann kann aber jenes nicht korrekt sein ...

Andererseits lenken solche Erfahrungen auch den Blick auf die vielfältigen Möglichkeiten von Manipulation und auf die Bedingungen für ihre Wirksamkeit.

Lassen sich denn, so könnte man zuerst einmal fragen, diese Manipulationsmöglichkeiten nicht dadurch beseitigen, zumindest reduzieren, daß anstelle von Lügengeschichten und ideologischen Realitätsverfälschungen der Wirklichkeit zum Durchbruch verholfen wird? Doch nicht nur für den geborenen Skeptiker ist hier die alte Pilatus-Frage unabweisbar: Was ist Wahrheit?

Wenn es schon einer alten polizeilichen Erfahrung entspricht, daß es selbst bei einem Verkehrsunfall später fast ebenso viele unterschiedliche Zeugenaussagen gibt, wie sich Zeugen gemeldet haben, kann es eigentlich kaum verwundern, daß die Urteile von Menschen über Vorgänge, die immer weniger unmittelbar sichtbar sind, immer stärker auseinanderdriften. Und wie wenig diese Urteile überhaupt noch mit Realität zu tun haben, hat sehr eindrucksvoll etwa Dietrich Dörner in seinen Untersuchungen zum Problemlösungsverhalten von Menschen in komplexen Situationen nachweisen können: Selbst in vergleichsweise gering strukturierten Gesellschaften – Dörners »Tanaland« in seinem Simulationsszenario – versagten die meisten seiner Simulationsteilnehmer bei der Aufgabe, dieses »Land« über einen längeren Zeitraum hinweg gut zu regieren; nach kurzer Zeit entglitten ihnen die Zügel, weil sie keinen Überblick mehr über die komplexen und dynamischen Entwicklungen in diesem Gesellschaftsmodell hatten und ihre Eingriffe in die Realität oft nicht nur hilflos, sondern ganz und gar kontraproduktiv waren. Nur einige Menschen, hauptsächlich solche, die das Denken in »vernetzten« Strukturen gelernt hatten, konnten sich im Dschungel dieses simulierten Gesellschaftsmodells einigermaßen zurechtfinden. Und dies, obwohl der Dschungel durch simulationsbedingte Vereinfachungen gegenüber einer wirklichen Gesellschaft schon stark gelichtet sein mußte.

Was an diesem Beispiel deutlich wird, erleben wir, wenn wir es nur wahrnehmen wollen, fast ohne Unterlaß: Politische Entscheidungen werden getroffen und greifen auch in die Wirklichkeit ein; in vielen Fällen jedoch treten ganz andere als die erwarteten Folgen ein. Wie aber die neue Situation zu deuten und wiederum neu zu beeinflussen ist, wird immer stärker Gegenstand unterschiedlicher Einschätzung seitens der Beteiligten bis hin zu massiven Konflikten. Das Wort des Jahres 1992 – »Politikverdrossenheit« – verweist auch darauf, wie die Bevölkerung als Zuschauer solcher Entwicklungen offenbar reagiert: Man hat diese Art von Problemverarbeitung satt.

Aber, so muß man fragen, gibt es probate Alternativen?

»Beendet Eure Streitereien! Handelt endlich entschlossen!«, so sagen die einen. Man hört aber auch andere Töne: »Handelt nicht vorschnell! Die Probleme sind noch längst nicht ausdiskutiert! Wir wagen den Konflikt – wir scheuen keinen Streit, wenn es um zentrale Fragen geht!« Wiederum stellen sich die Fragen: Wer hat recht? Die erste oder die zweite Position? Vielleicht keine von beiden? Oder etwa beide?

Wer hier eine schnelle und endgültige Antwort anbieten könnte, hätte es wohl verdient, die Position des schon von Platon gewünschten Philosophenkönigs einnehmen zu dürfen, also unumstrittener Vordenker und Regent zu sein. Die Geschichte lehrt uns jedoch Bescheidenheit.
Dem stoischen Philosophen Epiktet, der um 50 bis 140 n. Chr. lebte, werden die Worte zugeschrieben: »Nicht die Dinge selbst verwirren den Menschen, sondern unsere Meinungen über die Dinge.« Nach der stoischen Lehre ist es nur dem Weisen vorbehalten, sich über die Meinung der Menschen hinwegzusetzen und sich frei, unabhängig, sachlich und wahr, also ganz und gar von der Vernunft regiert, der Wirklichkeit zu stellen. Für den Durchschnittsmenschen gilt dagegen – bedauerlich, aber realistisch – der zitierte Satz. Sollte unsereins aber gar keinen anderen Kontakt zur Realität haben als über das Wortgeklingel unserer Mitmenschen? Auf diese Frage, so formuliert, verbietet sich eine rundweg bejahende Antwort schon aus Gründen der Selbstachtung. Und offenbar ist das Problem komplizierter.
Bei vielen Fragen des alltäglichen Lebens sind wir uns unserer Sache ganz sicher. Wir wissen, woran wir sind, fühlen uns in einem täuschungsfreien Bereich und werden tatsächlich auch, erwartungsgemäß, nicht enttäuscht. Der unabsichtliche Griff auf die heiße Herdplatte ist, allen von anderen gutgemeinten Tröstungen zum Trotz, äußerst schmerzhaft. Doch wie es meinem Mitmenschen geht, was er vorhat, was ihn plagt, kann ich ihm nicht einfach von der Nasenspitze ablesen. Er selbst und seine Verfaßtheit gehören aber ganz sicherlich auch zu meiner Realität. Ich bin auf seine Äußerungen angewiesen, und wenn ich ihm vertraue, werden diese mir zur Realität. Aber auch das, was er über mich denkt und sagt, läßt mich für gewöhnlich nicht kalt, sondern geht, zumindest als Segment, in meine Realitätssicht von mir selbst ein,

wird, wenigstens teilweise, meine eigene Wirklichkeit. Dies kann um so besser akzeptiert werden, je weiter die jeweiligen Wirklichkeitsbereiche von mir entfernt sind, je weniger »unmittelbar« sie sind, je mehr Mittelbarkeit, Vermittlung sich zwischen mir und jenen Aspekten breitmacht.

Diese und ähnliche Überlegungen haben dazu geführt, ganz generell von der »gesellschaftlichen Konstruktion der Wirklichkeit« zu sprechen. Die beiden Soziologen Peter L. Berger und Thomas Luckmann weisen zu Recht auf die Bedeutung der Sprache bei dieser Konstruktion hin. Dies gilt selbst bei jener Wirklichkeit, die für die beiden Autoren als die »Wirklichkeit par excellence« gilt, nämlich die »Wirklichkeit der Alltagswelt«: »Die Sprache, die im alltäglichen Leben gebraucht wird, versorgt mich unaufhörlich mit den notwendigen Objektivationen und setzt mir die Ordnung, in welcher diese Objektivationen Sinn haben und in der die Alltagswelt mir sinnhaft erscheint.«[1] Anstelle der Sprache können allerdings auch andere Symbole stehen, etwa Begrüßungsrituale, Flaggenzeremonien und dergleichen mehr. Unbestritten ist allerdings die Sprache als die für Menschen zentrale Symbolisierungsart, die auch über die meiste Differenzierungskraft verfügt.

Nun besteht zwischen den Begriffen einer Sprache und der in ihnen anvisierten Realitäten im allgemeinen eine viel lockerere Beziehung, als man beim Sprechen oder bei einer Unterhaltung üblicherweise unterstellt. Wie locker die Beziehung sein kann, wird man sofort gewahr, wenn man auf Verständnisschwierigkeiten stößt. Sie zeigen, daß mit einem bestimmten Begriff nicht gleichsam zwangsläufig eine bestimmte Vorstellung von der Realität oder gar diese selbst »abgebildet« ist. Und je komplexer die Zusammenhänge sind, etwa im ökonomischen, technischen oder auch politischen Bereich, über die wir uns unterhalten, desto problematischer und fragwürdiger werden unsere Verbalisierungen. Dies gilt vor allem dann, wenn über solche Zusammenhänge nicht schon im Klima prinzipiellen Einverständnisses untereinander, sondern konfliktär gesprochen wird. Wohl jeder hat schon die Erfahrung gemacht, daß es gerade in Konfliktsituationen darauf ankommt, dem Gegner »seine Sprache aufzuzwingen«. »Der Zusammenstoß alternativer symbolischer Sinnwelten wirft automatisch die Machtfrage auf, an welcher der konkurrierenden Wirklichkeitsbestimmungen die Gesellschaft ›hängenbleiben‹ wird.«[2] Berger/Luckmann bringen es dann auf die griffige »Faustregel«: »Wer den derberen Stock hat, hat die bessere Chance, seine Wirklichkeitsbestimmung durchzusetzen.«

Sicherlich ist der derbere Stock nicht das einzige Mittel, um Machtfragen zu klären. Unser oben erwähnter Wortmagier dürfte beispielsweise eher über ein besonderes Charisma oder über ein exzellentes Überzeugungsvermögen verfügt haben, um seinen Mitbürgern die besondere Beschaffenheit des Mondes nahezubringen. Und manchmal soll auch schon schnödes Geld Menschen dazu verführt haben, für bestimmte Sichtweisen von Realität beziehungsweise für bestimmte Formulierungen die Schwurhand zu heben.

Die gesellschaftliche Konstruktion von Wirklichkeit wird dann ihre für die einzelnen Gesellschaftsmitglieder überzeugendste Wirkung entfalten, wenn der einzelne weiß, daß auch seine Mitmenschen in dieser Gesellschaft von der gleichen (Konstruktion von) Wirklichkeit ausgehen wie er und darüber hinaus dieses auch von ihm wissen. In solchen Situationen wird man sich nicht ständig des gegenseitigen Konsenses versichern müssen; vielmehr gilt er als »selbstverständlich«. Er kann dann auch gewisse Irritationen aushalten, ohne sofort wieder in Frage gestellt zu werden. Für dieses Wissen vom Mitmenschen, das eben auch sein

Wissen von meinem Wissen umfaßt, hat Theodor Litt den Begriff »Reziprozität der Perspektiven« geprägt. Wenn eine Gruppe von Menschen mehr sein will als eine bloße Ansammlung, wenn sie also ein gemeinsames Ziel gemeinsam verwirklichen will, wird sie auf diese Reziprozität, auf dieses Miteinander-Verschränktsein der Perspektiven achten müssen. In einer Sportmannschaft muß jeder vom anderen sicher wissen, daß dieser sich wie er selbst ganz einsetzen wird, um das Spiel zu gewinnen – dies ist der Sinn der vielfältigen Beschwörungsrituale vor Beginn eines Wettkampfs.

Von den Römern stammt der Satz: Divide et impera – teile und herrsche. Anders ausgedrückt: Wenn du andere beherrschen willst, dann verhindere, daß sie sich zu funktionierenden Gruppen zusammenschließen, in denen gegenseitiges Verständnis und das Gefühl gegenseitiger Verläßlichkeit bestehen. In Diskussionen über die NS-Zeit hört man oft, daß man nicht nachvollziehen könne, daß die damaligen Zeitgenossen nichts über die Greuel in den Konzentrationslagern gewußt haben sollten, obwohl viele Deutsche unmittelbar mit den Lagern konfrontiert waren, beispielsweise in Ravensbrück. Beziehen wir den Aspekt der Reziprozität der Perspektiven in unsere Überlegungen ein, dann wird die Frage nach dem damaligen Wissensstand eher beantwortbar. Individuell war vielen Menschen mehr oder minder klar, wie mit den KZ-Insassen umgegangen wurde; denn auch das Wegsehen oder Fensterschließen konnte ja nicht einfach ungeschehen machen, daß täglich viele elende Gestalten vor und nach der mörderischen Tagesfron durch die Städte zogen. Es half aber, so zu tun, als ob man nichts gesehen habe und nichts wisse, und es half dazu, sich deshalb auch nicht mit dem Nachbarn unterhalten zu müssen. Gleichzeitig verstärkten die Nazis den Druck auf die Bevölkerung durch Verhaftungsdrohung, wenn jemand es wagen sollte, öffentlich über sein – individuelles – Wissen um die KZ-Greuel zu reden.

Einem vielfältigen und weitgestreuten individuellen Wissen stand also ein kollektives Nichtwissen gegenüber; denn oft wußte wirklich niemand mehr, was der andere eigentlich wußte. Die Menschen schirmten sich, so gut es eben ging, voneinander ab. In einer solchen Situation haben dann die über Massenmedien verbreiteten Parolen der Herrschenden eine gute Chance zur Manipulation der Informationen. Sie bieten für das öffentliche Gespräch ihnen genehme Inhalte, über die sich die Bürger gefahrlos unterhalten können. Und wie wir aus historischer Erfahrung wissen, ist es nicht ausgeschlossen, daß aus derartigen kollektiven Kommunikationsprozessen Schein-Wirklichkeiten entstehen, die auch für den durchschnittlichen Bürger immer mehr ihren Scheincharakter verlieren und irgendwann als »tatsächliche« Realitäten sowohl in seinen als auch in den kollektiven Gedächtnisfundus eingehen.

Was mit Menschen geschieht, die sich diesem Prozeß zu entziehen versuchen und dies auch noch öffentlich machen, dafür haben uns gerade viele kommunistisch regierte Länder genügend Beispiele geliefert. Man erklärte jene Menschen einfach für verrückt und lieferte sie in psychiatrische Anstalten ein. Daß derartige Einweisungen in Kliniken nichts mit individueller Krankheit, sondern nur mit der Sorge um die öffentliche Sicherheit zu tun hatten, zeigt sich daran deutlich, daß erst im Rahmen der Perestroika- und Glasnost-Politik Michail Gorbatschows Ende der achtziger Jahre diese psychiatrischen Kliniken aus dem Amtsbereich des KGB herausgenommen und dem Gesundheitsministerium unterstellt wurden.

Damit wurde eine besonders brutale Art des Umgangs mit Minderheiten einem Ende zugeführt, die aber auch in zivileren Gesellschaften nicht völlig unbekannt ist. Die gelegentliche Brandmarkung von Außenseitern als geistig Gestörte gehört auch zum Inventar der Auseinandersetzungen zwischen Mehrheiten und Minderheiten, was nicht ausschließt, daß wiederum letztere ersteren ein gestörtes Verhältnis zur Realität vorzuwerfen geneigt sind. In unserer Alltagsverwendungsweise des Begriffs »Idiot« zeigen sich diese Vorgänge wie unter einem Brennglas. Ursprünglich im Griechischen nur jenen »Privatmann« bezeichnend, der sich nur um sein Eigenes kümmert und sich dabei dem öffentlichen Sektor entzieht, hat dieser Begriff erst im vorigen Jahrhundert jene heutige Bedeutung erhalten, die einen total verrückten, völlig unvernünftigen und damit jedem allgemeinen Gespräch nicht mehr zugänglichen Menschen bezeichnet. Interessanterweise ist es dem parallelen lateinischen Begriff gerade umgekehrt ergangen: »*Privat*mann« war ursprünglich die Bezeichnung für den der öffentlichen Dimension »Beraubten« (lat. privare: berauben), bis dann dieser Begriff immer stärker seine heutige eher positive Konnotation erhielt.

Das Grundgesetz der Bundesrepublik Deutschland sieht in seinem Artikel 5 Absatz 1 vor: »Jeder hat das Recht, seine Meinung in Wort, Schrift und Bild frei zu äußern und zu verbreiten und sich aus allgemein zugänglichen Quellen ungehindert zu unterrichten.« Mit diesem Grundrecht, das für eine Demokratie von überragender Bedeutung ist, kann sich jeder in der Bundesrepublik sowohl aktiv als auch passiv in den öffentlichen Meinungsbildungsprozeß einschalten. Eine Meinung haben bedeutet aber in diesem Zusammenhang nicht nur, ein Werturteil abzugeben, sondern auch eine Tatsache zu behaupten. Das Grundgesetz geht also sowohl bei Wertungen als auch bei Realitätsaussagen von einem Relativismus aus. Der Artikel 5 Absatz 3 GG unterstreicht den Relativismus in der Wahrheitsfindung und Wirklichkeitskonstitution, wenn er festlegt: »Kunst und Wissenschaft, Forschung und Lehre sind frei.« Und wenn sowohl in der allgemeinen Meinungs- und Pressefreiheit als auch in der Freiheit der Kunst und der Wissenschaft als einzige Schranken die Verfassung und die Gesetze genannt werden, dann geschieht dies mit dem zentralen Ziel, einen freien, gleichwohl geordneten allgemeinen öffentlichen Willensbildungsprozeß vorzusehen. Denn nur durch die rechtliche Ordnung sind auch jene zu schützen, die aufgrund ihrer Minderheitenposition sonst den Mehrheiten hoffnungslos unterlegen wären. Dennoch schafft das Grundgesetz keine sakrosankten Reservate für Minderheiten, sondern geht von einem Ringen um die öffentliche Meinung aus, das durchweg auch konfliktär sein und bei dem es selbstverständlich auch Sieger und Unterlegene geben kann.

Das Grundgesetz ist demnach geprägt von einer Haltung, die nicht von vornherein feste Wahrheiten und Wirklichkeiten als gegeben betrachtet, sondern den Konflikt zuläßt. Gleichzeitig wird aber ein Konsens nicht ausgeschlossen. Dieser muß sich aber jederzeit, wenn er in Frage gestellt wird, wieder in die Konfliktarena begeben. Einen Schonraum für ihn gibt es nur, wenn dieser ihm von den Menschen wirkungsvoll eingeräumt und gesichert werden kann. Konflikt und Konsens in diesem gegenseitigen Spannungsverhältnis zu sehen gehört zum Grundbestand dessen, was heute allgemein unter »Pluralismus« in Deutschland verstanden wird.

Vielleicht wird man hier einwenden, dieser Pluralismus sei doch von kaum jemandem umstritten, ja, werde sogar von den meisten Deutschen heute gefordert. Warum also soviel Diskussion an dieser Stelle?

Zugegeben, solange wir uns um politische Meinungen oder um politische Vorlieben streiten, werden nicht viele darauf bestehen, daß ihre Meinungen und Vorlieben außerhalb jeglicher Kritik stünden. Aber man erlebt in politischen Diskussionen nicht häufig, daß jemand sauber trennt zwischen einem politisch bedeutsamen Sachverhalt und seiner Bewertung desselben. Ist diese logisch-analytische Trennung schon in politikwissenschaftlichen Seminaren nur schwer aufrechtzuerhalten, wenn sie nicht dort sogar manchmal als faktische Unmöglichkeit erklärt wird, so gilt für die Alltagsdiskussion um so mehr, daß meist Wunsch und Wirklichkeit kräftig miteinander vermischt werden.

Es gibt gute Gründe dafür, diese Vermischung nicht nur als vermeidbares Übel anzusehen, obwohl erst die genannte Differenzierung uns die charakteristischen Züge von Politik zeigen kann. Denn wenn man von Politik redet, meint man zum einen sicherlich immer auch den Kampf, den Konflikt um Prioritäten: Wer kann sich gegen wen durchsetzen? Gleichzeitig aber werden diese Prioritäten nicht im luftleeren Raum ausgefochten, sondern sind – in welcher Form auch immer – gegenstandsbezogen. So gibt es beispielsweise die Gesundheits-, die Atom- oder die Außenpolitik. Sind schon die hier genannten Sachbereiche in sich kompliziert genug, so daß die jeweiligen Zusammenhänge nicht gleichsam auf der Hand liegen, werden die Dinge noch schwieriger, wenn Eingriffe in diese Zusammenhänge vorgenommen und gleichzeitig die erwarteten Folgen dieser Eingriffe schon vorab bewertet und abgeschätzt werden sollen. Andererseits wird diese Folgenabschätzung dringend erwünscht sein, wenn in *verantwortlicher* Weise bestimmte Prioritäten gesetzt werden. Vollends verwirrend wird es aber dann erst werden, wenn beispielsweise Gesundheits-, Atom- und Außenpolitik im Zusammenhang betrachtet und geregelt werden sollen – ein Gedanke, der erst einmal nicht unsinnig erscheint. Denn daß Atomenergie etwas mit Gesundheit zu tun hat und gleichzeitig das Verhältnis von

Staaten untereinander berühren kann, wissen wir spätestens seit der Katastrophe von Tschernobyl. Was auf dieser abstrakten Ebene vielleicht unmittelbar einleuchtet, wird aber schnell in Konfusion münden, wenn jeweils ins Detail gegangen wird.

Von »Politik«, so könnte man jetzt an dieser Stelle festmachen, sprechen wir genau dann, wenn in eben jene Konfusion eingedrungen wird und Regelungen vorgenommen werden sollen; jedoch nicht Regelungen, deren Kriterien bereits völlig feststehen, sondern solche, über deren Richtungen erst noch gerungen werden muß. Spätestens an dieser Stelle wird dem Leser klar sein, daß in so vielfältiger Weise komplizierte Entscheidungsprobleme dringend der Vereinfachung bedürfen, wenn überhaupt noch für andere als die wenigen in der jeweiligen Materie Sachkundigen der Überblick erhalten bleiben soll. Politische Entscheider können aber selten in allen ihnen obliegenden Entscheidungsfragen über jene Sachkunde verfügen, noch kann die Öffentlichkeit, der eigentliche Souverän in einer Demokratie, ihrer kritischen Rolle gerecht werden.

Wie nun solche Vereinfachungen vorgenommen, ob sie überhaupt für nötig empfunden werden, wie – um es zu verallgemeinern – solche Entscheidungsfragen überhaupt modelliert und dargestellt werden, ist immer schon von zentraler Bedeutung für das Ergebnis dieser Entscheidungen gewesen.

Entscheidungen dieser Art, vorgenommen auf einem bestimmten Sachgebiet und unter Verwendung erstrittener Kriterien, könnten nun als jenes Feld gesehen werden, das man gemeinhin »Politik« nennt. Aber wenn wir genauer hinsehen, gibt es noch eine weitere klärungsbedürftige Stelle: Ist es wirklich so, daß die sogenannten Sachgebiete gleichsam auf der Hand liegen?

Bei einer ganzen Reihe von Sachthemen finden wir nicht nur im nationalen, sondern auch im internationalen Rahmen große Über-

einstimmung. So gibt es in fast allen Ländern bestimmte klassische Ministerien, die sich etwa um die Sachgebiete Finanzen, Justiz, Verteidigung, Innere Ordnung, Wirtschaft und Außenbeziehungen drehen. Die Institutionalisierung etwa eines Finanzministeriums deutet demnach darauf hin, daß in diesem Bereich auf Dauer politische Entscheidungen nötig sein werden. Aber schon bei der Frage, ob beispielsweise ein eigenes Frauenministerium eingerichtet werden sollte, schieden sich die Geister: Während für die einen Frauenfragen als ein zentraler Gegenstandsbereich von Politik zu gelten hatten, verneinten die anderen jede weitergehende gesellschaftliche Bedeutung dieses Themas. Wir kennen aber auch jene Fälle, wo die Realität eines bestimmten Bereichs nicht umstritten ist, wohl aber die Frage, ob in diesem Bereich überhaupt eine über diesen Bereich selbst hinausgehende Entscheidungsfindung erwünscht ist. Anders ausgedrückt: Man kritisierte die »Politisierung« dieses Themas. In den sechziger Jahren der Bundesrepublik war zum Beispiel die Frage sehr umstritten, ob die innerfamiliären Beziehungen Gegenstand politischer Entscheidungen sein sollten.
Nun könnte man alle hier angeführten Probleme und Diskussionen dahingehend bescheiden, sie etwas tiefer zu hängen – wenn sich nicht dahinter gravierende Folgen zeigten: Wird ein Thema nämlich erst einmal politisiert, will sagen in die öffentliche Diskussion gebracht, erhält es eine eigenständige Wirklichkeit; es sei denn, die Öffentlichkeit nimmt keine Kenntnis von ihm, entzieht dem Thema sozusagen die Luft zum Atmen und zum Leben. Man hat es in diesem Zusammenhang in den westlichen Demokratien immer als Vorteil gesehen, daß möglichst unreglementierte, in sich plurale und differenzierte Öffentlichkeiten über einen viel größeren Wirklichkeitsfundus verfügen als gegängelte autoritäre Gesellschaften, in denen nur die Wirklichkeiten ihrer Führungs-

größen präsent sind. Im politischen Diskussionsraum, in der Politik entstehen also, zusammenfassend gesagt, gesellschaftlich bedeutsame Wirklichkeiten. Sie bestehen dort, solange sie diskutiert werden und in Entscheidungsdruck geraten; und sie verlieren ihre Wirklichkeit, das heißt, sie wirken nicht mehr, wenn niemand mehr an ihnen Interesse hat.

Nun könnten diese zusammenfassenden Sätze wiederum so verstanden werden, als wären diese hier genannten Wirklichkeiten ausschließlich Gedanken, bestenfalls gesprochene Worte, aber eben nicht handgreifliche Realitäten. In manchen Fällen mag es durchaus so sein. Nichtsdestoweniger könnten diese Worte aber auch sehr reale Wirkungen zeitigen: So sollen Berichte von gelandeten »fliegenden Untertassen« ganze Städte und Regionen in Aufruhr gebracht haben. Wir kennen des weiteren aber auch jene Phänomene, auf die schon in den dreißiger Jahren der amerikanische Forscher W. I. Thomas aufmerksam gemacht hat und die als das sogenannte Thomas-Theorem in den sozialwissenschaftlichen Wissensfundus Eingang gefunden haben: Wenn Menschen Situationen als real definieren, dann sind diese Situationen in ihren Auswirkungen real. Man kann auch von sich selbst erfüllenden Prophezeiungen sprechen: Wir alle kennen das Phänomen, daß man einem an sich guten Schüler nur lange genug sagen muß, er sei ein Versager – und er wird ein Versager werden.

Spätestens an dieser Stelle der Diskussion dürfte deutlich geworden sein, daß die Behauptung der sozialen Konstruktion von Wirklichkeit nicht (nur) ein intelligenter theoretisch-abstrakter Soziologenbeitrag ist, sondern auf sehr lebenspraktische Fragen hinweist. Wenn der Mensch ein Lebewesen ist, das seine Welt nicht nur vorfindet, sondern sich wenigstens teilweise selbst schafft, und zwar nicht nur in symbolischer Realität, sondern auch mit ganz handfesten Folgen, dann gewinnt die Frage zentrale Be-

deutung, wer an diesem Schöpfungsvorgang in besonderer Weise beteiligt ist, mit welchen Mitteln und mit welchen Zielen.
Das 20. Jahrhundert kann zu Recht als das Jahrhundert der Massenmedien bezeichnet werden. Beim »Weg in die Informationsgesellschaft« (Lothar Späth), der gerade für entwickelte Industriegesellschaften wie etwa die Bundesrepublik unumkehrbar ist, spielen sie neben den unmittelbar zwischenmenschlichen Kommunikationsprozessen eine ganz entscheidende Rolle. Gegenüber diesen letztgenannten sind Massenkommunikationsprozesse dadurch gekennzeichnet, daß sich eine Institution über Medien oder eben diese Medien selbst an ein riesiges, in sich heterogenes Publikum wenden, das den Informationsabsendern prinzipiell unbekannt ist. Es ist nun in dieser Situation ohne Frage äußerst schwierig, Informationen mit all jenem Wenn und Aber weiterzuvermitteln, das nötig wäre, um das Publikum über die ganze Relativität der gesendeten Informationen aufzuklären. Mag dies noch bei manchen Sendungen, die sich dann aber eher an ein ohnehin schon problembewußtes Publikum wenden, zum guten Ton gehören, schält sich im großen und ganzen immer stärker eine Art von Realismus heraus, der seine Informationen oft in platter Form als bare Wirklichkeit an den Mann/die Frau zu bringen versucht. Dieser Versuch kann aber überhaupt nur gelingen, wenn Informationen zeitlich, räumlich, sachlich und personell so zurechtgestutzt werden, daß sie den obengenannten unmittelbar zwischenmenschlichen Kommunikationsprozessen möglichst genau nachgeformt werden. Berichterstattungen über Kriegsereignisse, etwa den Golfkrieg oder über die Kämpfe im ehemaligen Jugoslawien, sind nur besonders markante Beispiele: Es wird gewöhnlich über ein bestimmtes Ereignis zu einem genau genannten Zeitpunkt und an einem ebenso genau benannten Ort berichtet, ohne Hintergründe und Beziehungen zu anderen Ereig-

nissen, wobei die Authentizität der Wirklichkeit durch den ins Bild gesetzten Reporter garantiert wird; er läßt uns an seiner Realität scheinbar unmittelbar teilhaben. Für den Zuschauer ist es nicht leicht, sich dieser Unmittelbarkeit zu entziehen; zu sehr empfindet er den Reporter als seinen direkten Gesprächspartner. Auch die immer stärker ins Kraut schießenden TV-Reality-Shows scheinen auf einen wachsenden Nachfragedruck seitens des Publikums nach unmittelbarer Wirklichkeit schließen zu lassen; aber vielleicht »erzeugt« auch hier – im schönen Wechselspiel – ein pralles Angebot erst die erhoffte Nachfrage.

Denn soviel scheint deutlich: Je klarer dem Betrachter bei genauem Hinsehen die Relativität von Informationen werden müßte, desto stärker ist oft die Tendenz zu spüren, sich dieser verwirrenden Lage zu entziehen und sich vermeintlichen Sicherheiten und Wirklichkeiten anzuvertrauen. In dieser Situation erhalten nun alle jene Aufwind, denen es genau darum geht, die in vielfältiger Weise sichtbare Sehnsucht nach Halt und Geborgenheit in einer orientierungslosen Welt zu befriedigen.

Wir sind wieder am Punkt der politischen Meinungs- und Willensbildung angelangt. Prinzipiell gilt hier – ich spreche dabei nur von pluralistischen Demokratien –, daß auf dem Meinungsmarkt jedes Informationsangebot erlaubt ist, das nicht durch gesetzliche Einschränkungen verboten ist. In der Bundesrepublik besteht darüber hinaus eine verfassungsrechtliche Vorgabe: Der absolute Vorrang der Würde des Menschen, verbunden mit der Verpflichtung aller staatlichen Gewalt, diese Würde zu achten und zu schützen (Artikel 1 Absatz 1 GG).

Ein solcherart freier, pluraler, nur von einigen Regulierungssträngen durchzogener Markt muß selbstverständlich nicht zwangsläufig ausbalanciert sein. Es ist durchweg denkbar, daß sich bestimmte Denkströmungen, Gruppierungen, Parteien, oder wer sonst als Meinungsführer in Frage kommt, etablieren können. Solche Meinungsführer werden um so effektiver in der Öffentlichkeit wirken können, je besser sie in der Lage sind, die Komplexität politischer, ökonomischer, sozialer oder kultureller Zusammenhänge auf eingängige Bilder zu reduzieren. Und wie wir weiter oben schon gesehen haben, können solche Bilder neue gesellschaftliche oder politische Wirklichkeiten erzeugen. Es ist von daher einsichtig, daß dieses Feld der Erzeugung von gesellschaftlich wirksamen Bildern durchaus umkämpft sein wird. Anfang der siebziger Jahre sprach man vom Kampf um die Besetzung der zentralen politischen Begriffe; andere bezogen sich auf eine Formel des italienischen linken Theoretikers Gramsci, der die These aufgestellt hatte, daß die Erringung der sogenannten kulturellen Hegemonie, also der Vorherrschaft im Deutungsbereich von Wirklichkeit, der Erlangung der sogenannten politischen Hegemonie vorausgehen müßte, also der Vorherrschaft im praktisch-politischen, institutionellen Bereich. Anders gesagt: Wer in der Lage ist, die soziale Konstruktion von Wirklichkeit zu lenken, hat in der so geschaffenen Realität einen fast uneinholbaren Machtvorsprung gegenüber Konkurrenten.

Kapitel 2

Zur Geschichte der Neuen Rechten in der Bundesrepublik *oder:* Ist der Schoß fruchtbar noch, aus dem das kroch?

Rechts und dumm?

Es mag überraschen, in einem Buch über die Neue Rechte mit derart theoretischen Gedanken zu beginnen. Geradezu überflüssig müssen sie aber demjenigen erscheinen, der von der Formel ausgeht: »Rechts und dumm«. Gerhard Zwerenz hat eines seiner Bücher so betitelt, hat aber immerhin ein Fragezeichen dahintergesetzt. »Rechts und dumm?« Wer bei »rechts« nur an betrunkene und grölende Skins denkt, vielleicht auch noch an rauchverqualmte Hinterzimmer, in denen Ewiggestrige die Nazi-Vergangenheit hochleben lassen, der wird nicht verstehen können, wo hier das Problem liegen soll. Für ihn ist die Borniertheit neonazistischen Gedankenguts selbstevident; weder ließen sich damit heute nennenswerte Anteile der deutschen Bevölkerung infizieren, noch könnte man daraus für die heutigen politischen Streitfragen irgendwelche vernünftigen Lösungsansätze herausfiltern; bestenfalls stellt sich für ihn das Vorhandensein einer solchen politisch-extremen Subkultur als eine »normale Pathologie« von Industriegesellschaften heraus, also als ein hinzunehmender Krankheitsbefund, der im übrigen in allen modernen Gesellschaften zu beobachten sei. In dieser Weise hatten schon 1967 die beiden Rechtsextremismus-Forscher Erwin K. Scheuch und Hans-Dieter

Klingemann das damalige Rechtsaußenpotential bewertet, das zum großen Erschrecken der deutschen und internationalen Öffentlichkeit über die kurz vorher (1964) gegründete Nationaldemokratische Partei Deutschlands (NPD) bei Landtagswahlen in verschiedene Landesparlamente gedrängt war. In einigen Fällen hatte diese Partei sogar fast zweistellige Stimmenanteile für sich buchen können, so etwa in Hessen (1966) 7,9 Prozent, Niedersachsen (1967) 6,9 Prozent, Bremen (1967) 8,8 Prozent, Baden-Württemberg (1968) 9,8 Prozent.

Auch heute ist es nicht unüblich, sich dieser Argumentation wieder anzuschließen: Mit einem bestimmten, jedoch insgesamt kleinen Prozentsatz von Stimmen, die für Rechtsaußen-Parteien bei Wahlen abgegeben werden, müsse man einfach rechnen; er könne sich erhöhen, wenn Menschen aus Protest gegen die etablierten Parteien diesen durch Wahl etwa der »Republikaner«, DVU oder NPD einen Denkzettel verpassen wollten. Eine feste Klientel von beachtlicher Größe hätten diese Parteien aber nicht. Und gerade bei der letzten hessischen Kommunalwahl überschlugen sich die örtlichen journalistischen Berichterstatter darin, den Wahlkampf dieser Parteien als borniertes Stammtischgetöse darzustellen.

Mittlerweile ist auch diese Einschätzung schon wieder überholt. Tagtäglich kann man in den Zeitungen von ausländerfeindlichen und antisemitischen Straftaten lesen. Zwar wehren sich die Rechtsparteien, mit diesen Taten in Beziehung gebracht zu werden. Dabei finden sie indirekt Unterstützung durch die Argumentation, bei den Straftätern handle es sich um gewaltbereite kriminelle Jugendliche, die aus verkommenen Familienverhältnissen stammten und deren ausländerfeindliche Absichtsbekundungen ihren Taten nur einen »politischen« Hintergrund quasi als Rechtfertigung abgeben sollten. Zwar zeigen die letzten Verfassungsschutzberichte, daß im Jahr 1992 2584 Gewalttaten mit rechtsextremistischem Hintergrund verübt wurden, immerhin rund 74 Prozent mehr als im Vorjahr, als ebenfalls schon von einem hohen Sockel auszugehen war. Man berechnete auch, daß in den westlichen Bundesländern innerhalb von zehn Jahren die Zahl dieser Gewalttaten um das 22fache gestiegen sei, verwies aber darauf, daß die Anzahl der Gewalttaten pro Kopf der Bevölkerung in den neuen Bundesländern, vorab in Mecklenburg-Vorpommern und Brandenburg, am höchsten sei. Der Innenminister Mecklenburg-Vorpommerns vergaß jedoch nicht zu erwähnen, bei der exorbitant hohen Zahl dieser Straftaten in seinem Land handle es sich zum großen Teil um Nachahmungstaten im Gefolge der Rostocker Krawalle. Ein Trost für die Opfer? Was immer dem Minister an – sicherlich gutgemeinter – Absicht vorschwebte, er verweist mit der Nachahmungstäter-Interpretation auf in der Kriminalistik bekannte Mechanismen, die allerdings bestimmte gesellschaftlich-politische Hintergründe in Vergessenheit geraten lassen können. Immerhin gab und gibt es – und nicht nur in Rostock – die beifallklatschenden Bürgerinnen und Bürger, die zwar mit den Taten selbst nichts zu tun haben möchten, deren Wirkungen aber gutheißen. Wie sagte doch die Bürgermeisterin jenes idyllischen kleinen Dorfes Dolgenbrodt südlich von Berlin, das im Verdacht steht, jugendliche Rechtsextreme gegen Bezahlung dafür angeheuert zu haben, daß sie dann in der Nacht zum 1. November 1992 das örtliche Asylbewerberheim niederbrannten, kurz bevor es belegt werden sollte: An diesen Vorwürfen sei nach ihrem Wissen nichts dran, aber »wir waren nicht sehr traurig, daß damit das Problem zunächst mal gelöst war«.

Immerhin sieht der Präsident des Bundesverfassungsschutzes in der rechtsextremen Gewaltentwicklung eine »neue Dimension«. Aber was wird daraus folgen? Wird sich etwas ändern gegenüber den bisherigen Reaktionen auf den »Spuk am rechten Rand«?

So ist es in der Bundesrepublik Deutschland bislang fast immer gewesen: Das Auf und Ab von Aufregung und Beruhigung über den Rechtsextremismus gehört zum Standardrepertoire im politischen Betrieb. Passieren Vorfälle, verweist man auf Einzeltäter; es finden Aburteilungen statt. Die Ruhe ist wiederhergestellt. Selbstverständlich distanzieren sich die Rechtsaußenparteien von krawallmachenden Skins, von Anschlägen auf jüdische Einrichtungen oder Ausländer, weisen selbstverständlich auch die geringste Verantwortung dafür von sich. Man ist besorgt um das deutsche Ansehen im Ausland, unterläßt aber selten den Hinweis, daß auch dort nicht alles zum Besten stehe. Und überhaupt, man möge doch sehen, daß diese Krawallos nur einen verschwindenden Bruchteil der deutschen Bevölkerung ausmachten.
Die Behandlung des Rechtsextremismus in den Medien ist ein getreues Spiegelbild dieser geschilderten Vorgänge und verstärkt sie auch noch. Werden rechtsextreme Vorfälle bekannt, ist die Presse fast aus dem Häuschen: Interviews, Szenenfilme, immer wieder müssen alte Aufnahmen her, weil neuere noch nicht existieren; Aktivismus, schauerliche Details – und nach ein paar Tagen ist der Spuk vorbei. Ob Wahlausgänge mit überraschend hohen Prozentzahlen für rechtsextreme Parteien, ob antisemitische Friedhofsschändungen, es ist immer dasselbe Bild: kurze konvulsivische Zuckungen der politischen Kultur, dann wieder Vergessen der ganzen Problematik bis zum nächsten Vorfall. Eine längerfristige Auf- und Abarbeitung des Rechtsextremismus, gar eine intensive öffentliche Diskussion über seine Ursachen, Funktionen, Entwicklungen und Folgen hat es in der Bundesrepublik Deutschland nie gegeben. Der Rechtsextremismus war immer im wahrsten Sinne des Wortes etwas in der öffentlichen Aufmerksamkeit »Randständiges«. Damit ist allerdings nicht gesagt, daß er nicht doch bei einigen Beobachtern aus dem

journalistischen und wissenschaftlichen Raum Aufmerksamkeit fand. Das von diesen produzierte Wissen blieb aber weitgehend den Spezialisten vorbehalten; und mehr als vielleicht zwei Dutzend sind es zusammen in beiden Bereichen nie gewesen.
Diese Mischung aus hektischer Abwehr und Vergessenwollen, die die Auseinandersetzung der bundesrepublikanischen Politik mit dem Rechtsextremismus durchgehend charakterisiert, kann durchaus verstanden werden als Beleg für die fehlende Aufarbeitung der NS-Zeit durch die Gesellschaft der Bundesrepublik. Es fehlte und fehlt das Selbstbewußtsein, sich mit allen rechtsstaatlichen Mitteln konsequent gegen rechtsextreme Straftaten zu verteidigen. Daher forderte beim ersten Wiederaufleben neonazistischer Strömungen der damalige Hamburger Erste Bürgermeister, Herbert Weichmann: Die rechtsextremen Gewaltakte »sind ein Problem der Polizei, nicht aber der Politik«.[1] Hinzufügen müßte man allerdings bei diesem Zitat, daß die polizeiliche Ermittlungsarbeit – und ähnliches gilt für die Verhütungsarbeit – schon auch jene politisch-ideologischen Grundströmungen zur Kenntnis nehmen muß, die aus potentiellen Tätern und Maulhelden gefährliche Straftäter werden lassen, weil sie sich im Einklang mit vielen »richtigen« Deutschen sehen, für die sie sich stellvertretend aktiv einsetzen.
Damit zeigt sich die andere Seite des genannten Problems: Wir finden in der bisherigen Geschichte der Bundesrepublik immer auch Strömungen im weiten Feld politischer Denk- und Handlungsweisen, deren Nähe zu autoritären, antidemokratischen Zielvorstellungen sich nur schwer leugnen läßt. Ob sie allerdings immer sofort und lückenlos auf NS-Gedankengut zurückzuführen sind, sollte gar nicht erwartet werden. Denn zu den politischen Grundüberzeugungen der Bevölkerung der Bundesrepublik Deutschland und ihrer politischen Klasse gehörte der

Vorsatz, der NS-Ideologie keine Renaissance zu gönnen. Insofern war die Stimmung immer schnell gereizt, wenn politisch rechtes Denken aus einer linken Sichtweise mit »NS« etikettiert wurde. So wie man sich »links« nicht gerne Denk- und Redeverbote mit dem »rechten« Totschlagsargument auferlegen ließ, man nehme seine Gedanken aus dem Argumentenkontor des inhumanen Sozialismus marxistisch-leninistisch-stalinistischer Prägung, so behauptete man »rechts« gerne auch einen vom NS-Gedankengut völlig uninfizierten Konservatismus. War also einerseits ein nahezu selbstverständlicher Konsens zu sehen, den Schoß, der noch für NS-Ausgeburten fruchtbar sein könnte, mit allen Mitteln unfruchtbar zu machen, so war es andererseits doch schwierig, jenseits von Polemik Gedankengänge dingfest zu machen und sich mit ihnen kritisch zu befassen, die etwa aus dem antidemokratischen Lager der Weimarer Republik in das neue Staatswesen herüberreichten, ohne daß sie eine eindeutige Identifikation mit der NS-Ideologie erkennen ließen.
Diese Fragen nach der Einschätzung des Rechtsaußen-Spektrums als politisch bornierte Anknüpfung an NS-Ideologie oder als Potential antiliberaler und antidemokratischer, autoritärer politischer Einstellungen in Fortführung einschlägiger Traditionen aus der Weimarer Republik spielten bei der Bewertung der im November 1964 gegründeten Nationaldemokratischen Partei Deutschlands (NPD) bereits die zentrale Rolle. Seit dem Verbot der SRP (Sozialistische Reichs-Partei) im Jahre 1953 war diese Partei wieder die erste ernstzunehmende politische Organisation rechts von den konservativen Parteien. Sie verstand sich selbst als eine »Sammlung des nationalen Lagers« und wollte nicht als letztes Aufgebot von alten Nazis gelten. Dennoch blieb ihr dieses Image nicht erspart, wozu allerdings einige der führenden NPD-Leute, wie zum Beispiel der ehemalige Reichsschulungsleiter des

NS-Studentenbundes, Professor Ernst Anrich, eifrig beitrugen. Nähere Analysen von Programm und personellem Aufgebot der NPD zeigten aber schon, daß man es sich mit der These von der »Partei der alten Nazis, der Unbelehrbaren« zu einfach machen würde, wie Hans Maier in einer der ersten kritischen Analysen dieser Partei zu Recht bemerkte[2]. So war dort nicht nur der ältere Aktivistenkreis vertreten, sondern auch die jüngere, nicht mehr unmittelbar NS-belastete Generation. Und gerade ihr kam es darauf an, mit der sogenannten Vergangenheitsbewältigung in Deutschland Schluß zu machen und endlich »aus dem Schatten Hitlers herauszutreten«, wie es später formuliert wurde. Dies taten sie aber letztlich nicht bei der NDP.

Die Entstehung der Neuen Rechten

Bis zum Jahr der Bundestagswahl 1969 verlief der Aufstieg der NPD ziemlich kontinuierlich und steil. So schaffte sie den Einzug in die Landtage von Hessen, Bayern, Rheinland-Pfalz, Schleswig-Holstein, Niedersachsen, Bremen und Baden-Württemberg, in letzterem schrammten sie sogar mit 9,8 Prozent haarscharf an der Zweistelligkeit vorbei. Die Enttäuschung innerhalb der Anhängerschaft war deshalb groß, als die Partei bei der Bundestagswahl im Herbst 1969 dann doch mit 4,3 Prozent der Stimmen knapp an der Fünf-Prozent-Hürde scheiterte. Obwohl sie immerhin fast eineinhalb Millionen Wählerstimmen erhalten hatte, war es ihr doch nicht gelungen, im Meinungsspektrum der Bundesrepublik einen selbstverständlichen Platz zu erringen – im Gegenteil: Die öffentliche Meinung war überwiegend negativ gegen sie eingestellt.

Parteiintern kam, was kommen mußte: Man zerstritt sich. Es kam zu Spaltungen etwa zwischen solchen Mitgliedern, die sich um den bisherigen Parteivorsitzenden Adolf von Thadden gruppierten und die weiterhin einen legalistischen, auf Mitarbeit in Parlamenten abzielenden Kurs verfolgen wollten, und solchen Leuten, die, vom damaligen bayerischen Landesvorsitzenden Siegfried Pöhlmann angeführt, den Parteikurs zu radikalisieren versuchten. Die Erosion des rechten Lagers war nicht mehr aufzuhalten. So gründete beispielsweise 1971 Gerhard Frey seine »Deutsche Volksunion« (DVU), die in den Folgejahren immer wieder einmal auf Konfrontations-, aber auch auf Schmusekurs zur NPD gehen wird.

Aus heutiger Sicht verdient vor allem eine weitere Richtung besondere Aufmerksamkeit: Die Neue Rechte.

Um diese Neue Rechte ist es in Deutschland eigenartig bestellt: Anders als etwa in Frankreich, wo sich junge rechte Intellektuelle zusammenfanden und in der GRECE (Groupement de recherche et d'études pour la civilisation européenne – Forschungs- und Studiengruppe für die europäische Zivilisation) seit 1968 bis heute eine »Organisations- und Ideenzentrale« für ihre »Nouvelle Droite« haben, hat es ähnliches in Deutschland nicht gegeben. Gleichwohl bestanden immer mehr oder weniger lebhafte Beziehungen zwischen deutscher und französischer Neuer Rechter.

Die Geschichte der Neuen Rechten ist nicht leicht zu beschreiben, weil es so etwas wie eine einschlägige feste Organisation, gleichsam wie eine etablierte Partei, die mit der Neuen Rechten verbunden oder gar mit ihr identisch wäre, nicht gibt. Andererseits führt sie auch keine Existenz wie das Ungeheuer von Loch Ness.

Vielmehr handelt es sich um eine »Vielzahl kaderförmiger Kleingruppen«[3], die als Selbstetikettierung oft die Bezeichnungen »Neue Rechte« oder auch »Junge Rechte« gebrauchen. Damit sollte insbesondere ihre Frontstellung zur »Alten Rechten« deutlich werden, deren parlamentarischen Weg sie als gescheitert betrachteten und deshalb neue Formen politischer Betätigung suchten. So ging man beispielsweise zu direkten außerparlamentarischen Aktionen über, die vor allem im Zusammenhang mit dem Widerstand zur neuen Ostpolitik der Regierung Brandt/Scheel standen. Gleichzeitig aber, und teilweise auch in Personalunion, versuchte man, sich durch Einwirken auf die Ebene der politischen Begriffe und Deutungsmuster um die kulturelle Hegemonie zu bemühen.

Während die der Außerparlamentarischen Opposition (APO) nachempfundenen offenen Kampfmethoden ziemlich viel Staub aufwirbelten und etwa die *Süddeutsche Zeitung* veranlaßten, vom ersten großen Auftritt einer »rechten APO« zu sprechen (»Demonstrierende Neopimpfe imitieren APO-Methoden«[4]), blieben die kulturellen Aktivitäten anfangs weitgehend in der Öffentlichkeit unbemerkt. In den späteren Jahren sollte sich dieses Verhältnis geradezu umdrehen: Direkte Aktivitäten der Neuen Rechten wurden immer seltener; dafür entwickelte sich die Einflußnahme auf den ideologischen Bereich umso stärker.

Die erste große Aktion stand, wie eben erwähnt, im Zusammenhang mit der fast den gesamten konservativen Bereich verunsichernden und herausfordernden neuen Ostpolitik der sozialliberalen Regierung, die als Verrat deutscher Interessen interpretiert wurde. Im Herbst 1970 riefen insgesamt 34 Parteien und Organisationen zu einem gemeinsamen Treffen auf, das in die »Aktion Widerstand« mündete, dem, wie Dudek und Jaschke formulierten, »Versuch einer Einheitsfront nahezu des gesamten rechtsextremen Lagers«[5]. Dabei setzten sich jene Kräfte durch, die nichts vom legalistischen Kurs der NPD hielten, sondern mit Transparenten wie »Brandt an die Wand« oder »Fegt ihn weg, den roten Dreck« sowie einem trotz Verbots durchgeführten Fackelzug durch Würzburg ihre Radikalisierung demonstrierten. Der damalige SPD-Oberbürgermeister Zeitler schrieb in Briefen unter anderem an den Bundeskanzler und den Innenminister, der »nationalistische Mob« habe in einer deutschen Großstadt »Gewalt und Terror« ausgeübt.[6] Heute ist jener Oberbürgermeister übrigens Parteigenosse von Franz Schönhuber und wird gerne der Öffentlichkeit als Vorzeige-Mitglied der »Republikaner« präsentiert. Zu den damaligen Initiatoren dieser »Aktion Widerstand« gehörten etwa der Gründer und Herausgeber der seit 1951 existierenden rechtsextremen Zeitschrift *Nation und Europa,* Arthur Ehrhardt, ein ehemaliger SS-Sturmbannführer und Chef der Bandenbekämpfung im Führerhauptquartier,[7] weiter Bernhard C. Wintzek, Chefredakteur der Zeitschrift *MUT.*

Innerhalb der NPD bewirkten diese Aktionen eine Zerreißprobe zwischen dem solchem Radikalismus abholden bisherigen Vorsitzenden von Thadden und den eher jüngeren und radikaleren Kräften. Im Januar 1972 spalteten sich diese dann endgültig von der NPD ab und gründeten die sogenannte »Aktion Neue Rechte« (ANR). Obwohl diese ANR nur ein paar Jahre, nämlich bis 1974, währte, bevor sie sich durch Spaltungen aufrieb, ist sie insofern von Bedeutung, als in ihrer »Grundsatzerklärung« für die Neue Rechte auch später zentrale ideologische Themen formuliert wurden – von Henning Eichberg, einem »damals maßgeblichen Theoretiker der ›Neuen Rechten‹ in der Bundesrepublik«.[8] Ein anderer, auch heute noch aktiver Publizist der Neuen Rechten, Wolfgang Strauss, gehörte zusammen mit Eichberg jenem nationalrevolutionären Flügel der ANR an, der ganz besonders an der Frage der Erringung der »kulturellen Hegemonie« interessiert war – einer Zielsetzung von großer Tragweite und nachhaltiger Bedeutung, auf die im weiteren noch ausführlich eingegangen wird.

Eine weitere Gruppe in der ANR war einem »volkssozialistischen, militanten Aktivismus«[9] verpflichtet; die von Friedhelm Busse in diesem Sinne gegründete »Partei der Arbeit« (PdA) entfernte sich bald von der ANR und »führte gradlinig in die ›neonazistischen‹ (Jugend-)Gruppen der 70er/80er Jahre«.[10] 1982 wurde Busses Organisation von Bundesinnenminister Zimmermann (CSU) aufgelöst, Busse selber wegen Verdachts der Mitgliedschaft in einer terroristischen Vereinigung angeklagt und 1983 zu einer Freiheitsstrafe von drei-dreiviertel Jahren verurteilt.[11]

Es soll noch einmal festgehalten werden: Die frühen Aktivitäten der Neuen Rechten in Deutschland waren teilweise von doch so spektakulärem Gepräge, daß sie in der Öffentlichkeit Staub aufzuwirbeln in der Lage waren; zudem waren sie immer noch so stark mit den alten rechtsextremen Personen und Organisationen verbunden, daß es nicht verwundert, daß die Verfassungsschutzberichte ab 1971 eine eigene Rubrik »Neue Rechte« ausweisen – interessanterweise aber nur für insgesamt sieben Jahre, nämlich bis einschließlich 1977. 1978 findet sich zwar eine »Aktion Neue Rechte« im Verfassungsschutzbericht, aber es handelt sich dabei um die neonazistische österreichische ANR. Im Verfassungsschutzbericht 1980 wird die französische Nouvelle Droite als rechtsextreme Vereinigung geführt.[12]

In der politischen Öffentlichkeit kaum so richtig wahrgenommen, versuchten die jungen Leute der Neuen Rechten, »den Nationalismus als politisches Programm neu zu fundieren und ihn von seinem NS-Image zu befreien«.[13] War diese Absicht schon in den sechziger Jahren vorhanden, wurde sie mit dem NPD-Schicksalsjahr 1969 erst recht offenkundig. Hinzu trat eine Einsicht, die damals den rechten politischen Haudegen zuerst als idealistisch, blaßtheoretisch vorgekommen sein mag, die aber andererseits dem heutigen Betrachter insofern Respekt abnötigen muß, weil sie zeigt, wie sehr diese jungen Leute mit scharfem Blick die damalige politische Landschaft durchmaßen. Sie erkannten nämlich, daß politische Aktionen nur dann von Erfolg gekrönt sein können, wenn in der politischen Arena bereits jene Sprache gesprochen, jene Gedanken gedacht, jene Wirklichkeit als »echte« Wirklichkeit angesehen und jene Probleme problematisiert werden, auf die hin die Akteure ihre politischen Aktionen ausrichten. Diese Erkenntnis unterschlägt nicht zwangsläufig jene plausible Vermutung, daß Gedankenwelten oft auch durch schiere Macht, insbesondere ökonomische Macht, verändert oder ersetzt werden können. Vielmehr bricht sie das vulgärmarxistische Theorem auf, wonach das Sein ganz einseitig das Bewußtsein bestimme; sie sieht beide Sphären in enger gegenseitiger Verkoppelung. Anders gesagt: Wenn ein unmittelbarer machtmäßiger beziehungsweise ökonomischer Durchgriff auf die politische Realität (noch) nicht möglich ist, empfiehlt es sich, seine Anstrengungen auf die ideologische, kulturelle Ebene zu konzentrieren. Wer die »kulturelle Hegemonie« besitzt, hat gute Chancen, die (macht-)politische Hegemonie demnächst zu erreichen. »Kulturelle Hegemonie« ist in dieser Sicht eine notwendige, wenngleich noch nicht unbedingt hinreichende Voraussetzung für die politische Vormachtstellung.

Dies gerade ist nun das zentrale Theorem, das die genannte Gruppe junger Rechter eint und das sie expressis verbis von dem italienischen Linkstheoretiker Gramsci übernommen haben. Sie hatten aber auch in der Bundesrepublik der ausgehenden sechziger und beginnenden siebziger Jahre genügend praktischen Anschauungsunterricht, auf den hin sie entsprechend reagieren wollten.

Versetzt man sich heute in die ersten Regierungsjahre Willy

Brandts zurück, ist man immer wieder erstaunt über die große Übereinstimmung zwischen politischer Öffentlichkeit und politisch Handelnden. Die zentralen politischen Begriffe waren inhaltlich derart besetzt, daß etwa Willy Brandt in seiner ersten programmatischen Regierungserklärung den für deutsche Verhältnisse schwierigen Satz bereits als Konsensangebot formulieren konnte: »Wir wollen mehr Demokratie wagen.« Nur wenige Jahre vorher hatte noch Brandts Vor-Vorgänger Ludwig Erhard versucht, seine Vorstellung von einer »formierten Gesellschaft« der Öffentlichkeit schmackhaft zu machen, war aber, jedenfalls zur damaligen Zeit, damit gescheitert.

Wie immer man die Vorstellungen der Allensbach-Chefin Elisabeth Noelle-Neumann von einer »Schweigespirale« heute wissenschaftlich einschätzen mag, für die frühen siebziger Jahre brachte sie damit doch etwas auf den Punkt: In der Öffentlichkeit waren, so mußte es eigentlich jedem Beobachter erscheinen, nur die Vorstellungen der SPD und ihrer Klientel präsent, die der Opposition dagegen glänzten durch Abwesenheit. Und weil die – natürlich auch vorhandenen – Anhänger der Opposition ihre eigenen Argumente in der politischen Öffentlichkeit nicht vorfanden, wagten sie sich erst gar nicht in die publikumswirksame Konfrontation mit dem politischen Gegner, sondern zogen es vor zu schweigen. Folgerichtig mußte sich der Eindruck in der Öffentlichkeit immer mehr verfestigen, eine oppositionelle politische Meinung existiere gar nicht: das ist der Teufelskreis der Schweigespirale.

Wie immer knapp dann 1972 Rainer Barzel als Herausforderer das konstruktive Mißtrauensvotum gegen Willy Brandt auch verlor – es war ja auch nur aufgrund der engen parlamentarischen Mehrheitsverhältnisse aus der Bundestagswahl von 1969 zu wagen –, war, spätestens aus der überwiegenden öffentlichen Reaktion auf dieses Scheitern, den meisten Politikern in der CDU klar, daß ihre Partei völlig mit dem Rücken zu Wand stand.

Bekanntlich hat sich dann sehr bald, nämlich schon 1973, ein Erneuerungsprozeß in der Union angebahnt. Helmut Kohl wurde Parteivorsitzender und Kurt Biedenkopf sein Generalsekretär. Beide sprachen von einer »Tendenzwende« in der deutschen Politik, die sie einerseits als ebenso nötig empfanden wie sie sie andererseits als schon in Ansätzen vorfindlich ausgaben. Indem sie beide postwendend die Frage der politischen »Semantik« in den Vordergrund ihrer Bemühungen stellten, zeigten sie, daß sie die Besetzung der politischen Begriffe nunmehr mit ihren eigenen unionsdefinierten Inhalten auch gegen Widerstände des politischen Gegners vorzunehmen bereit waren.

Wie wir sehen, laufen also in der damaligen Zeit die Bestrebungen der sich erneuernden CDU und jener Jungen Rechten offenbar parallel. Beide begeben sich in die Arena zum ausdrücklichen Zwecke der Erringung der kulturellen Hegemonie. Sagt aber, so wird man fragen müssen, die Tatsache der gleichen Strategie schon etwas aus über möglicherweise gleiche Inhalts- und Sachfragen? Sind CDU und diese Jungen Rechten auch inhaltlich parallel?

Man wird diese Frage nicht beantworten können, ohne nicht wenigstens einen kurzen Blick auf die Hauptlinien der damaligen Koalitionspolitik zu richten. Denn diese gab zum großen Teil die Themen vor, an denen sich die Opposition erstmal wetzen mußte.

Demokratisierung in Staat und Gesellschaft, insbesondere Erhöhung der Partizipationschancen für gesellschaftliche Gruppen und den einzelnen Bürger; die neue, eher auf Ausgleich denn auf zusätzliche Konfrontation ausgerichtete Politik gegenüber den Staaten des Warschauer Pakts, vor allem natürlich gegenüber der Sowjetunion, der DDR und dem unmittelbaren Nachbarstaat

Polen; dazu erste, wenngleich sehr offensiv vorgetragene Ansätze einer vorsorgenden Umwelt- und überhaupt Zukunftspolitik – das alles fand in den ersten Jahren der sozialliberalen Koalition in einem gesellschaftlichen, politischen und wirtschaftlichen Klima statt, das insgesamt von Aufbruchstimmung und Risikobereitschaft, bei gleichzeitigem Gefühl von relativ großer Sicherheit und Stabilität, gekennzeichnet war. Besonders die Demokratisierungsforderungen und -angebote ließen immer mehr linksradikale und revolutionäre Stimmen verstummen, die noch wenige Jahre vorher den Durchschnittsbürger erschreckt hatten.

Es zeigte sich aber mit zunehmender Diskussionsbereitschaft in der Öffentlichkeit, daß zwischen Sensibilisierung für Probleme und Lösung dieser Probleme oft eine gewaltige Differenz auftrat: Während letztere nur wie eine Schnecke vorankam, stürmte erstere im Eiltempo davon. Dieses Zurückbleiben der Therapie gegenüber der Diagnose führte im Laufe der Zeit immer stärker zu Ungeduld, Frustration und Verwirrung. Als dann noch infolge der Ölpreiskrise des Winters 1973/74 der finanzielle und politische Handlungsspielraum des Staates dramatisch schrumpfte, wurden von allen Seiten immer häufiger und lauter Stimmen der Kritik vernommen. Die »Reformer« warfen der Regierung vor, in ihrem Reformeifer ungebührlich nachzulassen und den Kräften der wiedererstarkenden »Reaktion« feige nachzugeben.

Zur Enttäuschung der »Reformer« kam von seiten der Konservativen ein ganzer Katalog von Warnungen. Man müsse möglichst schnell die vermeintlich wildwuchernde Demokratisierung wieder auf einen realistischen Boden zurückholen, weil sonst die Ansprüche des einzelnen und von Gruppen an Staat und Gesellschaft auszuufern drohten; als Folge einer solchen Entwicklung seien weitere Enttäuschungen bei den Bürgern vorprogrammiert. Die immer geringer werdenden finanziellen Mittel des Staates

könnten dann sowohl zur Unregierbarkeit auf allen staatlichen Ebenen führen als auch zur Abnahme freiwilliger Folgebereitschaft bei den Bürgern beitragen, weil sie über den Staat frustriert wären. Statt die Bereiche politischer Konflikte endlich wieder auf ein handhabbares Maß zu reduzieren, würden durch die Demokratisierung auch noch solche Felder zusätzlich »politisiert«, die früher durch Autoritäten oder durch Sachgesetzlichkeiten geregelt gewesen seien. Alles in allem beklagte man auf dieser Seite des politischen Spektrums einen sich immer dramatischer beschleunigenden Sinn- und Werteverlust, den man in erster Linie den politisch Verantwortlichen in die Schuhe schob, ohne dabei fairerweise zu berücksichtigen, daß die moderne Industriegesellschaft ganz generell strukturell dazu beitrug, Menschen aus angestammten sozialen Einbindungen und Sinn- und Verweisungszusammenhängen herauszureißen.
Auch als nach dem Rücktritt Willy Brandts 1974 Helmut Schmidt als neuer Bundeskanzler gerade in den vormaligen Reformbereichen nunmehr eine eher defensive Strategie zu betreiben begann, verstummten die Kritiker nicht – verständlicherweise die von links schon gar nicht, aber auch nicht die von rechts. Schließlich hatte man sich dort inzwischen einer konservativen Tendenzwende verschrieben, die möglichst bald den »historischen Irrtum« einer linken Regierung in der Bundesrepublik wieder ausmerzen sollte.
Ich will hier nicht die politisch-parlamentarische Auseinandersetzung zwischen Regierung und Opposition in den siebziger Jahren nachzeichnen, die sich bei aller Schärfe doch meist auf gemeinsamem Boden vollzog; Franz-Josef Straußens sogenannte Sonthofen-Strategie, derzufolge der ganze Karren ruhig noch tiefer in den Dreck gelangen sollte, damit dann die Konservativen als Retter in der Not auftreten könnten, blieb zwar die Ausnahme,

aber dennoch als latente Drohung nicht ganz unwirksam. In unserem Zusammenhang von größerem Interesse ist dagegen, wie sich diese Tendenzwende in jenem Bereich abspielte, in dem um die kulturelle Hegemonie gekämpft wurde, wo es also darum ging, zentrale politische Begriffe mit den eigenen Inhalten besetzen und die Prioritäten bei den politischen Themen selbst bestimmen zu können.
Das Getöse der Mahnungen zur Reform und der Warnungen vor Reformen sowie die wachsende Angst vor der Umwelt- und der Energiekrise überdeckten gelegentlich, daß weite Teile des politischen Spektrums der bürgerlichen Mitte mit dem Leben in der Bundesrepublik nicht unzufrieden waren. Zum Beispiel begann der renommierte Politikwissenschaftler Hans-Peter Schwarz in einem von ihm mitherausgegebenen Band zum 25jährigen Bestehen der Bundesrepublik seinen »Ausblick: Wie wird es weitergehen?« mit der Feststellung: »Kein Zweifel: Wer die bisherige Geschichte der Bundesrepublik Deutschland schreibt, berichtet im großen und ganzen eine *success-story.*« Die Bundesrepublik Deutschland sei »heute eine normale westliche Demokratie und eine dem äußeren Anschein nach fast anormal ruhige Gesellschaft – sieht man einmal von den Imbezillitäten im Universitätsbereich ab«. Sie sei auch normal »im Sinne guter Voraussetzungen für eine weitere positive, stabile Entwicklung«. Mit den »Imbezillitäten im Universitätsbereich« spielt Schwarz auf die unruhigen endsechziger Jahre an, die allerdings nicht zu den manchmal befürchteten sozialistischen Experimenten hätten führen können, weil die allgemeine wirtschaftliche wie politische Verfaßtheit der Bundesrepublik Deutschland und ihrer Bürger immer nur schrittweise Veränderungen, einen »vorsichtigen Gradualismus« zugelassen hätten. Die Bevölkerung habe sich »an den liberalen Rechtsstaat, die Parteiendemokratie, die Austra-

gung von Konflikten nach festliegenden Spielregeln und den vernünftigen Kompromiß« gewöhnt. Dabei bilde besonders »die Westintegration eine der ermutigendsten Überlebensgarantien der westdeutschen Demokratie und der liberalen Errungenschaften ihrer Gesellschaft«. Für ausgeschlossen hält Schwarz deshalb auch – selbst bei Krisen – einen Schwenk der Wählerschaft nach rechts, eher schon könnten nach seiner Einschätzung längerfristige Gefahren entstehen im Gefolge von »ideologischen und organisatorischen Veränderungen auf seiten der deutschen Linken«.

Damit widersprach er ausdrücklich einer Einschätzung, die ein anderer renommierter Politikwissenschaftler, Kurt Sontheimer, ein paar Jahre vorher geäußert hatte: »Die Gefahr von rechts« sei »... größer als die Gefahr von links«. Schwarz ahnt, jedoch nur bezogen auf die von ihm gesehene Gefahr von links, zum Schluß seines Aufsatzes: »Vieles spricht aber dafür, daß die achtziger Jahre die entscheidende Auseinandersetzung um den Bestand des liberalen Verfassungsstaates bringen werden.«

Hans-Peter Schwarz hat mit diesem »Ausblick« ganz sicher die damals wie auch danach vorherrschende Einschätzung der politischen Entwicklung der Bundesrepublik Deutschland wiedergegeben – und nicht nur diejenige eines liberalen Konservativen. Auch und gerade an diesem Selbstverständnis der breiten bürgerlichen Mitte und ihrer positiven Einschätzung der bisherigen Geschichte der Bundesrepublik setzte – wie wir bei der eingehenden Behandlung ihrer Ideologie noch sehen werden – die Veränderungsabsicht der Neuen Rechten an.

Nach der Auflösung der ANR 1974 gab es jedoch niemanden mehr, der noch offiziell den Namen »Neue Rechte« trug. Es beginnt jetzt die Zeit, da man von einer Neuen Rechten in Deutschland nicht mehr einfach nur beschreibend sprechen kann, sondern nun komplexere Zusammenhänge aufdecken, analysieren und bewerten muß. Die Hauptfrage, die sich dabei für die an der Neuen Rechten Interessierten stellt, ist, ob es nach 1974 überhaupt noch so etwas gab, was rechtfertigte, von einer Neuen Rechten zu sprechen. Eine eigenständige Organisation, ein Verband, Verein oder eine Partei mit dem Namen Neue Rechte war nicht mehr existent. Aber es gab weiterhin Personen und verschieden große und mehr oder weniger fest gewebte Netzwerke und Gruppierungen von Menschen, die sich dem bisherigen Ziel der Neuen Rechten verbunden oder verpflichtet fühlten und dieses Ziel auch weiterentwickeln wollten. Vor allem aber gab es kulturelle Projekte, wie Zeitschriften, gemeinsame Veranstaltungen und dergleichen, in denen Menschen im Sinne der Neuen Rechten tätig sein konnten. Und immer auch findet ein mehr oder weniger reger Austausch mit der französischen Nouvelle Droite statt, die ja über eine vergleichsweise gut funktionierende Organisation verfügte und sich als Neue Rechte bezeichnete, übrigens bis auf den heutigen Tag.

Es wäre falsch, würde man nach dem offiziellen Verschwinden der Selbstbezeichnung »Neue Rechte« für eine bestimmte Organisation davon ausgehen, daß damit auch bestimmte ideologisch-politische Inhalte von der politischen Bildfläche verschwunden wären. Andererseits wäre es aber auch falsch, anzunehmen, daß es sich etwa seit Mitte der siebziger Jahre bei der Neuen Rechten um eine Art Geheimbund mit versteckten Organisationen und verdeckten Zielen handeln würde. Es gab nämlich überhaupt keinen Grund für ein Abtauchen in die Illegalität, vorausgesetzt, man hielt sich an bestimmte Spielregeln, die die »wehrhafte Demokratie« jedem Mitspieler im politischen Meinungsstreit auferlegt. Und diese Grenzen waren weit gezogen – zumindest nach rechts –, was man schon daran erkennen konnte, daß eigentlich niemand daran dachte, Organisations- oder gar Parteienverbote gegenüber dem Rechtsaußen-Spektrum in Erwägung zu ziehen. Eindeutig galt für die siebziger Jahre, daß der linke Terrorismus, vor allem in Gestalt der mordenden RAF, die gesamte Diskussion um den Extremismus bestimmte.

Daher gab es im Feld der Neuen Rechten auch gar keine Bestrebungen und keinen Anlaß, sich mit Abtauchen, Verschwörertum und Illegalität überhaupt ernsthaft zu befassen. Sicherlich sah man sich in einer Zeit, in der man den Geist links wehen spürte, in Opposition zu den herrschenden Mächten; man witterte aber Morgenluft. Denn die Rede von einer »Tendenzwende« gegen die linke Mehrheitskultur bestimmte inzwischen das gesamte konservative Lager, seitdem der Schock des verpatzten konstruktiven Mißtrauensvotums Rainer Barzels gegen Willy Brandt abgeklungen war und die CDU sich mit ihrem neuen Vorsitzenden Helmut Kohl und seinen wichtigsten Vordenkern Kurt Biedenkopf und Heiner Geißler anschickte, verlorenes Terrain, insbesondere auch auf politisch-inhaltlichem und ideologischem Gebiet, wiedergutzumachen. Ohne die Besetzung der zentralen politischen Begriffe mit den eigenen Inhalten, so Biedenkopf und Geißler mit ihrer berühmten »Lagerthese«, sei auf Dauer das konservative gegen das linke Lager nicht mehrheitsfähig.

Dieselbe Strategie schwebte – wie bereits angedeutet – auch der Neuen Rechten vor. »Tendenzwende«, »Besetzung der Begriffe«, »Kulturelle Hegemonie« – das sind zunächst nur unterschiedliche Begriffe für denselben Sachverhalt, nämlich für den Versuch, die Meinungsführerschaft im politischen Raum zu erlangen beziehungsweise wiederzuerlangen.

Waren Konservative wie Geißler und Biedenkopf und die Neue Rechte vereint in derselben Strategie? Bedeutete das vielleicht, daß zwischen diesen eigentlich gar keine Unterschiede bestanden? Hatten diejenigen auf der Linken doch recht behalten, die die »Rechten« samt und sonders als konservativ und reaktionär bezeichneten?

Die Neue Rechte – Scharnier zwischen Neo-Konservatismus und Rechtsextremismus? Eine erste Annäherung

Den Namen hatten sie sich gut gewählt, jene zumeist jungen und auch größtenteils in akademischer Ausbildung befindlichen Männer: Neue Rechte. Sie wollten im politischen Spektrum dezidiert rechts, also auch konservativ sein, sich aber gegen jene alten Männer durchsetzen beziehungsweise sich von ihnen abheben, die immer noch glaubten, durch Anknüpfung an ihre Biographie, die in der Zeit des Nationalsozialismus ihren Anfang und oft auch Höhepunkt gehabt hatte, nun auch in der Bundesrepublik noch einmal an die politische Macht gelangen zu können. Die jungen Männer der Neuen Rechten dagegen wußten, daß sich die Bundesrepublik, gerade auch in ihrem Selbstverständnis als streitbare Demokratie, gegen ein allzu direktes Anknüpfen an die Ideologien des Nationalsozialismus gewappnet hatte. Bereits durch das Verbotsurteil des Bundesverfassungsgerichtes gegen die Sozialistische Reichs-Partei (SRP) von 1953 waren die verfassungsrechtlichen Weichen dahingehend gestellt, extremen Parteien den politischen Garaus zu machen.
Die Neue Rechte dagegen knüpfte an eine ganz andere Tradition an: Sie wollte zuerst das politische Wirklichkeitsbild in den Köpfen der Menschen verändern, bevor sie sich dann in den direkten Kampf um die politische Macht einlassen würde. Es ging ihr also in erster Linie darum, den Deutschen zu zeigen, daß das,

was diese als ihre politische Wirklichkeit ansahen, zum größten Teil auf Illusionen, Tabus und Irrealitäten beruhte, die ihnen im Wege der Umerziehung durch die alliierten Kriegsgegner und Sieger im Zweiten Weltkrieg, allen voran die Sowjetunion und die USA, oktroyiert worden waren und in denen sie sich aufgrund des flotten Lebens im Wirtschaftswunderland eingerichtet hatten: der Tanz auf der sinkenden Titanic, wobei man den Tanz genießt, ohne wahrnehmen zu wollen, daß sich die Tanzfläche bereits in gefährlicher Schräglage befindet. Die Neue Rechte wollte nun den Deutschen über diese »Realität« schonungslos die Augen öffnen, ein Akt, den sie als größte Herausforderung ihres Patriotismus, ihrer Liebe zu Deutschland empfanden.
Der zentrale Ausgangspunkt der Neuen Rechten – so kann man zunächst einmal zusammenfassen – ist die vorrangige Stellung des Kollektivs, der »Gemeinschaft«, des »Staates« gegenüber dem Individuum. Hierin knüpft sie an ein grundsätzlich gegen Liberalismus, Pluralismus und soziale Demokratie gerichtetes Politik- und Verfassungsverständnis an. Da man sich damit im ausdrücklichen Gegensatz zum Grundgesetz der Bundesrepublik Deutschland befindet, muß diese Botschaft so vermittelt werden, daß sie nicht unmittelbar als verfassungswidrig sanktioniert werden kann. So versucht man also aufzuzeigen, daß die politische Kultur Deutschlands, also das tatsächliche politische Leben in der Bundesrepublik, einem grenzenlosen Liberalismus huldigt, in dem die Selbstverwirklichung des einzelnen rücksichtslos gegen jeden anderen und gegen die Gemeinschaft als solche durchgesetzt wird. Die Institutionen, insonderheit der Staat, sind nur noch die Steigbügelhalter für das grenzenlose Glücksstreben des vereinzelten Menschen. Ein Staat, eine Nation, die nur noch aus egoistischen Individuen bestehen, sind aber auf längere oder vielmehr kürzere Sicht dem Untergang geweiht.

Politik in diesem neurechten Verständnis hat dagegen die Wahrung der Lebensfähigkeit des zur politischen Gemeinschaft zusammengeschlossenen Kollektivs, zum Beispiel der Nation, zur vordringlichen, ja einzigen Aufgabe. Diese Aufgabe kann aber nur gelingen, wenn als notwendige Vorbedingung die Interessenkämpfe der in der Gemeinschaft vereinigten Individuen und Menschengruppen (Vereine, Verbände, Gewerkschaften, Parteien) so weit reduziert würden, daß eine einheitliche Willensbildung möglich wird. Politische Willensbildung mit dem Ziel einer effizienten Entscheidungsfindung und Entscheidungsdurchsetzung in einem Land kann also nur erfolgen, wenn die Gesellschaft in ihrer Substanz möglichst homogen und damit – angeblich – zwangsläufig ohne innere Konflikte ist. Da gerade die Zugehörigkeit zu unterschiedlichen Völkern, Volksgruppen oder auch Rassen zu allergrößten und zusätzlich praktisch unveränderbaren Gegensätzen der Interessen, Weltanschauungen und politischen Zielen führt, wird also gerade der ethnischen Überfremdung der härteste Kampf angesagt. Die Forderung nach Homogenität wird aber auch gegenüber anderen innergesellschaftlichen Minderheiten aufgestellt, die sich, aus welchen Gründen auch immer, dem Majoritätsdruck entziehen oder entziehen wollen.
Wer diese »Wirklichkeiten«, die quasi als Naturgesetzlichkeiten des sozialen Lebens dargestellt werden, nicht zur Kenntnis nehmen will, verweigert entweder, um andere manipulieren zu können, die öffentliche Anerkennung dieser »Realitäten« oder weiß es tatsächlich nicht besser, weil er sich gleichsam in ideologischer Unschuld befindet. Die ideologische Verblendung bei vielen Deutschen wird von der Neuen Rechten als eine direkte Folge von Umerziehungsbemühungen nach dem Zweiten Weltkrieg angesehen. Entscheidender Inhalt dieser Umerziehungsbemühungen soll eben gewesen sein, den Deutschen ihre realistische Sicht auf

das Konkrete, Wirkliche, nämlich ihre deutsche Nation und deren Interessen zu nehmen und sie statt dessen mit dem Geist beziehungsweise Ungeist des Universalismus zu ködern. Dieser Ungeist drückt sich danach am deutlichsten in den illusionären Forderungen der Französischen Revolution nach gleichen Menschenrechten für alle Menschen auf der ganzen Erde, das heißt nach Freiheit, Gleichheit und Brüderlichkeit für alle Menschen, aus. In diesen Forderungen steht der einzelne Mensch als gleiches Geschöpf Gottes im Vordergrund, nach Ansicht der Neuen Rechten eine Illusion, wenn man an die großen Unterschiede zwischen den verschiedenen Ethnien, also Völkern oder sogar Rassen, denkt. Diese Kollektive prägen nach Meinung der Neuen Rechten nun einmal die politische Landkarte der Welt und nicht das Abstraktum »Menschheit«. Solche universellen, allgemeinen Kategorien sind nur Ausdruck einer menschenrechtsorientierten und daher völlig illusionären Weltsicht und Politik, und als Zielvorstellung einer konkreten, auf das Wohl des jeweiligen Volkes abgestellten Politik nur als »All-Gemeinheiten« zu entlarven.
Wie man aus dieser kurzen Darstellung ihrer Ideologie erkennen kann, bezieht die Neue Rechte durchwegs Gedankengänge ein, die auch in der Alten Rechten gang und gäbe waren und sind: Hauptpunkt der Gemeinsamkeiten ist die Vorrangstellung des Kollektivs vor dem Individuum. Aus dieser Priorität folgen konsequenterweise Gemeinsamkeiten in der Ablehnung des Pluralismus, des Liberalismus und des Parlamentarismus mit ihren auf Kompromisse zwischen den unterschiedlichen Interessen abzielenden Entscheidungsfindungen: Der starke Staat ist gefragt. Andererseits aber hebt man sich doch deutlich vom Rechtsextremismus und Neonazismus, wie er seit Jahren in den Verfassungsschutzberichten dargestellt wird, ab. Hinweise auf Rassismus und auf übersteigerten Nationalismus, der wieder von einem Deutsch-

land schwärmt, das die ganze Welt beherrschen soll, findet man in dieser Direktheit nicht; vielmehr gilt ein Ethno-Pluralismus, also ein Pluralismus zwischen den einzelnen Kollektiven – Völkern und Staaten –, der aber mit einem klaren Patriotismus verbunden ist, gemäß dem Motto Schönhubers: »Andere Völker achten wir, Deutschland aber lieben wir.« Expansionistische Ziele und das Streben nach einer deutschen Vormachtstellung – klassische Positionen des Rechtsextremismus – werden dabei nicht propagiert. Gleichwohl erweckt die Verwendungsweise des Begriffes »nationales Interesse« durch neurechte Denker nicht selten Assoziationen in diese Richtung.

Andererseits versucht aber die Neue Rechte seit ihren ersten Tagen, sich mit den konservativen Strömungen in Deutschland zu arrangieren. Man nennt sich deshalb seit Ende der siebziger Jahre auch immer weniger »Neue Rechte«, sondern lieber »Junge Konservative« oder manchmal auch »Neue Konservative«. Und in der Tat gibt es Anknüpfungspunkte beim Konservatismus, jedoch nur bei jener Ausprägung des Konservatismus, die man gemeinhin Neokonservatismus nennt. Sie läßt sich dadurch charakterisieren, daß sie im Bereich des kulturellen Lebens, also der Sinn- und Orientierungsstiftung für das politische und gesellschaftliche Leben, von einem vom starken Staat zu führenden Individuum ausgeht, im Bereich des wirtschaftlichen Handelns jedoch gerne das autonome unternehmerische Individuum gegenüber einem sich auf dem Markt zurückhaltenden und eher schwachen Staat herausstellt.

Dort aber, wo der Konservatismus gerade die Freiheit des einzelnen gegenüber einem übermächtigen, bürokratischen Staat behaupten und bewahren will, also in dem Bereich, der als liberaler Konvervatismus bezeichnet werden kann, sieht die Neue Rechte ihren schärfsten Gegner, ja erbittert zu bekämpfenden Feind. Von

daher verwundert es nicht, daß bei der Neuen Rechten gerade Personen wie Rita Süssmuth, Richard von Weizsäcker oder Heiner Geißler zu den bevorzugten Objekten oft geradezu haßerfüllter Polemik gehören.
Will man die zentralen Anliegen und ideologischen Positionen der Neuen Rechten so, wie sie sich historisch entwickelt haben, fürs erste einmal im politischen Spektrum einordnen, dann kann man das wohl am besten mit dem Bild eines Scharniers[14] tun, das diese Neue Rechte einerseits zwischen Konservativen, vor allem Neokonservativen, und andererseits eindeutig rechtsextremen Positionen bildet.
Im übrigen gilt diese Scharnierstellung, die im ideologischen Bereich in Kapitel 3 näher skizziert werden wird, auch für den organisatorischen Bereich. So scheuen sich die Neuen Rechten nicht, sich bei Gelegenheit auch in die Organisationsgeflechte der Rechtsextremen zu begeben, um andererseits aber auch jederzeit dort tätig zu werden, wo Konservative aktiv sind – dazu dann mehr in Kapitel 4.

Kapitel 3

Die politischen Grundgedanken der Neuen Rechten *oder:* Wieviel Feind muß sein?

Kollektivorientierung und Grundgesetz

Anfang der siebziger Jahre, nachdem viele Reformerwartungen enttäuscht worden waren und sich wachsende Ängste vor Umwelt- und Energieproblemen verbreiteten, die nicht zuletzt durch den heute schon fast legendären Bericht des Club of Rome über die »Grenzen des Wachtums« angestoßen waren, erhielten Überlegungen Auftrieb, die sich an Rückbesinnung und dem Bewahren des Vorhandenen, zum Beispiel in der Natur, orientierten. Dies waren Themen, die dem konservativen Denken entgegenkamen. Armin Mohler, einer der Wortführer einer Wende in neurechter Auslegung, fand schon 1969, daß der Wind umgeschlagen habe: »Mit dem unaufhaltsam scheinenden Abrutschen der Welt nach links ist es vorbei. Den Konservativen haben sich Möglichkeiten aufgetan, von denen sie vor einem Jahr noch kaum zu träumen wagten.«[1]

Die Neuen Rechten träumten aber nicht nur, sondern leisteten auch konkrete Arbeit, allen voran besagter Armin Mohler sowie Gerd-Klaus Kaltenbrunner. Ihre Botschaft, in vielen Publikationen unters Volk gebracht, lautete in Kurzform: Es ist modern, konservativ zu sein – und notwendig dazu; denn nur so lasse sich der zunehmende Zerfall Deutschlands und Europas noch stoppen. Dazu bedürfe es aber eines krassen Umdenkens, Tabus müßten

gebrochen, Illusionen abgebaut, neue gesellschaftliche Wirklichkeiten propagiert und durchgesetzt werden.
»Konservativ gilt in weiten Kreisen als gleichbedeutend mit reaktionär, restaurativ, vergangenheitsfixiert und, in letzter Konsequenz, mit antidemokratisch, faschistisch oder doch ›faschistoid‹. Im günstigsten Fall gelten die Konservativen als die ›Partei der Dummen‹ (John Stuart Mill)«, schreibt Gerd-Klaus Kaltenbrunner im Vorwort des von ihm 1972 herausgegebenen Bandes »Konservatismus in Europa«. Kaltenbrunner, damals gerade dreiunddreißigjährig das enfant terrible im konservativen Beritt und in späteren Jahren eine der wichtigsten »Scharnier«-Größen, will den Konservatismus durch gezielte theoretische Arbeit von diesem Image wegbringen. Ziel seiner intellektuellen Anstrengungen ist es vor allem, die linke Gesellschaftskritik zu kritisieren und damit zu verhindern, »daß mühsam genug erreichte Stufen von Emanzipation gut- oder mutwillig liquidiert werden, daß Fortschritt im Bewußtsein der Freiheit zum Schleier sozialer und intellektueller Regression wird«.
Hier kündigt sich schon an, was Franz-Josef Strauß später formulieren ließ: Konservativ sein heiße, an der Spitze des Fortschritts marschieren. Im selben Jahr, 1972, formulierte Kaltenbrunner dieses Credo in seinem Aufsatz »Die zehn Gebote für Konservative« noch griffiger: »Gerade als Konservativer mußt Du viel weniger konservativ sein als die Marxisten, Neomarxisten, Maoisten und Stalinisten aller Länder. Habe den Mut, modern zu sein.« Anstatt sich auf Konservative des vorigen Jahrhunderts zu berufen, bezieht er sich auf Sozialwissenschaftler, Juristen, Verhaltensforscher der Gegenwart, wie Arnold Gehlen, Carl Schmitt oder Konrad Lorenz. Gleichzeitig wird aber noch eine weitere Zielrichtung anvisiert, nämlich »Erfahrungen und Wirklichkeiten zur Sprache zu bringen, die zu ignorieren … auf blindes Verfal-

lensein an die Denkverbote und Illusionen des jeweiligen Tages hinausläuft«.

Nicht nur in der Radikalität dieser Forderungen, sondern in einem der zentralsten Punkte überhaupt, die in einer Gesellschaft immer umstritten sind, unterscheiden sich Mohler und Kaltenbrunner aber von liberalen Konservativen, zu denen etwa Heiner Geißler und überhaupt große Teile der C-Parteien zu zählen wären, nämlich in der Frage, was als Grundeinheit in der Politik zu gelten habe: Soll politisches Denken und Handeln vom einzelnen Menschen, vom Individuum her beginnen oder von jenen Einheiten von Menschen, in die jeder einzelne eingebunden ist, sei es Volk, Staat oder Nation?

Für die NS-Ideologie und ihre Adepten in der Bundesrepublik, etwa um den verstorbenen Michael Kühnen, war und ist klar, daß die grundlegende politische Einheit das rassisch definierte Volk, das deutsche Volk, ist: »Du bist nichts, dein Volk ist alles« ist dort nach wie vor der Anfangssatz ihres politischen Credos. Von dieser Art Rassismus ist bei der Neuen Rechten nichts zu spüren, fast nichts. Aber bei aller Klugheit, sich soweit wie nur irgend möglich keine verbalen Blößen zu geben, um nicht ins Messer einer Verfassungsfeindlichkeitsanklage zu laufen, ist die Betonung der Vorrangigkeit des Kollektivs vor dem Individuum nicht zu überhören.

Wenn im folgenden diesen Gedankengängen im einzelnen nachgespürt und den zentralen Aussagen und ihren Begründungen differenzierte Aufmerksamkeit zugewandt wird, dann geschieht dies unter der These, daß wir es hier mit einem einerseits eigenständigen politischen Denken zu tun haben, das aber andererseits sowohl mit dem strammen Rechtsextremismus als auch mit dem konservativen Lager verbunden ist: Es ist wie gesagt einem Scharnier ähnlich, das Rechtsextremismus und Konservatismus zugleich trennt und verbindet. Diese Scharnierfunktion gilt im ideologischen Bereich nicht weniger als im organisatorischen.[2] Am Beispiel einer der »Leitfigur(en) der gesamten Rechten«[3], dem verstorbenen Professor für Politikwissenschaft an der Universität Bochum, Bernard Willms, läßt sich dieses Denkmuster gut aufzeigen. Willms hat Ende der achtziger Jahre ein »Handbuch zur Deutschen Nation« herausgegeben, in dem er eine große Schar neurechter (u. a. Armin Mohler, Gerd-Klaus Kaltenbrunner, Klaus Hornung, Emil Schlee, Robert Hepp) und stramm konservativer Autoren (z. B. Wolfgang Brezinka, Christa Meves, Felix Ermacora) zusammenführte. Im Einleitungsaufsatz zum zweiten Band dieses Handbuchs arbeitet Willms sein Hauptanliegen, den »nationalen Standpunkt«, leitmotivhaft für das gesamte Werk heraus. Gegen eine »pluralistisch« orientierte Wissenschaft, aus der »jeder beliebige Interessenvertreter ›seinen‹ Gutachter sucht und findet«, fordert er eine »nationale Standortbestimmung für die Wissenschaft«, die nur darin liegen könne, alles zum »Kampf um die Selbstbehauptung des deutschen Volkes« beizutragen. Eine solche »nationale Grundrichtung« würde die »Behandlung gesellschaftlicher Problemfelder« – Willms führt beispielhaft die Atomkraft, die militärische Sicherheit, die Ausländerintegration oder das Asylrecht an – »an wissenschaftlichem Gewicht und an wissenschaftlicher Würde … gewinnen« lassen. Die »deutsche Physik« unseligen Angedenkens läßt von ferne grüßen …

Besonders bemerkenswert darüber hinaus ist aber die Begründung für diese Forderung. Willms geht es um ein »realistisches Verständnis von Politik«. Der Mensch wird nur als ein Glied eines »Kollektivs« gesehen, dessen Bestandswahrung die zentrale Rolle für menschliche Existenz einnimmt. Und so entwickelt er im weiteren nicht etwa die Frage, wie solche Kollektive gestaltet sein müßten, um den sie bildenden Menschen ein menschenwürdiges

Leben zu ermöglichen, sondern geht ausschließlich der Frage nach, wie diese Kollektive sich selbst erhalten können. Drei »Fronten« arbeitet Willms dabei heraus, an denen er die Selbsterhaltung des »menschlichen Kollektivs« für bedroht hält, nämlich zuerst an einer »Front gegenüber einer Natur, die das für den Menschen Lebensnotwendige nicht von selbst hergibt«; eine »zweite Front ist diejenige gegenüber anderen Gruppen und deren Ordnungen«. Damit aber diese Kämpfe möglichst effektiv geführt werden können, bedarf es nach einer weiteren Einsicht dieses Autors einer dritten Frontlinie, an der das Kollektiv zu bestehen hat. Willms nennt sie die »innere Front« und erläutert: »Jeder einzelne Mensch als einzelner stellt eine potentielle Bedrohung der jeweiligen Ordnung dar«. Politik ist dann für Willms folgerichtig die Aufgabe, sich als Kollektiv an diesen drei Kampffronten »erfolgreich zu behaupten«.
Wer, wie Willms, so unzweideutig das »Kollektiv« als Ausgangs- und Zielpunkt von Politik und den einzelnen Menschen nur als Bedrohung für dieses Kollektiv ansetzt, der stellt allerdings das Grundgesetz auf den Kopf. Er geht von einer Fundamentalannahme aus, gegen die sich das Grundgesetz seinerseits ganz unzweideutig richtet. Gegenüber jedem Kollektivismus, der das Individuum nur als Element einer größeren Einheit, als zweitrangig hinter dieser größeren Einheit, beispielsweise dem Volk, der Nation oder dem Staat sieht, wirkt der zentrale Artikel 1 des Grundgesetzes wie ein Paukenschlag: »Die Würde des Menschen ist unantastbar«, lautet sein erster Satz. Im darauffolgenden zweiten Satz dieses Artikels wird dann sofort der Staat erwähnt, aber eben ausschließlich in seiner der Würde dienenden Funktion: »Sie zu achten und zu schützen ist Verpflichtung aller staatlichen Gewalt.«
Ist diese Formulierung des Grundgesetzes nur eine Floskel, viel-

leicht eine Beschwörungsformel gegenüber den Erinnerungen an die Nazizeit, ist sie nur der Leitgedanke für Sonntagsreden, denen dann regelmäßig die nüchterne Realität des Alltags folgt? Konrad Hesse, Freiburger Öffentlichrechtler und ehemaliger Richter am Bundesverfassungsgericht, hat sich in seiner 1967 in erster und 1991 bereits in 18. Auflage erschienenen Schrift über das Verfassungsrecht der Bundesrepublik Deutschland[4] gegen eine derartige Interpretation gewandt: »Weit entfernt von einer abstrakten Formel oder bloßen Deklamation, der juristische Bedeutung abgeht«, komme dem genannten Inhalt des Artikels 1 Grundgesetz »das volle Gewicht einer normativen Grundlegung dieses geschichtlich-konkreten Gemeinwesens zu«.

Wie ernst es den Müttern und Vätern des Grundgesetzes war, diese normative Grundlegung des Artikels 1 Grundgesetz gegen alle möglichen Angriffe zu schützen, ergibt sich aus der sogenannten Ewigkeitsgarantie nach Artikel 79 Absatz 3, wonach eine Änderung des Grundgesetzes, die unter anderem die in Artikel 1 formulierten Grundsätze berühren würde, als »unzulässig« bezeichnet wird.

Anders gesagt: Eine derartige Änderung wäre nichts anderes als ein systemverändernder Akt. Ein solcher Akt ist in der Bundesrepublik derzeit wohl nicht zu erwarten: Zu hoch steht das Grundgesetz beim Großteil der Bevölkerung in Ansehen; es gehört seit geraumer Zeit zum Gemeingut politischen Denkens, daß das Grundgesetz die beste Verfassung auf deutschem Boden sei, die es »je gegeben« habe. In der im Einigungsvertrag von 1990 vorgesehenen Verfassungskommission wurde zwar über manches intensiv und kontrovers diskutiert, beispielsweise über neue Staatsziele oder über stärkere plebiszitäre Komponenten, es gab aber niemanden, der auch nur im Ansatz eine Einschränkung der in Artikel 1 GG formulierten Grundsätze ins Auge gefaßt hätte.

Kann man bei soviel geäußerter und unausgesprochener Zustimmung, aber angesichts der Attacken eines Bernard Willms auf diese Grundsätze, Entwarnung geben?
Ein rückhaltloses Ja auf diese Frage würde allerdings die Tatsache übersehen, daß Verfassungen nicht nur durch klar sicht- und deutbare Änderungsakte einem Wandel unterzogen werden können, sondern manchmal auch langsam und schleichend mutieren. So kann man sich ganz allmähliche Uminterpretationen vorstellen, Schritt für Schritt, über einen langen Zeitraum. Sie können von Abwertungen bisheriger Übereinstimmungen in den Deutungen der Verfassung begleitet sein, die sich paaren mit der Hervorhebung neuer, jetzt endlich »realistischer« Sichtweisen, die sich als zwar knorrig, aber dafür der Wirklichkeit angepaßter abhöben von den früheren, sicherlich sympathischen, aber hoffnungslos idealistischen und traumtänzerischen Vorstellungen. Finden sich dann noch Ansätze in der Verfassung selbst, auf die sich solche Umdeutungen dem Wortlaut nach beziehen können – wie etwa der Artikel 116 GG mit seiner völkischen Definition der Staatsbürgerschaft –, dann kann sich das Geschäft eines mehr oder weniger lautlosen Kippens des bisherigen Verfassungskonsenses und der dadurch stark mitgeprägten politischen Wirklichkeit um so wirksamer vollziehen.
Genau diese ereignet sich aber mit dem Wirken der Neuen Rechten in Deutschland seit etwa 20 Jahren und mit zunehmender Intensität und Durchschlagskraft in den letzten fünf bis zehn Jahren. Wie sich dabei etwa die Arbeiten Willms' zur Umwertung der Beziehungen zwischen Individuum und Kollektiv vor der Folie solch schleichender Entwicklungen verharmlosen lassen, kann ein Beispiel in der Zeitschrift *Criticón* zeigen, in der sich der deutsche Konservatismus gerne ein Stelldichein gibt. Anfang 1986 erschien dort eine Besprechung von Arbeiten zum Thema

»Vergangenheitsbewältigung und Nationalbewußtsein«. Willms wird dabei vom Rezensenten wie folgt charakterisiert: Sein Programm habe »er in faszinierenden Darlegungen« entwickelt; es wird zwar eine »Verabsolutierung der Nation und des Nationalen« bei Willms erkannt; in ihr komme jedoch lediglich »die bewußte und gewollte Abwendung von den tragenden Ideen« zum Ausdruck. Diese Ideen aber seien eben »mit der Vergangenheitsbewältigung in Land und Volk eingezogen«[5].
Hier taucht der – wie wir inzwischen wissen – im Denken der Neuen Rechten zentrale Gedanke auf, das Grundgesetz sei letztlich nichts anderes als ein Produkt der »Umerziehung« der Deutschen durch die USA und die UdSSR nach dem verlorenen Zweiten Weltkrieg. Geht man von diesem Standpunkt aus, dann kann man die Schlußfolgerung des Rezensenten nachvollziehen: »Der Neo-Nationalismus … eines Willms ist nicht verfassungsfeindlich, sondern verfassungsrelativistisch.« Er stehe nicht im Widerspruch zum Grundgesetz selbst, sondern nur »im Widerspruch zu einem Verfassungspatriotismus, der die Nation nur als entweder liberal-demokratische, christliche oder sozialistische Solidargemeinschaft verstehen will. Der literarische Neo-Nationalismus ist kein Neo-Nazismus, wie manche Gegner behaupten, sondern als Aufbegehren aus gekränktem deutschen Selbstbewußtsein gegen fortgesetzte Vergangenheitsbewältigung, gegen Erfüllungs- und Beschwichtigungspolitik zu verstehen.«
Das Beharren auf dem Vorrang menschlicher Kollektive, zum Beispiel der Nation, vor dem jeweiligen historisch konkreten einzelnen Menschen wird also hier relativiert und verniedlicht zu einem »Aufbegehren aus gekränktem deutschen Selbstbewußtsein« – geradeso, als gäbe es eine normativ gewollte prinzipielle Vorrangigkeit des Kollektivs, die nur durch widrige äußere Umstände in Vergessenheit geraten sei. Das Grundgesetz geht aber,

wie bereits erwähnt, genau in die entgegengesetzte Richtung. Dabei wird jedoch die in jeder Gesellschaft empirisch vorhandene und vorzufindende Spannung zwischen Individuum und Kollektiv im Grundgesetz bewußt angenommen:
»Das Bild des Menschen, von dem das Grundgesetz in Artikel 1 ausgeht, darf dabei weder individualistisch noch kollektivistisch mißverstanden werden. Für die verfassungsmäßige Ordnung des Grundgesetzes ist der Mensch weder isoliertes, seiner geschichtlichen Bedingtheiten entkleidetes Individuum noch wesenloses Partikel moderner ›Masse‹. Er wird vielmehr als ›Person‹ verstanden: von unverfügbarem Eigenwert, zu freier Entfaltung bestimmt, zugleich aber auch Glied von Gemeinschaften.«[6] Diese im Grundgesetz genannten Gemeinschaften sind: Ehe und Familie, Kirche, soziale und politische Gruppen, die politischen Gemeinden, und – »nicht zuletzt« – der Staat. In diesen »mannigfachsten zwischenmenschlichen Bezügen stehend«, werde der Mensch durch sie »in seiner konkreten Individualität wesentlich geformt, aber auch berufen, menschliches Zusammenleben verantwortlich mitzugestalten«. Aus diesem Verständnis der Personenwürde heraus bekenne sich das deutsche Volk zu den Menschenrechten »als Grundlage jeder menschlichen Gemeinschaft« (Artikel 1 Absatz 2 GG). Pointiert faßt Hesse diesen Gedanken zusammen und verbindet ihn mit dem Inhalt des Artikel 20 GG, der die grundlegenden Bestimmungen des Staates nennt: »Auf dieser Basis ordnet das Grundgesetz das neue Staatswesen als Republik, Demokratie, sozialen Rechtsstaat und Bundesstaat.«
Diese etwas längeren Passagen aus Konrad Hesses grundlegendem Werk zur politischen Verfassung der Bundesrepublik Deutschland bringen in ihrer Substanz in präzisen Sätzen wohl einen bisherigen breiten Konsens einer Verfassungsinterpretation zum Ausdruck, die sich wie folgt zusammenfassen läßt:

1. Das Grundgesetz geht von der in jeder menschlichen Gemeinschaft, die wir kennen, vorfindlichen *Spannung* zwischen den einzelnen Menschen und »den anderen« aus.
2. Diese Spannung besteht jedoch nur insoweit und so lange, wie der einzelne Mensch in seiner Würde nicht nur wahrgenommen, sondern auch ernstgenommen wird, ja »unangetastet« bleibt.
3. Diese Spannung konnte bisher und kann in konkreten Gemeinwesen nur dann aufgehoben werden, wenn einer der Pole – das Individuum beziehungsweise das Kollektiv – auf Kosten des anderen verabsolutiert wird: Weder schrankenloser Individualismus noch Kollektivismus sind nach diesem Verständnis mit dem Grundgesetz in Einklang zu bringen.
4. Vielmehr will das Grundgesetz diese Spannung bewahren, dabei aber einen Rahmen setzen, der eine möglichst friedliche Austragung der Konflikte ermöglicht, von denen ja erwartbar ist, daß sie aus dieser Spannung entstehen.
5. Der grundlegende Lösungsansatz des Grundgesetzes für dieses Problem liegt in der Regelung darüber, wer im Konfliktfall die »Beweislast« zu tragen hat, wobei als Voraussetzung gilt, daß Beweislastregelungen nur dann zum Tragen kommen können, wenn der Konflikt auf einer verbalen Streitebene und nicht mittels Gewalt, sei sie körperlicher, psychischer oder auch symbolischer Art, ausgetragen wird.
6. Diese Beweislastregelung des Grundgesetzes ist unzweideutig: Die Würde des Menschen, der jeweiligen historisch konkreten Person, also deine oder meine Würde, ist die Basis, die keiner Begründung im Sinne weiterer Grundlegung mehr bedarf: Um von der Würde des Menschen in einem Streitfall auszugehen, bedarf es keiner besonderen Anstrengung; dagegen muß, wer etwa die Effizienz des Staates zu Lasten indivi-

dueller Interessen der Menschen erhöhen will, die volle Beweislast für seine Position tragen. Er muß zum Beispiel nachweisen, daß mit seinem Konfliktlösungsvorschlag der Würde des Menschen mehr gedient wird als ohne ihn.

7. Das Grundgesetz spricht definitiv nicht von der »Würde des Deutschen«, sondern läßt jeden Nationalitätenbezug weg: »Die Würde des Menschen …« Dennoch wird damit der Inhalt des Artikel 1 Grundgesetz nicht zu einer »abstrakten Formel oder bloßen Deklaration«, sondern zur »normativen Grundlegung dieses geschichtlich-konkreten Gemeinwesens«[7], also damit zum Beispiel auch der Asyl- und Ausländerpolitik der Bundesrepublik im Jahre 1993.
8. Die Würde des einzelnen Menschen ist nicht nur formale Grundlage der Beweislastregelung, sondern auch gültiges Kriterium bei der Bewertung von Handlungsweisen. Dabei ist es immer etwas leichter, den Nachweis zu führen, daß eine Aktivität gegebenenfalls gegen das Kriterium verstößt, als positiv aus dem Kriterium Handlungen abzuleiten, die der Menschenwürde in besonderer Weise dienen könnten. Genau dieses aber vom Inhalt des Artikel 1 Grundgesetz als einziges oder zumindest als zentrales Ziel zu verlangen, hieße, diese Grundsätze in ihrer Eigenschaft als Grundsätze, als Basis, zu überfordern. Damit würde dann jener Wert des Artikel 1 Grundgesetz zu gering geachtet, den ich als Beweislastverteilungsregel gekennzeichnet habe.
9. Eine derartige Regel kann Streit schlichten (helfen), nicht aber Streit grundsätzlich beseitigen; denn Streit wird es solange geben, wie Konflikte zwischen Menschen bestehen, deren Unterschiedlichkeit und unterschiedliche Interessen nicht nur toleriert, sondern aus der Zusprechung personaler Würde legitimiert werden; und weiter zwischen Menschen, die, wie die

Verhältnisse nun mal liegen, fast immer und überall um knappe Güter konkurrieren (müssen). Wer ein für allemal gültige Regelungen fordert, kann dies nur um den Preis dogmatischer Festlegungen tun, durch welche immer mehr oder weniger zahlreiche Menschen in ihrer Selbstbestimmung gehindert werden.

10. Die normative Grundlegung des Artikel 1 Grundgesetz ist keine derartige inhaltliche dogmatische Fixierung; sie ist der zentrale Verfassungsgrundsatz, ohne den ein historisch-konkretes Gemeinwesen nicht auskommt, will es nicht im Streit um alles und jedes sich selbst auflösen; sie ist der »Minimalkonsens« (Ernst Fraenkel), ohne den die ständige Suche nach dem jeweiligen Konsens, der von den Menschen möglichst zwanglos gebilligt werden sollte, an einer bestimmten Stelle autoritär »von oben« abgebrochen werden würde und wohl auch müßte.
11. Die sogenannte Ewigkeitsgarantie (nach Artikel 79 Absatz 3 Grundgesetz unter anderem für die Grundsätze des Artikel 1 GG) gibt diesen ein *innerhalb* der Verfassung gültiges, dominantes normatives Gewicht. Eine Änderung dieser Grundsätze soll demnach nicht möglich sein, selbst wenn sie mit demokratischen Mehrheiten zustande gekommen wäre. In diesem Fall nämlich bewegte man sich außerhalb der Verfassung, das heißt nicht mehr im Rahmen der Bundesrepublik Deutschland. Es wäre damit ein anderes politisches System entstanden – *die Bundesrepublik Deutschland wäre gekippt.*

Wenn diese Interpretation des Artikel 1 Grundgesetz und seiner normativen Grundsätze die Intentionen der Mütter und Väter des Grundgesetzes korrekt wiedergibt, dürfte es nicht mehr verwundern, daß in diesem Zusammenhang von einem Paukenschlag die

Rede war, mit dem die Bundesrepublik Deutschland 1949 ihr neues staatliches und gesellschaftliches Leben begann. Unüberhörbar sollte ein endgültiger Bruch mit einer Vergangenheit und Tradition herbeigeführt werden, die ja nicht zufällig so viel Elend über Deutschland, Europa und die Welt gebracht hatten. Denn obwohl bereits in der Weimarer Republik Ansätze zu einem solchen Bruch erkennbar waren, setzten sich damals doch auf Dauer jene antiliberalen, antipluralistischen und staatsautoritären Auffassungen durch, die letztlich am 30. 1. 1933 zur Übertragung der Macht auf die Nazis durch große Teile der wirtschaftlichen, politischen, militärischen und wissenschaftlichen Eliten führten. Nun kann eine neue Verfassung zwar einen neuen Boden, ein neues Fundament für ein politisches Gemeinwesen schaffen, sie kann aber nicht alle Traditionsströme politischen Denkens mit einem Schlag versiegen lassen, vor allem dann nicht, wenn sie sich ausdrücklich als möglichst liberal, pluralistisch und tolerant verstanden wissen will. Und so zeigte sich alsbald, daß jene gegen die Weimarer Republik gerichteten Denkströmungen auch in der neuen Bundesrepublik vorhanden waren und um Einfluß kämpfen würden.

Von großer Bedeutung ist in diesem Zusammenhang der Staatsrechtslehrer Carl Schmitt, der durch ein enormes Schrifttum bereits in der Weimarer Republik über großes Ansehen insbesondere bei den Gegnern dieser Republik verfügte und wohl als einer der geistigen Wegbereiter und als Kronjurist der Nationalsozialisten gelten kann. Ob sich Schmitt nach anfänglich begeisterter Zustimmung zu Hitler später von den Nationalsozialisten selbst ein wenig im Sinne innerer Emigration abwandte oder sich umgekehrt diese zuerst von ihm, ist bis heute Gegenstand heftiger Diskussionen. Wie auch immer – Schmitt mußte Ende 1945 seinen Berliner Lehrstuhl aufgeben und lebte seit dieser Zeit bis zu seinem Tod 1985 wieder in seiner Heimatstadt, weiterhin rege publizierend und von einer nahezu ungebrochenen Ausstrahlungskraft insbesondere auf das rechte, konservative Spektrum des politischen Denkens in der Bundesrepublik Deutschland.[8] »Wer den gegenwärtigen deutschen Konservatismus geistig ernst nimmt, ist auf eine Auseinandersetzung mit Carl Schmitt verwiesen«, urteilt R. Mehring in seiner Einführung zu Carl Schmitt.[9] Diese Aussage ist richtig, sie kann aber noch präzisiert werden: Wer die geistig-ideologischen Fundamente der Neuen Rechten in Deutschland kennenlernen und verstehen will, muß auf Carl Schmitt zurückgreifen – nicht zuletzt schon deshalb, weil sie es expressis verbis selbst tun.

Antiliberale Tradition: der Ahnherr Carl Schmitt

Carl Schmitts Gesamtwerk ist vielschichtig und differenziert – und fast immer brillant formuliert. Kein Wunder also, daß die Auseinandersetzung mit ihm schon während seines langen Lebens nie aussetzte und auch nach seinem Tod kein Ende abzusehen ist. Trotz aller unterschiedlichen Interpretationen seiner Schriften dürfte an Schmitts prinzipiell antiliberaler und antipluralistischer Grundhaltung kein Zweifel bestehen. So sind für ihn liberale Grundsätze wie das Recht auf persönliche Freiheit, auf Privateigentum usw. ausschließlich in der Sphäre des Privaten angesiedelt und damit eben nicht in der Sphäre des Öffentlichen, das heißt im politischen Bereich. Schmitts ätzende Kritik am bürgerlichen Rechtsstaat bestand ja gerade darin, daß dieser die Grundsätze aus der Sphäre des Privaten zu Grundsätzen des Politischen mache. Während in der Sphäre des Privaten Konkurrenz, Diskussion und Kompromiß ihren angestammten Platz hätten, gelte in der Sphäre des Öffentlichen, der Politik, Einheitlichkeit und der Kampf um diese. Ein früher Kritiker Carl Schmitts, der Staatsrechtslehrer Hermann Heller, der kurz nach 1933 aus Deutschland emigrieren mußte und bald danach starb, warf ihm vor, daß er seinen Begriff »Politik« nicht vom griechischen Wort »polis«, das heißt Stadt beziehungsweise Staat, sondern vom ebenfalls griechischen »polemos«, das heißt Kampf, Krieg, herleite.

Diese veränderte Herleitung bedeutet wesentlich mehr als nur eine kleine Akzentverschiebung. Wenn »Politik« nach der griechisch-aristotelischen Tradition, die ohne jeden Zweifel beim Grundgesetz Pate stand, von »polis« abgeleitet wird, dann bedeutet dies zweierlei: Zum einen können sich an politischen Entscheidungen all jene Menschen beteiligen, die zur Polis gehören oder sich zugehörig fühlen, und ihre jeweiligen Interessen einbringen. Dabei versteht sich von selbst, daß heute der Kreis jener Teilnahmeberechtigten um vieles größer geworden ist, nachdem zu Zeiten des Aristoteles zum Beispiel Frauen und Sklaven nicht zu den Vollmenschen, damit auch nicht zu den zur Politik fähigen Bürgern gerechnet wurden. Zum anderen sollen in möglichst freien Diskussionen und Prozessen gemeinsamen Aushandelns Übereinkünfte erzielt werden.

Diese konsensorientierten Gemeinschaftsleistungen von Menschen sind etwas ganz anderes als jene Kämpfe und damit verbunden Ausgrenzungsleistungen, die nach Carl Schmitt den Prozeß und das Produkt von Politik ausmachen. In einer oft zitierten Stelle hat Schmitt dies eindeutig klargestellt: Nachdem für ihn von den beiden üblicherweise genannten demokratischen Prinzipien Gleichheit und Freiheit letzteres nichts mit demokratischer Öffentlichkeit zu tun hat, verbleibt also nur noch die Gleichheit. Im Originaltext heißt es dazu: »Zur Demokratie gehört also notwendig erstens Homogenität und zweitens – nötigenfalls die Ausscheidung oder Vernichtung des Heterogenen«.[10] Und um es auch dem allerletzten Zweifler nochmal ganz klar zu machen, wiederholt er ein paar Zeilen später mit anderen Worten: »Die politische Kraft einer Demokratie zeigt sich darin, daß sie das Fremde und Ungleiche, die Homogenität Bedrohende zu beseitigen oder fernzuhalten weiß.« Und zwischen diesen beiden Zitaten bringt er »zur Illustrierung ... zwei verschiedene Beispiele moderner Demokratien«, die ihm bei Abfassung seiner Schrift im Jahre 1923 präsent waren: Er erinnert also »an die heutige Türkei mit ihrer radikalen Aussiedlung der Griechen und ihrer rücksichtslosen Türkisierung des Landes – und an das australische Gemeinwesen, das durch Einwanderungsgesetzgebung unerwünschten Zuzug fernhält und ... nur solche Einwanderer zuläßt, die dem ›right type of settler‹ entsprechen«[11]. Im Klartext: Schmitt preist Vertreibung und Abschottung als legitime Mittel von Politik.

Wie man sieht, ist Schmitt nicht nur in seinen theoretischen Sätzen, sondern auch in seinen praktischen Folgerungen eindeutig und scharf; denn seine beiden Beispiele sind ja nichts anderes als zustimmend aufgeführte Schlußfolgerungen einer Sichtweise nach seinem Gusto.

Klar erkennbar ist aus den bisher zitierten Sätzen Schmitts bereits, daß für ihn Politik nichts mit den Äußerungen, Interessen und Rechten freier Individuen zu tun hat, sondern ausschließlich vom Kollektiv her angegangen wird. So schreibt er in einem Handbuchartikel zum Stichwort »Politik« 1936 unmißverständlich: »Politisch ist alles, was die Lebensfragen eines Volkes als eines einheitlichen Ganzen betrifft.«[12] Und in seiner wohl berühmtesten Schrift »Der Begriff des Politischen« von 1932 heißt es: »Die spezifisch politische Unterscheidung, auf welche sich die politischen Handlungen und Motive zurückführen lassen, ist die Unterscheidung von *Freund* und *Feind*.«[13] Dabei wird im »Feind« nicht irgendein »Konkurrent« oder »privater Gegner« gesehen, sondern »eine wenigstens eventuell, das heißt der realen Möglichkeit nach *kämpfende* Gesamtheit von Menschen, die einer ebensolchen Gesamtheit gegenübersteht«. Und dieser Kampf geht für Schmitt letztlich um Leben und Tod. Sollte ein Volk versuchen, sich dieser »Sphäre des Politischen« zu entziehen, oder hätte es nicht mehr die Kraft, sich in dieser Sphäre zu behaupten, so »verschwindet das Politische nicht aus der Welt. Es verschwindet nur ein schwaches Volk«, vermerkt Schmitt ungerührt[14] und wird Jahre später von Bernard Willms damit wörtlich als Autorität zitiert[15].

Bei der Frage, ob es sinnvoll beziehungsweise realistisch ist, an dieser extremen Frontstellung – Freund-Feind-Einteilung der Welt, Kampf auf Leben und Tod, Homogenisierung des jeweils eigenen Kollektivs, gegebenenfalls mittels Zwang und/oder Vernichtung derer, die abweichen beziehungsweise als »Abweichler« eingestuft werden – das Wesen des »Politischen« festzumachen, verweist Carl Schmitt auf solche politischen Theoretiker wie Thomas Hobbes oder Niccolò Machiavelli, denen er, schon weil sie in Krisenzeiten lebten und schrieben, »Realismus«, »richtige«, »klare Erkenntnisse« zubilligt, während er »Menschen in Zeiten ungetrübter Sekurität« unterstellt, daß sie sich mit »Illusionen ... über politische Wirklichkeiten gerne hinwegtäuschen«.[16]

Immer wieder ist es der Liberalismus beziehungsweise jenes von Carl Schmitt »extrem individualistisch gezeichnete Bild des Liberalismus ..., das die in der liberalen Tradition auch enthaltenen Elemente der individuellen Mitverantwortung für den nächsten und die Gemeinschaft unberücksichtigt läßt«[17], den er wegen seines optimistischen Menschenbildes als ideologisch verblendet geißelt, während für ihn andererseits »alle echten politischen Theorien den Menschen als ›böse‹ voraussetzen«[18]. Und so führt er anstatt des in der aristotelischen Tradition stehenden gemeinsamen Diskutierens und Entscheidens von Menschen den »ewigen Zusammenhang von Schutz und Gehorsam« als Grundlage des Staates ein.

Zu diesem Zweck formt Schmitt den Menschen nach seinem Bilde. Um miteinander diskutieren und entscheiden zu können, müßten die Menschen prinzipiell als mit Vernunft begabt und fähig zu freiwilligen sozialen Bindungen angesehen werden – ungeachtet möglicher Abweichungen davon, weshalb natürlich auch liberale Staaten nicht ohne Sanktionen und Zwang auskommen wollen. Carl Schmitt aber hält sich strikt an das pessimistische Menschenbild von Thomas Hobbes, der davon sprach, daß die Menschen sich zueinander wie Wölfe verhielten. Bei Hobbes gilt diese Vorstellung allerdings nur für den hypothetischen »Urzustand« uneingeschränkt, in dem die Menschen vor aller Vergesellschaftung leben. Und um sich gar nicht mehr erst auf Debatten über diese anthropologischen Annahmen einlassen zu müssen, stellt sich Schmitt voll hinter die Begründung von Hobbes und fährt dessen schweres Geschütz auf: Die »unverbrüchliche Beachtung« dieses »ewigen Zusammenhangs von Schutz und Gehorsam« werde gefordert »durch die menschliche Natur wie durch göttliches Recht«[19].

Hobbes habe »diese Wahrheit« aus den Erfahrungen des Dreißigjährigen Krieges (1618–1648) gewonnen. Und in Anlehnung an die berühmte philosophische Grundformel des Descartes faßt Schmitt zusammen: »Das *protego ergo obligo* ist das *cogito ergo sum* des Staates, und eine Staatslehre, die sich dieses Satzes nicht systematisch bewußt wird, bleibt ein unzulängliches Fragment.«[20]

Carl Schmitt ist systematischer Denker genug, um zu wissen, daß seine ganze Staatslehre in sich zusammenbräche, würde ihr Fundament nicht gleichsam unzerstörbar festbetoniert sein. Er weiß auch, daß eine pluralistisch orientierte Staatsauffassung auf solche dogmatischen Festlegungen verzichten kann, weil für sie ja gerade gilt, daß ihr Fundament stets neu gegossen und prinzipiell nur im Konsens der jeweiligen Menschen verankert sein muß. Also bemüht Schmitt alles an stützenden Formulierungen, was bei dieser Art von Begründungsdenken so üblich ist. Er spricht von »echten Theorien«, welche den »ewigen Zusammenhang von Schutz und Gehorsam« erkennen, der durch die »menschliche Natur«, ja sogar durch »göttliches Recht« gefordert sei; so kann er von der »elementaren Richtigkeit dieses Schutz-Gehorsam-Axioms« sprechen, es damit als Denknotwendigkeit, ja als »Wahrheit« ausgeben. Für die Gegner seiner Argumentation indes hat er nur Verachtung und Spott übrig: Sie seien Illusionäre, die sich vor der harten, unbequemen Wirklichkeit drückten, die Realitäten nicht zur Kenntnis nehmen wollten. Sie seien aber deshalb für die Mitmenschen auch eine Gefahr, weil sie ganz sicher irgendwann von diesen Realitäten überrollt würden und damit ihr Volk, ihren Staat mit ins Verderben rissen.
Die Neue Rechte hat von Carl Schmitt nicht nur den Grundansatz politischen Denkens, nämlich die zentrale Orientierung am Kollektiv statt am einzelnen Menschen, übernommen, sondern auch seine Art der Begründung in der vorgestellten doppelten Weise, sich selbst zum Kenner der Wahrheit zu krönen bei gleichzeitiger Herabsetzung des Gegners als zur Wahrheitsfindung – nahezu – prinzipiell unfähig.
Nun brauchte der Theoretiker Carl Schmitt schon – jedenfalls seiner Meinung nach – starke Argumente, um gegen die liberale und pluralistische Durchwirkung der Weimarer Verfassung an-

gehen zu können; denn immerhin waren ja auch die Folgerungen, die aus einem derartig autoritären Denken gezogen werden konnten, nicht ohne weiteres mit den normativen Zielvorstellungen dieser Verfassung in Einklang zu bringen. Auf einem ganz anderen Blatt steht, daß große Teile der wirtschaftlichen, kulturellen und politischen Eliten ohnehin viel näher zu einem Denken, dem Carl Schmitt beredten Ausdruck gab, neigte als zum Weimarer Verfassungstext.

Wenn also die entscheidende Aufgabe von Politik nach dem Verständnis von Carl Schmitt sein soll, die Freund-Feind-Erkennung zu gewährleisten, muß sie folgerichtig auch gegen den erkannten Feind unerbittlich und darf nicht nachsichtig sein gegenüber Abweichungen seitens derer, die sie zu den »Freunden« zählt: Klare Abschottung nach außen und Geschlossenheit, Homogenität nach innen sind die zentralen Forderungen an solche Politik. Was bedeutet das in der Praxis?

Der Bürger hat nach Schmitt letztlich zu gehorchen, allerdings nur – und auch hier steht Schmitt in der Tradition Hobbes' –, solange der Staat ihm Schutz gibt. Wird dieser gewährt, kann der Staat diesen Gehorsam von den Bürgern erzwingen. Nicht freiwilliger Konsens und Zustimmungsbereitschaft der Bevölkerung garantieren dann die Einheit des Staates, vielmehr wird die Einheit, allerdings jetzt im Sinne von Einheitlichkeit, Homogenität, mittels autoritärer Befriedung hergestellt. Es ist selbstverständlich, daß einem solchen Ansatz all jene rechtsstaatlichen Elemente, die dem Bürger auch Rechte gegenüber dem Staat garantieren, ein Dorn im Auge sind; letztlich gibt es in einem derart autoritären Staat keine Politik mehr, sondern nur noch Polizei.[21]

Christoph Müller hat in Erinnerung gerufen, wie Carl Schmitt sich neben anderen daran beteiligte, diese Homogenität auch juristisch herzustellen; dazu bedurfte es des entscheidenden

Schlages gegen eine der zentralen Grundregeln bei Gericht und Verwaltung, nämlich die Grundregel der Gleichheit vor dem Gesetz.[22] Hieß es in der Weimarer Reichsverfassung im Artikel 109 Absart 1: »Alle Deutschen sind vor dem Gesetz gleich«, war also die Gleichheit vor dem Gesetz ein Staatsbürgerrecht, so wurde 1935 auf einer Tagung unter Leitung Carl Schmitts der »zentrale Begriff Mensch ... als liberales Vorurteil preisgegeben«.[23] Man forderte dort: »Der Rechtsbegriff ›Mensch‹ im Sinne des § 1 BGB verdeckt und verfälscht die Verschiedenheit der Volksgenossen, Reichsbürger, Juden usw.«[24]

Die Rechtsgleichheit sollte nicht mehr alle Staatsbürger, sondern nur noch den deutschen Menschen, den blutsmäßigen Volksgenossen umfassen, alles Artfremde abgesondert werden.[25] Für Schmitt und seine Berufskollegen stand fest, daß ein solcherart homogenes Volk seine Zustimmungsbereitschaft nicht mehr in langen parlamentarischen Debatten zu einer Mehrheit bringen müßte, sondern daß die Identität zwischen Führer und Volk dieses als Staat politisch handlungsfähig machen würde im Sinne außenpolitischer und, wenn nötig, innenpolitischer Freund-Feind-Erklärung. Diktatur und – im Schmittschen Verständnis: wirkliche – Demokratie seien insofern nicht nur keine Gegensätze, sondern erstere sei die konsequente Verwirklichung von Demokratie: »In diesem Sinn ist ... jeder echte Staat ein totaler Staat.«[26]

Das Charakteristische des totalen Staates ist aber, daß er seine Entscheidungen nur aus sich heraus und nicht in Ansehung von Kriterien fällt, deren Begründung außerhalb eben dieses Staates liegt, wie das zum Beispiel bei den Menschenrechten der Fall wäre. Die Entscheidungen des totalen Staates gelten, weil sie von ihm getroffen worden sind. Diese Letztinstanzlichkeit und Selbstbezüglichkeit des totalen Staates beziehungsweise der »wirklichen Demokratie« setzt Carl Schmitt nicht zufällig mit der Unfehlbarkeitsvorstellung in der katholischen Kirche gleich: Unfehlbarkeit und Souveränität sind für ihn vollständig synonyme Begriffe.[27]

Wenn hingegen das Grundgesetz in seinem Artikel 1 Absatz 2 sagt, daß das deutsche Volk sich wegen der dominanten Stellung der Würde des Menschen »zu unverletzlichen und unveräußerlichen Menschenrechten als Grundlage jeder menschlichen Gemeinschaft, des Friedens und der Gerechtigkeit in der Welt« bekennt, dann zeigt sich auch hier wieder, daß die Mütter und Väter des Grundgesetzes genau den Weg nicht gehen wollten, den Carl Schmitt wies. Eine Appellationsinstanz, die außerhalb und jenseits eines Nationalstaats liegen würde, also etwa die Menschenrechte, würde ihm nach Schmitts Lehre seinen gesamten politischen Charakter rauben: Er wäre kein Nationalstaat mehr.

An diesem Gedanken lassen sich die Folgerungen Schmitts aus seinem Denken weiterführen, die sich für den Staat nach außen ergeben: »Aus dem Begriffsmerkmal des Politischen folgt der Pluralismus der Staatenwelt. Die politische Einheit setzt die reale Möglichkeit des Feindes und damit eine andere, koexistierende politische Einheit voraus. Es gibt deshalb auf der Erde, solange es überhaupt einen Staat gibt, immer mehrere Staaten und kann keinen die ganze Erde und die ganze Menschheit umfassenden Welt›staat‹ geben. Die politische Welt ist ein Pluriversum, kein Universum«.[28]

Weil nicht Menschen, Individuen, Personen die für Schmitt zählenden Grundelemente seiner politischen Weltsicht sind, sondern Kollektive von Menschen, »politische Einheiten«, Staaten, ist für ihn auch der Begriff »Menschheit« nicht sinnvoll denkbar: »Menschheit« als sinnvollen politischen Begriff könnte es erst dann geben, wenn entweder kein Feind mehr denkbar wäre oder

wenn »dem Feind die Qualität des Menschen abgesprochen« werde, zwei Gedanken, die Schmitt nicht zulassen will. Und so kommt er zu der Formel: »Wer Menschheit sagt, will betrügen.« Damit aber wird auch von der außenpolitischen Seite her eine Vorstellung unsinnig, derzufolge alle Menschen oder eben »die Menschheit« als eigenständige politische Einheit eigene Rechte hätten, nämlich die sogenannten Menschenrechte. Wenn es diese aber nach Schmitt real nicht geben kann, kann auch kein einzelner Mensch sich auf diese Rechte sinnvollerweise beziehen. Wer aber dennoch diesem Trugbild nachhänge, sei wiederum entweder Illusionist oder eben Betrüger. Und so kann es nicht erstaunen, daß Schmitt, wie in der sich als »jungkonservativ« anpreisenden, in weiten Zügen aber neurechten *Jungen Freiheit* genüßlich kolportiert wurde,[29] schon vor Jahren über die im Grundgesetz im zentralen Artikel 1 verankerten Menschenrechte als »unveräußerliche Eselsrechte« spottete.
Für die heutige Neue Rechte ist der Gedanke Schmitts besonders wichtig, der den »Pluralismus der Staatenwelt« – aber eben nicht einen Pluralismus innerhalb der jeweiligen Staaten! – als selbstverständliche Realität ausgibt. Mit der Berufung auf »Menschheit« könne man den Feind außerhalb derselben stellen – und so folgert Schmitt: »›Menschheit‹ ist ein besonders brauchbares ideologisches Instrument imperialistischer Expansionen.« Die heutige Neue Rechte kleidet diesen Gedanken in den Vorwurf an die bisherigen zwei Weltmächte Sowjetunion und USA, daß sie mit ihren unübersichtlichen Ideologien die Weltherrschaft erringen wollten; dagegen müßten sich die anderen Nationen wehren, der »Wodka-Cola-Kultur« müßte endlich ein Ende gesetzt werden. Gegenüber einem Neo-Nationalsozialismus mit dem Anspruch auf deutsche Weltherrschaft vertritt die Neue Rechte im Gefolge Carl Schmitts eine pluralistische Konzeption, oft mit

dem Begriff »Ethnopluralismus« versehen. Franz Schönhuber hat dies auf die griffige Formel gebracht: »Andere Völker achten wir, unser Volk aber lieben wir.«
Man wird den Einfluß des politischen Denkens Carl Schmitts auf die Neue Rechte schwerlich überschätzen können, andere Denker der sogenannten Konservativen Revolution der Weimarer Republik fallen dagegen erheblich weniger ins Gewicht, beispielsweise Ernst Jünger.
Bevor im weiteren die anderen Kernstücke des neurechten Denkens (neben dem Ethnopluralismus) vor der Folie der Lehre Carl Schmitts vorgestellt werden, seien hier nur einige Beispiele dafür genannt, wie stark die Neue Rechte Carl Schmitt als einen der Ihren feiert.
Bernard Willms, einer der führenden Köpfe der deutschen Neuen Rechten, hat aus seiner Anhängerschaft zu Carl Schmitt nie einen Hehl gemacht und ihn 1982 den »jüngsten Klassiker des politischen Denkens« genannt.[30] Hans-Dietrich Sander, ein anderer Vordenker der Neuen Rechten, hat beispielsweise 1980 in einem ganz eng an Schmitt angelehnten Beitrag die damalige Bundesregierung heftig für ihren »smarten Dispens von der Freund-Feind-Frage, den sich Bonn im Banne der Ostverträge leistete«, gescholten und dabei von der »zwingenden Bestimmung der Sowjetunion als Feind« gesprochen.[31] Er führt dann unmißverständlich aus: »Die Feinderklärung ist noch keine Kriegserklärung, schließt aber einen Krieg nicht aus. Deutschland kann unter Umständen ohne Krieg wiederhergestellt werden, aber ganz bestimmt nicht ohne ausdauernde Kriegsbereitschaft und Kriegsfähigkeit.« Und dann empfiehlt er der Bundesrepublik gegenüber der Sowjetunion, »daß sich David gegenüber Goliath endlich auf seine Schleuder besinnt«.
Drei Jahre später, die neue Bundesregierung unter Helmut Kohl

hatte sich soeben etabliert, sprach Sander davon, daß die »territoriale Wiederherstellung Deutschlands ... nur das Ergebnis einer nationalen, selbstverständlich revisionistischen, wenn es sein muß, auch revanchistischen Politik einer politisch und militärisch wachsenden westdeutschen Republik sein« könne. Nötig sei dafür aber eine politische Elite, »die auch über die Kraft und den Elan zur politischen Remedur gebietet«[32].
Gerd-Klaus Kaltenbrunner, der für die Neue Rechte in Deutschland und bei ihrem Anspruch auf kulturelle Hegemonie in den siebziger und achtziger Jahren eine bedeutende Rolle spielte, hat unter anderem bei einem von ihm herausgegebenen Taschenbuch die geistige Verbindung zu Carl Schmitt schon im Titel deutlich gemacht: »Illusionen der Brüderlichkeit«. Der Untertitel dieses Buchs ist noch deutlicher: »Die Notwendigkeit, Feinde zu haben« (Freiburg 1980). Kaltenbrunner beklagt die »zunehmende Feindunfähigkeit« bei den Deutschen und bezieht sich dabei immer auf Carl Schmitt, dem er – im Gegensatz zu vielen angeblich realitätsverdrängenden heutigen politischen Denkern – eine »historisch fundierte Anthropologie« attestiert. Damit ist wohl die Anlehnung an Hobbes hypothetischen Urzustand gemeint.
Ein letztes, schon fast albernes Beispiel der Carl-Schmitt-Verehrung unter den Neuen Rechten sei aus der Zeitschrift *Criticón* zitiert,[33] wo sich ein Günther Krauss zu folgender Hymne versteigt: »Es ist töricht zu sagen, Carl Schmitt sei ›gescheitert‹. Die Wahrheit kann nicht scheitern, obwohl heute sogar von Jesus Christus gesagt wird, er sei gescheitert – eine handfeste Blasphemie. Es scheiterte die Weimarer Verfassung, weil man nicht auf Carl Schmitt hörte. Es fehlte an politischer und auch an intellektueller Substanz; das Literatentum genügte nicht. Hier konnten auch die besten Ratschläge eines Staatsrechtslehrers nicht helfen.«[34] Einen Einblick in diese »besten Ratschläge« Carl Schmitts

haben wir soeben nehmen können! Und sollte sich Hermann Göring gar in der Person geirrt haben, als er schon im Sommer 1933 Carl Schmitt wegen seiner Verdienste um den Nationalsozialismus zum Preußischen Staatsrat ernannte?[35]

Nun ist in der Schmitt-Auslegung immer wieder kontrovers darüber diskutiert worden, ob Schmitts Überschwenken zu den Nazis 1933 reiner Opportunismus war oder doch konsequent aus seinem Denkansatz folgte; ebenso ist auch in den letzten Jahren immer wieder über die These gestritten worden, ob Carl Schmitt durch seinen Kampf gegen den Relativismus, der seinerseits stark mit dem Liberalismus verbunden war, eigentlich einer der letzten Verteidiger der Weimarer Republik gewesen sei, was ihn für manche sogar tauglich machte, einer der Vordenker für das Grundgesetz zu sein. Hingewiesen wird dann dabei auf den Aspekt der »streitbaren Demokratie«, derzufolge eine Demokratie in der Lage sein müßte, ihre innenpolitischen »Feinde« zu erkennen und an ihrem verfassungsfeindlichen Tun zu hindern. Christoph Müller hat meines Erachtens zu Recht festgestellt, daß, nimmt man Schmitts antiliberale und antidemokratische, insgesamt staatsautoritäre Gedanken wirklich ernst, man nicht um die Folgerung herumkommt, daß es ihm bei seinem Kampf gegen den »Relativismus« der Weimarer Reichsverfassung »nicht um eine bessere Form von Demokratie, sondern um die Abschaffung der Demokratie«[36] ging – jedenfalls in ihrer rechtsstaatlichen und pluralistisch-liberalen, westlichen Ausprägung. Insofern kann ganz sicher behauptet werden, daß der grundsätzliche Artikel 1 Grundgesetz eine klare Absage an die autoritäre Staatsauffassung Carl Schmitts darstellt. Um so verwunderlicher ist natürlich schon, welche Wertschätzung – und offenbar nicht nur auf politisch-«neutraler« juristisch-wissenschaftlicher Ebene – Schmitt im bundesrepublikanischen juristischen Establishment erfuhr.

Um nur ein Beispiel zu nennen: Zu seinem 70. und 80. Geburtstag erschienen zwei umfangreiche Festschriften, in welchen dem Jubilar zugeeignete Aufsätze von all denen erschienen, die »in der Nachkriegs-Staatsrechtslehre Ansehen« genossen.[37] Interessant ist die Vermutung Christoph Müllers zum Titel der letzteren Festgabe: »Epirrhosis.« Dieses Wort gehört nicht zum klassisch-griechischen Wortschatz, sondern ist ein seltenes Wort der Spätantike, was mit »große Stärkung« übersetzt werden könnte. Hatte man 1968 doch noch gewisse Bedenken, sich so ungeniert wie später vielfach üblich, zu Schmitt zu bekennen, so daß man seine Zustimmung damals »offenbar nur hinter vorgehaltener Hand in einer Geheimsprache«[38] äußern wollte?
Diese ziemlich lange Beschäftigung mit Carl Schmitt ist die Grundlage für folgende wichtige Punkte in der weiteren Auseinandersetzung mit der Neuen Rechten:

1. Wenn und weil sich die Neue Rechte in ihrem Kern auf das Gedankengut Carl Schmitts stützt, besitzt sie einen geistigen Mentor, auf dessen Reputation sie sich zumindest in weiten Teilen des konservativen Umfelds abstützen kann.
2. Dabei findet sich oft, wie bereits an einigen Zitaten nachgewiesen, bei der Neuen Rechten die Strategie, die im rechtskonservativen Denken Zustimmung hervorrufenden Teile der Schmittschen Gedanken, zum Beispiel über die starke Stellung des Staates gegenüber von der Norm »abweichenden« Gruppen und Personen, ganz selbstverständlich zu übernehmen wie andererseits durch gezielte Radikalisierungen die ohnehin schon antidemokratischen und bellizistischen Grundströmungen bei Schmitt noch zu forcieren.
3. Gleichzeitig aber nimmt man die »Richtigkeit«, »Realitätsnähe«, »Wahrheit«, die Schmitt sich selbst attestierte und die

ihm vielerorts auch zugeschrieben wird, als Beleg für die Korrektheit des eigenen Denkens.

4. Schmitts Verketzerung insbesondere liberalen Denkens als »illusionär«, »unrealistisch«, an der politischen Praxis vorbeiredend usf. wird voll übernommen. Dadurch soll die Richtigkeit des eigenen Ansatzes noch zusätzlich unterstrichen werden.
5. Die absolute Vorrangigkeit des Kollektivs vor dem Individuum ist der zentrale Punkt im Ansatz Schmitts; genau darin aber widerspricht dieser Ansatz dem Kern des Grundgesetzes und seiner liberalen und pluralistischen Herkunft. Die Selbstbehauptungsfähigkeit des jeweiligen Kollektivs verlangt notwendigerweise nach einer klaren Freund-Feind-Unterscheidungsfähigkeit. Die Feindfähigkeit nach außen wird unterstützt durch eine im Zweifelsfall auch erzwungene Homogenität nach innen.
6. Die Feindfähigkeit nach außen ist bei Schmitt nicht notwendig verbunden mit dem Gedanken eines Weltmachtstrebens, wie er Hitler und seine Nazis umtrieb. Vielmehr geht Schmitt von einem Pluralismus der Kollektive aus; Vorstellungen einer politischen Größe »Menschheit«, von Menschenrechten, die allen Menschen als Personen zustehen, von universalen Werten, universalen Möglichkeiten der Zusammenarbeit der Menschen sind ihm fremd beziehungsweise lehnt er ab.
7. Nicht eindeutig festgelegt ist bei Schmitt, was das Kriterium der Homogenität sein soll. Die »Substanz der Gleichheit«, wie Schmitt sagt, variiere in der Geschichte: »Seit dem 19. Jahrhundert besteht sie vor allem in der Zugehörigkeit zu einer bestimmten Nation, in der nationalen Homogenität.«[39] Die Reduzierung möglicher Kriterien auf das Hauptkriterium der ethnischen Zugehörigkeit durch die Neue Rechte steht also

nicht im Widerspruch zu Carl Schmitt, verengt aber seinen Ansatz, wenn man einmal von seinen Bemerkungen absieht, die er nach der NS-»Machtergreifung« im Sinne eines kruden Rassismus/Antisemitismus abgab.

8. Die Unvereinbarkeit des Ansatzes von Schmitt mit dem Grundgesetz ist die eine Seite; die andere Seite derselben Medaille ist, daß dieser kollektivistische Ansatz sich als die wahre »Realität«, als die eigentliche politische Wirklichkeit ausgibt, deren Erkennen die conditio sine qua non sei, die politische Situation der Bundesrepublik zum Besseren zu wenden. Als die wichtigste Voraussetzung dafür gilt, sich mit den Feinden einer solchen Absicht schonungslos auseinanderzusetzen. Für Schmitt war dieser Feind vor allem der Liberalismus – oder was er dafür hielt – und der Parlamentarismus. Die Neue Rechte baut auch hier konsequent auf Schmitt auf.

Schmitts ernste Jünger: Themen der Neuen Rechten

Schmitts Kampf gegen Pluralismus, Parlamentarismus und Liberalismus war eingebettet in einen breiten Strom juristischen Denkens, das der Weimarer Republik ablehnend bis feindlich gegenüberstand und die »Machtergreifung« der Nazis als Befreiung begriff, vor allem in bezug auf die Befreiung von allen westlichen, aufklärerischen, liberalen Traditionen, die oft schlagwortartig mit dem Erbe der Französischen Revolution von 1789 und dann deren terroristischem Nachspiel gleichgesetzt wurden. Bekannt ist in diesem Zusammenhang jene Aussage von Joseph Goebbels, daß es die Aufgabe des Nationalsozialismus sei, »das Jahr 1789 aus der deutschen Geschichte auszulöschen«. Wie sich Vertreter der Jurisprudenz nach 1933 anstrengten, im Sinne dieses Goebbels-Auftrags zu wirken, indem sie beispielsweise versuchten, die Rechtsstaatsidee im NS-Sinne umzudeuten, zeigt an einigen markanten Beispielen Ingo Müller in seinem Buch »Furchtbare Juristen«. Er erwähnt dabei auch die damalige Mahnung Carl Schmitts an seine Juristenkollegen, den Begriff »Rechtsstaat« nur noch in Kombinationen wie »deutscher Rechtsstaat«, »nationalsozialistischer Rechtsstaat« beziehungsweise am besten »der deutsche Rechtsstaat Adolf Hitlers« zu verwenden. Seine Begründung: »Wir bestimmen nicht den Nationalsozialismus von einem vorgegebenen Begriff des Rechtsstaates, sondern umgekehrt den Rechtsstaat vom Nationalsozialismus her.« Ein anderer Jurist, E. Finke, meinte noch deutlicher, die Grundlagen des Rechtsstaates, nämlich Demokratie, Freiheitlichkeit, Gleichheit vor dem Gesetz und Pluralismus, seien »unserer eigenen deutschen Art, die Welt anzuschauen, entgegengesetzt und widerwärtig«.

Die Neue Rechte hat in ihrer Aversion gegen dieses Denken nicht nachgelassen, wenngleich sie diese in kulantere Worte kleidete. So feierte bezeichnenderweise die Zeitschrift *Criticón* das Jubiläumsjahr der Französischen Revolution 1989 mit dem programmatischen Schwerpunktheft »200 Jahre Gegenrevolution«. Der Herausgeber, Caspar von Schrenck-Notzing, beklagt dabei in der Einleitung, daß im Nachkriegsdeutschland die gegenrevolutionäre Tradition nicht präsent sei.[40] Und ein anderer Autor desselben Heftes verweist auf das »vielleicht lebendigste Erbe der Gegenrevolution«, nämlich die Kritik an der Demokratie: Die Demokratie sei »eine Illusion«. Warum sollte ein Monarch mit seinen Ministern schlechtere Ergebnisse erzielen als Delegierte? Mehrheitsentscheidungen bedeuteten »noch lange nicht, daß diese Entscheidung gut ist«; sie bewirke eher »Mittelmäßigkeit«, zerstöre »die starken Charaktere, nivelliert«.[41]

Die Französische Revolution, ihre Trias »Freiheit, Gleichheit, Brüderlichkeit« und ihre »Erklärung der Menschenrechte« werden von der Neuen Rechten insbesondere aus zwei Gründen, die allerdings eng zusammengehören, abgelehnt: Zum einen sieht man in diesem Denken ein bloß moralisierendes, illusionäres Theoretisieren, das einer »realistischen Tradition politischen Denkens – von Machiavelli über Hobbes, Hegel und Nietzsche bis zu Carl Schmitt«[42] völlig zuwiderlaufe; zum andern werden diese Denkansätze als westliche, angelsächsische Traditionen angesehen, die den Deutschen zuerst nach dem Ersten Weltkrieg, verstärkt aber dann durch die »Umerziehung« durch die Alliierten nach dem Zweiten Weltkrieg oktroyiert worden seien. Diese »Umerziehung« habe vor allem zwei Zwecken gedient, die auch weitgehend von den Alliierten erreicht worden seien: Neben dem schon genannten ideologischen Zweck, der letztlich die Deutschen lebensunfähig machen sollte, indem man sie in illusionistische Gefilde trieb, sollte Deutschland angeblich auch machtpolitisch endgültig kastriert werden, vor allem dadurch, daß man durch Erinnerungen an und Zuweisung von Schuld infolge der NS-Zeit die deutsche Erniedrigung aufrechterhalten konnte. Und es gehört zum weiteren Kernbestand neurechten Denkens, daß die Deutschen, vor allem aber die politisch Verantwortlichen und der Großteil der Intellektuellen, diese Rolle der Erniedrigten und Gedemütigten immer stärker von selbst übernommen hätten, bis nur noch »Selbstdemütigung«, »Nationalmasochismus« und »Selbsthaß« das normale Alltagsleben der Deutschen bestimmten.

Diese Gedankengänge gehörten übrigens seit Beginn der Bundesrepublik immer schon zum Inventar des Rechtsextremismus, wurden aber – nicht zuletzt wegen der Erfolgsgeschichte der westlich eingebundenen Bundesrepublik Deutschland – außer-

halb dieses kleinen Kreises kaum wahr- und ernstgenommen. So beginnt mit der Neuen Rechten und ihrem Kampf um die kulturelle Hegemonie eine verstärkte und jetzt plötzlich auch weiter um sich greifende »Umerziehungs«-Debatte. Als der Politikwissenschaftler Hans-Joachim Arndt Ende der siebziger Jahre sein Buch »Die Besiegten von 1945. Versuch einer Politologie für Deutsche samt Würdigung der Politikwissenschaft in der Bundesrepublik Deutschland« veröffentlichte und sich dort in Auseinandersetzung mit der westlich orientierten Politikwissenschaft für die Entwicklung eines neues Nationalbewußtseins einsetzte, galt dies noch als Skandal, der aber weitgehend auf die politikwissenschaftliche Fachdiskussion beschränkt blieb. Noch im Jahr 1982 stellte das Bundesverwaltungsgericht[43] fest, daß die Verwendung des Begriffs »Umerziehung« für die Wiederbegründung der deutschen Demokratie unter dem Einfluß der westalliierten Besatzungsmächte nach 1945 zu einem Verhalten gehöre, das zeige, daß der Benutzer dieses Begriffs »mit der freiheitlichen demokratischen Grundordnung nicht vereinbare Ziele verfolgt«.
Vom Verfassungsschutzbericht des Bundes 1986 bis zum Bericht 1989 (vorgelegt im Juli 1990) wird bei der Behandlung der verfassungsfeindlichen Ziele der DVU unter anderem expressis verbis auf deren »Umerziehungs«-Polemik abgehoben, jedoch von Jahr zu Jahr mit abnehmender Ausführlichkeit, obwohl dies ganz sicher nicht einem Rückgang dieser Argumentation bei der DVU entspricht. Im Verfassungsschutzbericht 1986 wurden noch nach einem einleitenden Satz zwei längere Zitate aufgeführt: »Die nach der Behauptung der ›National-Freiheitlichen‹ von den Siegermächten nach dem Zweiten Weltkrieg eingeleitete ›Umerziehung‹ der Deutschen ist ein immer wieder behandeltes Thema in Dr. Freys Blättern: ›Mit der Umerziehung wollten die Sieger nach 1945 das deutsche Volk auf psychologischem Weg in seiner

geistig-seelischen Substanz nachteilig beeinflussen. Durch systematische Massenbeeinflussung ist es den Initiatoren der Umerziehung auch tatsächlich gelungen, daß die meisten Deutschen kollektiv alle Schuld auf sich nehmen ...‹ (Deutscher Anzeiger 20/86: 4). ›Das Übermaß an *Selbstdemütigung* und *Nationalmasochismus,* das die Rundfunk- und Fernsehanstalten und überhaupt die Massenmedien im Bundes-Deutschland auszeichnet, kann niemandem auf der Welt imponieren‹ (Deutsche Nationalzeitung 10/86: 3).«

Ab 1990 macht es vermutlich aus Sicht der Verfassungsschützer kaum noch Sinn, in ihren Berichten auf die Umerziehungspolemik einzugehen, weil dieses Denkmuster mittlerweile weit über die DVU hinaus Verbreitung findet. So schrieb beispielsweise Hellmut Diwald, kürzlich verstorbener Erlanger Professor für Geschichte in *Criticón*[44] unter dem Titel »Unser trauriges Jubelfest. Die Bundesrepublik an ihrem 40. Geburtstag«, es seien »zwei Schlüsselbegriffe, die noch immer wie ein Menetekel die Wand zieren, auf dem sich das Tableau der ach so erfolgreichen Bundesrepublik entrollt: Kollektivschuld und Umerziehung«. Und er bezeichnet die Tatsache, daß die Freiheit höher stehe als die Einheit, als »eine der verlogensten und glatt aus der Luft gegriffenen Alternativen im Dienste des Verzichts auf Deutschland«.

Für Peter Dehoust, den Herausgeber der vom Verfassungsschutz als rechtsextrem eingestuften Zeitschrift *Nation und Europa,* bleiben auch nach der Wiedervereinigung zwei zentrale Themen für Deutschland: »Die Wahrung der nationalen Identität unseres Volkes gegen die ungehindert fortschreitende Überfremdung und die Wiederherstellung der nationalen Ehre und Gleichberechtigung durch Beendigung der geschichts- und wahrheitswidrigen Umerziehung.«[45]

Daß die Deutschen sich seit Kriegsende in eine (heile) Welt voller Illusionen zurückgezogen hätten, angeschoben vor allem durch die alliierte Umerziehung, darauf immer wieder hinzuweisen, hatte sich schon Mitte der siebziger Jahre Gerd-Klaus Kaltenbrunner, einer der buntesten jungen Querdenker, orientiert, der vor allem dazu beitragen wollte, den Konservatismus aus seiner altmodischen Verstaubtheit herauszuholen und ihm ein zeitgemäßes, vor allem auch theorienahes Gewand zu verpassen. 1974 begann er beim renommierten katholischen Herder-Verlag in Freiburg mit einer Zweimonatstaschenbuch-Reihe, die als »Herderbücherei INITIATIVE« im Laufe der nächsten Jahre auf 75 Bände anwuchs, mit jeweils einer Auflage von 10 000 Exemplaren und mehr. Die Wochenzeitung *Die Zeit* schrieb am 17. 9. 1976 über das selbstgesetzte Ziel dieser Reihe: »Den ›Illusionen‹ reformpolitischer oder gar kulturrevolutionärer Emanzipations- und Demokratisierungsstrategien sollte eine klare, aber begründete und detailliert ausgewiesene ›Absage‹ erteilt werden.« Der *Rheinische Merkur* lobte einige Monate früher (2. 4. 1976) die Buchreihe, daß sie »den bedeutendsten und konsequentesten Vorstoß gegen die verfilzten Irrtümer des Jahrhunderts« darstelle. Und in der Tat bringt Kaltenbrunner in dieser Reihe immer wieder die Sprache auf die herrschenden Illusionen beziehungsweise die Illusionen der Herrschenden – das sind für ihn diejenigen der Neuen Linken. So trägt der dritte Band den Titel: »Die Herausforderung der Konservativen. Absage an Illusionen.« In einem anderen Band wird gefragt: »Bereiten wir den falschen Frieden vor?« Verschleiernde Schlagworte wie »Entspannung« oder »Abrüstungsbemühungen« gaukelten eine Friedensordnung vor. Wieder ein anderer Band spricht von der »Strategie der Feigheit«, die der Westen gegenüber der Sowjetunion an den Tag lege, wenn und weil er sich nicht zu einer realistischen Einschätzung der

Ost-West-Spannung durchringe; gerade das Gegenteil sei sogar der Fall: »Nur allzu viele wollen betrogen sein und bewundern insgeheim am Feinde (d. h. der Sowjetunion, W. G.) jene Stärke und Macht, derer sie selbst ermangeln. Hier ist nicht unverschuldete Blindheit im Spiele, sondern jene mit masochistischem Kitzel gewürzte Feigheit, die in den dreißiger Jahren ganze Scharen von bürgerlichen Intellektuellen dem Faschismus huldigen ließ.«[46]

Man muß zugeben, formulieren kann er; nur erliegt Kaltenbrunner dabei leider der Gefahr, Dinge auf den Kopf zu stellen – oder will er sie auf den Kopf stellen? Wer waren denn die »ganzen Scharen von bürgerlichen Intellektuellen«, die dem Faschismus huldigten? Waren es nicht beispielsweise Carl Schmitt oder dessen Schüler wie der 1933 von den Nazis zum Staatsrechtsprofessor ernannte Ernst Forsthoff, der in seiner 1933 erschienenen Schrift »Der totale Staat« – ein Begriff, der aus dem italienischen Faschismus stammt – dem Weimarer Staat den Fußtritt gab, indem er den bürgerlichen Rechtsstaat als »Prototyp einer Gemeinschaft ohne Ehre und Würde« denunzierte und feststellte: »Unter keinen Umständen vermag der heutige Staat (gemeint ist die Weimarer Republik, W. G.) aus der notwendig autoritätslosen, individualistischen und positivistischen Haltung noch irgendeine Kraft zu ziehen.« Just jenen Ernst Forsthoff aber erwähnt Kaltenbrunner sofort in seinem nächsten Satz, der dem obigen Zitat über die dem Faschismus huldigenden Intellektuellen folgt: »Ernst Forsthoff hat bereits vor sechs Jahren bemerkt, daß in der Bundesrepublik das Hissen der weißen Fahne zum öffentlichen Ritual erhoben wurde.«[47] Wieder wird also hier dem Rechtsstaat seine angebliche Kraftlosigkeit, seine mangelnde Würde, eben seine Feigheit, vorgeworfen – nur wagt man es jetzt nicht, so ungeniert wie damals auch gleich die Remedur, den

»totalen Staat«, anzubieten? Nach derartigen intellektuellen Ränkünen mutet es schon etwas seltsam an, wenn im 25. Band, einem Jubiläums-Sonderband (1977) mit dem wiederum bezeichnenden Titel »Zurück zu den Tatsachen. Mit Illusionen ist kein Staat zu machen« im Vorwort Kaltenbrunners zu lesen ist: »Die INITIATIVE beweist, daß man die Welt auch ganz anders wahrnehmen und auslegen kann ...« In der Tat – man kann! Kaltenbrunner ist stolz auf seinen »Nonkonformismus« und den seiner Mitautoren: »Solches Dissidententum ist die wahre ›Tendenzwende‹, die von manchen gefürchtete, von anderen ersehnte, von anderen bereits abgeschriebene.« Auch in späteren Bänden der Reihe taucht immer wieder das Spannungspaar Realität – Illusion auf, zum Beispiel in dem schon weiter oben erwähnten Band »Illusionen der Brüderlichkeit. Die Notwendigkeit, Feinde zu haben«, in dem Kaltenbrunner den »Realismus« Carl Schmitts preist und damit ja wohl auch dessen Antipluralismus und Antiliberalismus gerne in Kauf nimmt.

Von besonderer Brisanz ist der Band 39 der INITIATIVE mit dem Titel »Was ist deutsch? Die Unvermeidlichkeit, eine Nation zu sein« (1980). Kaltenbrunners Vorwort zu diesem Band ist ein weiterer Beleg dafür, wie ein diffiziles Thema so lange hin und her gebogen wird, bis ein Ergebnis hervorgebracht ist, das als völlig selbstverständlich gilt und dem eigentlich nur aus dubiosen Absichten widersprochen werden kann: Die aus dem für sich selbst reklamierten Realismus erzeugte Einsicht von der »Unvermeidlichkeit« für die Deutschen, »eine Nation zu sein«, wird genau so weit radikalisiert, bis das Kollektiv, die »Nation«, »als Gemeinschaft, Ordnung und geschichtliche Größe mit eigener Vollmacht und Würde« erscheinen kann.

Um zu diesem Ergebnis zu kommen, strengt sich Kaltenbrunner mächtig an, die große Bedeutung zu ramponieren, die jene weltbürgerliche Tradition der deutschen Klassik, die sich an der Aufklärungsphilosophie und an den Idealen der bürgerlichen Französischen Revolution orientierte, für das deutsche Geistesleben hatte. Er tadelt Lessing, Goethe, Schiller und Humboldt wegen ihrer »exzentrischen Leidenschaft für die sozusagen rein humanisierte *eine* Menschheit, die alle anthropologischen Konkreta überschreitet«, und schließt dann die Frage an, ob genau darin »nicht auch jene fatale deutsche Neigung zum Unbedingten und Anfälligkeit für alles Radikale zum Ausdruck« komme. Ein paar Seiten später gedenkt er dann jener »Männer wie Arndt, Fichte, Görres und ... ›Turnvater‹ Jahn«, die das durch Napoleons Eroberungskriege hervorgerufene Nationalgefühl gepflegt hätten. Er fährt dann fort: »Es ist bekannt, daß der nationale Gedanke (von Arndt, Fichte usw., W. G.) bis zur Perversion und schließlich zur Selbstzerstörung radikalisiert wurde ... Doch nationale Selbstverleumdung ist ebenso pervers wie nationaler Größenwahn. Jene ist wie dieser eine Form der Hybris.« Und dann schließt er sofort den Satz an: »Die Nation, die Vielheit der Nationen auf dieser Erde ist eine Wirklichkeit.«

Es ist schon gekonnt, wie Kaltenbrunner seine Kernaussage ganz undramatisch unterbringt: Zuerst baut er zwei Extrempositionen auf – hie ein gegen »alle anthropologischen Konkreta« gerichteter illusionärer Universalismus, dort ein »bis zur Perversion und schließlich zur Selbstzerstörung radikalisiert(er)«nationaler Gedanke. Dann wendet er sich von dieser »Form von Hybris« der doch so naheliegenden, geradezu selbstverständlichen »Realität« zu, daß die Nation und die Vielheit der Nationen auf unserer Welt »eine Wirklichkeit« seien. Illusionäre Hybris gegen nüchterne Realitätssicht – wer würde da nicht genau wissen, wofür er sich entscheidet! Kaltenbrunner legt aber noch einmal nach und persifliert auch noch das Killerargument »Hitler«, und zwar kurz und bündig: »Nationale Identitätsverweigerung ist keine angemessene Sühne für Hitler.« Im Klartext: Selbst wenn die Deutschen immer noch für Hitler sühnen wollten, könnte ihnen nicht zugemutet werden und dürften sie sich selbst nicht zumuten, sich der Realität zu verweigern, nämlich eine Nation zu sein; und im übrigen sei es noch »nicht einmal ein Mittel, um bei Nachbarn Sympathie und Vertrauen zu erwecken«. Kaltenbrunner vollführt hier ein bemerkenswertes Schattenboxen. Es geht nämlich schlichtweg nicht darum, ob Deutschland eine Nation sei und sich auch dazu bekennen sollte oder eben nicht, sondern zu allererst um die Frage, was der Begriff »Nation« denn in dieser Alternative bedeuten soll. So zu tun, als ob der Nationenbegriff zweifelsfrei sei und von allen und überall in derselben Weise verwendet werde, leugnet den Kernpunkt der ganzen Debatte. Vielmehr verbirgt sich in der unterschiedlichen Verwendungsweise des Nationenbegriffs auch unsere Grundfrage nach dem Vorrang von Individuum oder Kollektiv. Kaltenbrunner aber hat sich in dieser Frage längst für das Kollektiv entschieden; durch seinen Verweis auf die Wirklichkeit der Nation scheint die Alternative für ihn gar nicht zu bestehen.

Die von Kaltenbrunner »verdrängte« Problematik muß hier kurz erläutert werden. Niemand wird leugnen, daß der geographische und soziale Ort, in den jeder Mensch hineingeboren ist, für ihn schicksalhaft ist. Der junge Mensch erlebt im Normalfall seine Familie und nach und nach darüber hinaus auch größere soziale Einheiten quasi als natürliche Gegebenheiten, die ihm gegenüber als vorgängig, ja vorrangig erscheinen. Doch spätestens mit seiner Aufnahme als aktives Mitglied in die jeweilige Gemeinschaft, üblicherweise als Abschluß der Kindheits-/Jugendphase definiert, wird aus dem bisherigen Ort passiver Prägung – auch – ein Betätigungsfeld für aktive Prägung. Das stets prekäre Verhältnis von Individuum und Gemeinschaft, allgemeiner: Kollektiv, wird nun – auch – Gegenstand von Entscheidungen dieser herangewachsenen Menschen, so wie es schon länger Entscheidungsfeld der älteren Generation und von neuem »Schicksal« der jetzigen jüngsten Generation ist. Alle Gesellschaften, die wir kennen, leben in dieser Spannung; die Unterschiede darin, wie Gesellschaften mit dieser Spannung umgehen, können beträchtlich sein. Autoritäre Gesellschaften neigen beispielsweise dazu, diese Spannung zu leugnen, indem sie für alle verbindliche Werte und Sichtweisen festlegen, Gesellschaftsbilder, deren Legitimität durch Autoritäten verbürgt werden soll. Wer sich mit diesen Gesellschaftsbildern jedoch kritisch auseinandersetzt, stellt sich »außerhalb« der Gesellschaft. Er ist entweder ein Krimineller oder ein Fall für die Psychiatrie. Demokratische Gesellschaften versuchen, diese Spannung aufrechtzuerhalten, den Pluralismus, der sich nicht nur durch die Generationenfolgen, sondern oft auch innerhalb einer Generation ergibt, zu akzeptieren und zu im Prinzip jederzeit wieder bezweifelbaren kompromißhaften Entscheidungen zu kommen. Dabei wird als Minimalkonsens akzeptiert, daß friedliche Konfliktlösungsmuster beibehalten werden müssen (»We agree to disagree«). Gemeinschaftsbegründende Traditionen, gemeinsame Abstammung, gleiche Sprache usw. können dabei Kompromisse erleichtern, müssen es aber nicht zwangsläufig.

Max Weber hat in seiner großen Studie »Wirtschaft und Gesellschaft« schon zu Beginn dieses Jahrhunderts darauf hingewiesen, daß solche gemeinschaftsbegründenden Kennzeichen wie gemeinsame Abstammung, Sprache, Tradition usw. nicht als unabänderliche Merkmale gelten können, sondern nur über das gemeinschaftliche, reziproke Bewußtsein der jeweiligen Menschen gemeinschaftsbildend wirken: »Fast jede Art von Gemeinsamkeit und Gegensätzlichkeit des Habitus und der Gepflogenheiten kann Anlaß zu dem subjektiven Glauben werden, daß zwischen den sich anziehenden oder abstoßenden Gruppen Stammverwandtschaft oder Stammfremdheit bestehe!«[48] Er wies auch, kenntnisreich in der Sozialgeschichte, wie er nun einmal war, auf die höchst unterschiedlichen Ausformungen des Verhältnisses zwischen politisch gewollten Vergemeinschaftungen und ethnisch-kulturellen »Gemeinsamkeiten« in der bisherigen Menschheitsgeschichte hin: Zwar erleichtert(e) ein ethnisch-kultureller Gemeinsamkeitsglaube sehr oft die politische Einheitsbildung, andererseits aber weckt(e) eine auch noch so »künstliche« politische Einheitsbildung erst diesen Gemeinsamkeitsglauben. Wie auch immer – »die Nation als Gemeinschaft, Ordnung und geschichtliche Größe mit eigener Vollmacht und Würde« zu bezeichnen, wie dies Kaltenbrunner tut, blendet genau jene obengenannte Spannung zwischen den einzelnen Individuen und Gruppen von Menschen einerseits und – andererseits – der durch sie gebildeten Großgruppen »Staat«, »Nation«, »Volk«, »Gesellschaft« oder wie sie sonst noch bezeichnet werden mögen, aus. Wenn das Attribut Kaltenbrunners für die »Nation«, »eigene Vollmacht und Würde« zu besitzen, überhaupt Sinn macht, dann nur dadurch, daß er dieser Wirklichkeit »Nation« eine ganz eigene Genese und Entwicklung, losgelöst von den sie bildenden Individuen, zubilligt. Die »Nation« umfasse zwar eine bestimmte Anzahl von Menschen, sie wird aber nicht durch deren Handlungen und Entscheidungen gebildet. Die »Nation« sei vielmehr »der hervorragendste Ort, an dem sich Sprache, Kultur und gemeinsame Geschichte, Tradition, Schicksal und Wille einer über die Familie hinausgehenden Gruppe zu einer höheren Ordnung amalgamieren«. Kaltenbrunners Sprache ist hier einschlägig: Nicht Menschen stellen durch ihre Handlungen und Entscheidungen

den Zusammenhalt der Nation her, sondern von alltäglichen Menschen abgehobene Gebilde amalgamieren sich zu einer höheren Ordnung. Die Menschen aber haben in dieser höheren Ordnung, der Nation, nur insofern einen Platz, als sie zu diesen von ihnen abgehobenen Gebilden dazugehören, und zwar kraft gleicher Sprache, Kultur usw. Wenn er ein paar Zeilen später von der für die Identität notwendigen »Verwurzelung in einem Volk« spricht, wird die Sichtweise noch deutlicher. Der einzelne Mensch ist durch seine Geburt und durch seine Einbindung in die »Nation« Glied dieser höheren Ordnung, seine Identität gewinnt er durch sie. Oder anders ausgedrückt: Einem Menschen kann man alles nehmen, seine Zugehörigkeit zur Nation aber bleibt ihm immer – sie ist Schicksal, nicht Ergebnis seiner Entscheidung.
Wer dies anders sieht, so kann man also folgern, der orientiert sich nicht an der Wirklichkeit, sondern bleibt einer Ideologie verhaftet, die sich einem ganz anderen Denkansatz verdankt, der jedenfalls nicht in der Tradition von Carl Schmitt steht.
Wir werden nun sehen, daß in der Neuen Rechten – ihrem Anspruch auf theoretische Fundierung folgend – der Versuch unternommen wird nachzuweisen, daß für den »Wirklichkeitsverlust« der Charakter dieser Denksysteme verantwortlich sei. Zu diesem Zweck hat Armin Mohler – ein weiterer Protagonist unter den ernsten Jüngern des Meisters aus Plettenberg – über mehrere Publikationen hinweg und übrigens ganz in enger Anlehnung an den Star der französischen Nouvelle Droite, Alain de Benoist, eine Auseinandersetzung mit jener »Ideologie« unternommen, die sich für ihn als die Hauptschuldige an der Verfehlung der Wirklichkeit, an der ständigen Produktion von »Tabus« und »Illusionen« erweist.
Für Mohler sind es die sogenannten universalistischen Denksysteme, die uns den Weg zur Wirklichkeit verbauen; ihnen setzt er

seinen »Nominalismus« entgegen: »Der *Universalist* glaubt, daß der Wirklichkeit eine geistige Ordnung zugrunde liegt. Für ihn gibt es Allgemeines (Universalien), das dem Einzelnen vorausgeht und es umschließt – Allgemeines, aus dem das Einzelne ableitbar ist. Für den *Nominalisten* hingegen gibt es nur Einzelnes, Besonderes. Die Allgemeinbegriffe sind für ihn Namen (lat. nomina), die der Mensch dem Einzelnen, Wirklichen nachträglich verliehen hat.«[49] Während der Universalist ein logisch übersichtliches, zusammenhängendes und geschlossenes Denksystem, allerdings »frei von der Wirklichkeit« entfaltet, hakt der Nominalist, für Mohler der Konservative, so wie er ihn sich wünscht, »stets irgendwo in die ungefüge Wirklichkeit ein ... verbeißt sich geradezu in das Paradoxe, Komplexe, Nicht-Auflösbare«, erhält jedoch dadurch »hautnahen Kontakt mit der Wirklichkeit«[50].

Nun interessieren uns an dieser Stelle diese Äußerungen Armin Mohlers nicht in erster Linie wegen ihrer darin enthaltenen erkenntnis- und wissenschaftstheoretischen Position – ein so kruder nominalistischer Empirismus dürfte in der heutigen Wissenschaft kaum Anhänger finden –, sondern vielmehr wegen ihrer politiktheoretischen Implikationen beziehungsweise Folgerungen.

Erst wer die »nominalistische Wende« vollzogen habe, so Mohler, der sehe überhaupt die Welt, wie sie wirklich ist: Jetzt »ist jedes Ding prall sich selber, nicht bloß der Schatten von etwas dahinter.«[51] Dieses Bild kommt einem irgendwie bekannt vor. Offenbar sieht Mohler in der nominalistischen Wende den Weg aus Platons Höhle heraus. Platon, der griechische Philosoph des 4. vorchristlichen Jahrhunderts, stellte in seinem berühmten Höhlengleichnis den Menschen als in einer Höhle gefesselt dar. Von den außerhalb der Höhle sich bewegenden Wirklichkeiten (zum Beispiel Personen und Gegenständen) sah Platons Mensch nur die Schatten auf jener dem Eingang entgegengesetzten Wand, die er, weil er gefesselt war, als einzige anblicken konnte. Da er noch nie die »echte« Wirklichkeit gesehen hatte, hielt er jene Schatten für diese; ja, er würde sogar noch an seiner gewohnten Schattenrealität festhalten wollen, hätte er die Möglichkeit, von seinen Fesseln befreit aus der Höhle herauszutreten und die wahre Wirklichkeit anblicken zu können. Platon bezeichnete es als die entscheidende Aufgabe für den Erzieher und den Staatsmann, die Menschen aus der Höhle in das Licht zu führen und sie mit der wahren Wirklichkeit vertraut zu machen. Gerade in diesem Anspruch Platons haben manche bei diesem Philosophen einen Grundzug hin zum totalitäten Denken gesehen: Wer weiß, wie die echte Realität ist, hat den Stein des Weisen gefunden beziehungsweise den archimedischen Punkt, von woher sich alle weiteren Rätsel der Welt lösen lassen; und wer an diesem Punkt ist, kann und darf natürlich gar nicht anders, als dieses sein Wissen gegen alles Unwissen gegebenenfalls auch kämpferisch ins Feld zu führen.[52]

Armin Mohler – ein zweiter Platon? Wohl doch eher ein philosophischer Herrenmensch. Mohler geht nämlich mit Platon nur einen Schritt, den zweiten unterläßt er. Mit Platon teilt er nur die Behauptung, er wisse, wie man die Dinge in ihrer prallen Wirklichkeit sehen könne – und diesen Weg will und muß er den Menschen zeigen. Den anderen Menschen methodisch deutlich zu machen, wie die Dinge denn wirklich sind (der zweite Schritt Platons), versucht Mohler erst gar nicht; er behauptet nur, dies sei ihm möglich. Platon unterstellte, es gäbe so etwas wie eine allgemeine Vernunft, an der Menschen, wenn sie aus der Höhle getreten seien, teilhaftig würden. Und in der Tat, diese Vernunft ist es, wie vielfach gebrochen sie auch immer für uns Menschen erscheinen mag, mit deren Hilfe wir versuchen, die Welt zu erkennen und darüber mit anderen zu kommunizieren. Wenn wir sagen, irgendein Satz oder ein Gedanke sei »vernünftig«, dann heben wir auf diesen Zusammenhang ab. »Vernunft« ist dann so etwas wie eine »regulative Idee«; aber ohne diese Idee wäre eine allgemeine Kommunikation zwischen Menschen überhaupt nicht möglich. Wir kommen hier wieder auf die bereits erwähnte Reziprozität der Perspektiven zu sprechen. Ohne diese wäre eine menschliche Kommunikation nicht denkbar – und zwar auch dann nicht, wenn sie auf völlig verschiedenen Geleisen abliefe, sich also nicht im Medium einer die Menschen umschließenden Vernunft abspielte. Genau an diesem Gedanken aber paßt Mohler mit seinem Nominalismus! In seiner nominalistischen Welt gibt es keine Möglichkeit zur Verständigung – dann wird die Unterscheidung von Freund und Feind natürlich ziemlich wichtig ...

Die Vorstellung eines alle Menschen umschließenden Bandes verwirft Mohler nicht nur kühn, sondern sie ist für ihn die Ursünde des Universalismus. Doch Mohler bleibt hier nicht stehen; er hat noch ein weiteres Anliegen.

Bei der Antwort auf die Frage, was denn nun bei ihm jenes Besondere sei, von dem er ausgeht, schlägt er einen bemerkenswerten Haken: Jenes Besondere, Einzelne brauche nicht »das isolierte Individuum zu sein ... Dieses Einzelne kann vielmehr eine Gruppe sein, ja ein Volk, das anders ist als das Volk daneben«.[53] Schließt Mohler also nur solche »Universalitäten« wie »Menschheit«, »Weltbürgertum« usw. aus? Nein, weit gefehlt! Auch das Individuum fällt für ihn als möglicher Grundstein erst einmal aus: »Das vereinzelte Individuum, die zu bloßem Material gewordenen lebenden Dinge sind vielmehr das Produkt der herrischsten universalistischen Lehre, welche die neuere Geschichte kennt: des Christentums.« Gegen dieses »bloße Material«, wo ein

Einzelding gleich sein mag einem nächsten Einzelding, setzt Mohler das, »was nicht etwas anderes *bedeutet*, sondern sich selbst *ist.* Etwas *Gestaltetes* ist«. Der Nominalist geht also nicht vom »unendlichen Chaos« aus; vielmehr ist seine Antwort darauf »die übersichtliche, in sich geschlossene Form«. Offenbar sind also Völker, Nationen solche gestalteten, natürlichen Wirklichkeiten, nicht jedoch Menschheit oder Einzelmensch. Doch auch dies stimmt wieder nicht ganz: Auch dem Einzelmenschen bringt Mohler seine Achtung entgegen, aber eben auch nur dann, wenn dieser ebenfalls »Gestaltetes« ist. Was heißt das? Ist es der »gute Mensch«, derjenige, der einem anderen Menschen als Mitmenschen gegenübertritt? Nein! Für Mohler ist es jener Mensch, der sich aus der Einsicht in das ständige Werden und Vergehen der Menschen seiner »Würde« bewußt wird und nun weiß, »daß dem Kampf nicht immer ausgewichen werden kann, und er scheut ihn auch nicht. Und er liebt ihn sogar.« Mohler fügt noch für alle etwa auf Humanität und Nächstenliebe verpflichteten Zeitgenossen spöttisch hinzu, »daß dieser sich *agonal* (also kampfbereit, W. G.) verhaltende Mensch keineswegs davor zurückschreckt, notfalls seinen Gegenspieler zu vernichten – dann nämlich, wenn sich die Frage ›du oder ich‹ stellt«.

So also legt Mohler die Ausgangspunkte seiner Wirklichkeit fest: Es sind je einzelne Völker und je einzelne Menschen, jeweils für sich stehend, in ihrer Besonderheit und Unterschiedlichkeit, notfalls zum Kampf auf Leben und Tod bereit, wenn die eigene Existenz von anderen bedroht wird, heroische Gestalten, die in ihrer jeweiligen substantiellen, unveränderlichen Besonderheit leben oder untergehen werden. Konsequent müssen alle Versuche, diese Besonderheiten einzuebnen, diesen heroischen Gestalten schlimmstes Unrecht tun.

Nichts anderes als solche Einebnungsversuche sind nach Mohler beispielsweise Forderungen nach Freiheit und Gleichheit für alle Menschen, wie sie etwa in den Menschenrechtsformulierungen zu finden sind. Derartige Universalisierungen hat er wenige Jahre später sarkastisch mit dem Begriff »All-Gemeinheiten« apostrophiert, und er hat gleich ein ganz konkretes und plastisches Beispiel mitgeliefert: So habe der Konservative, also jener, der so denkt wie er, »Bedenken, Menschen aus einer fernen Gegend, etwa Indochina, in das Bahnhofsviertel von Frankfurt zu verpflanzen. Er ist der Meinung, daß die summarischen Wohltäter, die so etwas tun, sich hätten fragen sollen, ob sie mit dieser Verpflanzung in eine fremde Umwelt, in der diese Menschen nicht nach ihrer Besonderheit leben können, nicht doch den Mord nachholen, dem diese Flüchtlinge eben entronnen sind«. Es ist nur konsequent: Wenn man Menschen ausschließlich in ihrer jeweiligen völkischen Besonderheit sieht, kann eine »Verpflanzung« nur zum Verlust dieser Besonderheit führen, die für Mohler offenbar dem Tod gleichkommt – es sei denn, der so Verpflanzte kann seine neue Umgebung ganz nach seinen Vorstellungen prägen. Also wieder das Mohlersche Motto: Kampf oder Untergang, Lernprozesse nur zu diesem Zweck, keine Möglichkeit zur Verständigung – und Migrationsbewegungen sind natürlich das Werk »summarischer Wohltäter«.

Jetzt befinden wir uns wieder ziemlich nahe bei Thomas Hobbes und seiner Vorstellung eines »Naturzustands«, der, erstens, einen Krieg aller gegen alle darstelle, in welchem, zweitens, jeder Mensch dem anderen ein Wolf sei. Während aber Hobbes zu der – vor Mohler schon von Carl Schmitt vernachlässigten – Folgerung kommt, die Menschen würden, um zu überleben, untereinander Verträge schließen (in denen sie gegenseitig ihre Freiheiten aufgeben und über sich einen totalitären Staat installieren), kann dieser Gedanke bei Mohler erst gar nicht Platz greifen: Denn untereinander Verträge zu schließen, die diesen Namen wirklich verdienen, setzt voraus, sich gegenseitig als »gleich« anzuerkennen – für einen derart harten Apologeten der Besonderheit und Ungleichheit schlechterdings eine Unmöglichkeit. Wie wir aus der Geschichte wissen, ist aber gerade jene Idee der prinzipiellen Gleichheit, die für Verträge fundamental ist, die Grundlage für das Denken in Kategorien wie »Menschheit«, »Menschenrechte«, »Weltbürgertum« usw. geworden.

Mohler ist daher nur konsequent, wenn er einen Staat davor warnt, »sich dadurch lächerlich zu machen, daß er einen Katalog frommer Wünsche als seine Verfassung vorstellt«.[53a] Wenngleich diese Formulierung – wie bei der Neuen Rechten üblich – ziemlich vage ausfällt, dürfte klar sein, was er mit diesem »Katalog frommer Wünsche« meint: Es sind die Grund- und Menschenrechte, wie sie etwa im Grundgesetz in den ersten zwanzig Artikeln niedergeschrieben sind. Dies ist die hochpolitische Konsequenz aus scheinbar ganz fernliegenden, unpolitischen Annahmen über die Konstitution unserer Erkenntnis und ein Vorgeschmack darauf, wie man durch kulturelle Hegemonie die Republik kippen kann.

Ein letzter Bereich der neurechten Ideologie harrt noch der Erwähnung: die in Anlehnung an Konrad Lorenz, Irenäus Eibl-Eibesfeld und andere Soziobiologen dargestellte Entwicklung der Menschen als durch biologisch bestimmte Triebstrukturen dominiert. Aus einem »Territorialtrieb« wird die Notwendigkeit der Verteidigung eines Lebensreviers und eine instinktive Abwehrhaltung gegenüber allem Fremden hergeleitet, wenn ein Volk auf Dauer überleben wolle. Neben diesem Trieb, der also die Aussonderung alles Ungleichartigen bewirkt, wird auf einen zweiten, den »Dominanztrieb«, verwiesen, der innerhalb eines Volkes notwendigerweise eine Hierarchie hervorbringe, weil nämlich immer die »Besten« nach vorne in die Führungspositionen drängten. Elitebildung sei also eine jedem Volk vorgegebene biologische Notwendigkeit.[54]

Nun muß man nicht unbedingt die neurechte Auffassung von den biologischen Triebstrukturen wie eine Laterne vor sich hertragen, um gegen die Demokratie zu polemisieren und für eine hierarchisch gestufte Gesellschaft einzutreten, wenn man im konservativen Feld reüssieren will. Ein Beispiel bietet Gerd-Klaus Kaltenbrunner mit seinem Buch »Elite. Erziehung für den Ernstfall«[55]. Ganz im Stile der Diskussion um funktionale Eliten, die in jeder Gesellschaft, auch den demokratischen, existieren, wird auf die Spannung von Gleichheit und Elitenbildung abgehoben. Aber ziemlich am Anfang seiner Überlegungen hat schon eine ganz selbstverständliche Abwertung von »Demokratie« – oder was Kaltenbrunner dafür hält – stattgefunden. Denn als Bezugspunkt wählt er den nicht näher bestimmten »Ernstfall«, für den er der Demokratie überhaupt keine Chance einräumt: »Industriegesellschaft plus demokratische Verfassung ergibt noch keinen Staat, der dem Ernstfall gewachsen ist. Im Ernstfall sind entscheidend: nicht protestlerisch gereizte Aussteiger, sondern leistungswillige Aufsteiger; nicht die Durchschnittlichen, sondern die Besten. Im Ernstfall wird es darauf ankommen, ob eine Demokratie über ein ausreichendes Potential an Eliten verfügt.«[56] Wo soll da noch eine Spannung zwischen Gleichheit und Elitenbildung bestehen können? Und waren es nicht gerade die vielfältigen Eliten Weimars, die 1933 Hitler die Macht übertrugen?

Immerhin erhielt Kaltenbrunner elitäre Resonanz aus dem konservativen Bereich: So ließ sich der damalige Städtebauminister Oskar Schneider (CSU) in einer Leserzuschrift zu Kaltenbrunners Buch öffentlich vernehmen, er freue sich, »feststellen zu können, daß Ihre Thesen in allen Punkten meine eigene Auffassung treffen«.[57] Drei Jahre später, kurz nachdem er (1986) den Konrad-Adenauer-Preis der Deutschland-Stiftung in Gegenwart von viel Prominenz aus CDU und CSU erhalten hatte, wählte Kaltenbrunner das Jubiläumsheft von *Criticón*[58], um dort unverblümt und jetzt sehr viel deutlicher als noch in seinem Elite-Buch seine Staatsvorstellungen zu skizzieren. Der Titel seines Aufsatzes »Sparta. Huldigung an das altgriechische Preußen« läßt schon erahnen, wohin die Reise geht. Sparta, der große Gegner und das krasse militante Gegenbild des republikanischen Athen, wird zum Vorbild erkoren. Schon darin drückt sich Kaltenbrunners Distanz zum Grundgesetz aus; denn es kann überhaupt kein Zweifel daran bestehen, daß in das Grundgesetz die zentralen anthropologischen und staatstheoretischen Gedanken des Aristoteles eingeflossen sind, der aus der Erfahrung der athenischen Demokratie seine Werke schrieb und nicht aus derjenigen der autoritären und soldatischen Tradition Spartas. Doch lassen wir Kaltenbrunner selbst reden: Wiederum bestimmt sich seine Argumentation ganz von der Situation des »Ernstfalls« her, in der es nicht darum gehe, »ob man sich mehr oder weniger demokratischen Komfort gestatten will«, vielmehr sieht er nur in der Tradition Carl Schmitts die »existentielle Herausforderung: entschlossener Kampf oder Untergang«. Mit der Betonung der Feindunfähigkeit und des »pseudodemokratischen Kretinismus« führt er die frühere Kritik an der Bundesrepublik noch verschärfend weiter. Und dann kommt seine Eloge an Sparta, in der Kaltenbrunner ausdrücklich Wert darauf legt, nicht etwa »die Härte Spartas nachträglich zu mildern«: So erwähnt er die staatsautoritäre Kindererziehung und den »Patriotismus bis zum totalen Selbstopfer«. Bei dieser absoluten Vorrangstellung des Kollektivs vor dem einzelnen Menschen mußte es natürlich als »höchste Tugend« gelten, private Interessen unter das »Heil des Staates«

zu stellen. Nicht Selbstverwirklichung und Emanzipation, nicht die Wahrnehmung der Menschenwürde waren deshalb Ziele spartanischer Staatskunst, sondern Zucht und Züchtung: »Zucht prägte und durchformte alles«, und selbstverständlich dachten Kaltenbrunners Spartaner »menschenzüchterisch-eugenisch«. Und um eindeutig klarzustellen, wie positiv er dies alles findet, schließt Kaltenbrunner sofort voller Verachtung der heutigen Zeit den Satz an: »... die Grundgesetzschmarotzer sind hingegen primär individualistisch-hedonistisch gesinnt«. Daher könne es nicht verwundern, daß es heute als »schockierend« empfunden werde, »zu Sparta sich (zu) bekennen, Sparta als Paradigma strenger, aber auch potenter Staatlichkeit (zu) bewundern«.
In diesem Jubiläumsaufsatz Kaltenbrunners liegt das Gedankengut der Neuen Rechten in nuce, gleichsam wie in der Nußschale konzentriert, vor uns. Bei der Auseinandersetzung mit Mohler weiter oben war bislang offengeblieben, wie er das Verhältnis von Einzelmensch und Volk oder Nation sieht. Es ist keine Überraschung mehr, für die Beantwortung dieser Frage auf Carl Schmitt zu verweisen, dem sich Armin Mohler sehr intensiv verpflichtet fühlt. Spätestens an dieser Stelle müssen wir uns wieder fragen, ob denn diese ganze Kompliziertheit in der Argumentation überhaupt nötig ist. Die Behauptung, das Kollektiv habe vor dem Individuum Vorrang, wird durch Hinweise auf die gesellschaftliche und politische »Wirklichkeit« unterstützt. Um aber die Gegenargumentation abzufangen, die sich auf die grundsätzliche normative Vorrangigkeit des Individuums vor dem Kollektiv im bundesrepublikanischen Grundgesetz stützt (insbesondere Artikel 1 GG in Verbindung mit der »Ewigkeitsgarantie« nach Artikel 79 Absatz 3 GG), wird das Denken, das zu dieser Lösung des Prioritätenproblems führt, einer prinzipiellen Kritik unterzogen, die sich der Gegenaufklärung seit dem Beginn des 19. Jahrhun-

derts und ihrer Fortführung über das antidemokratische Denken der Weimarer Republik verpflichtet fühlt. Und die gegenwärtige erneute Diskussion um die »konservative Revolution« in der Weimarer Republik[59], die sich ganz wesentlich auch um den Rekonstruktionsversuch dieser Denkrichtung dreht, die Armin Mohler geleistet hat, zeigt, daß das Thema offenbar durch den bloßen verfassungsrechtlichen Hinweis auf die Beweislastregelung durch das Grundgesetz nicht abgeschlossen werden kann. Drückt sich hierin bereits ein Zwischenerfolg der Neuen Rechten auf dem Weg zur kulturellen Hegemonie aus, also ein Zuwachs an publizistischer Definitionsmacht als Vorstufe zu gesellschaftlich-politischer Dominanz, dem einzig und allein durch eine massive Gegenmacht, gegebenenfalls auch durch Einsatz staatlicher Gewaltmittel, der »streitbaren Demokratie« entgegengetreten werden könnte?
Aber: Sollte und kann man gegen ein Denken tatsächlich mit Verbotsmitteln aufwarten, wenn dieses Denken sich bereits in weite Kreise der Bevölkerung entropisch ausweitet?

Dualer Normenkanon und Dogmatismus

Norbert Elias, der 1990 verstorbene scharfsinnige und kluge Beobachter gesellschaftlicher Entwicklungsprozesse, hat in seinen »Studien über die Deutschen«[60] darauf aufmerksam gemacht, »daß in allen sich industrialisierenden Staatsgesellschaften des 19. und 20. Jahrhunderts«[61] ein Kanon von gesellschaftlichen Normen zu finden ist, der in sich nicht logische Geschlossenheit und Stimmigkeit trägt, sondern einen grundsätzlichen Widerspruch zeigt. Dieser also nicht homogene, sondern »duale Kanon«[62] behandelt einerseits das menschliche Individuum, andererseits den Nationalstaat als den höchsten Wert: »In gegenwärtigen Nationalstaaten kann der mächtigste Kanon ein und derselben Gesellschaft den Zugehörigen einschärfen, daß der einzelne Mensch, das Individuum, als höchster Wert rangiere, und gleichzeitig, daß das souveräne Kollektiv, der Nationalstaat, der höchste Wert sei, dem alle individuellen Ziele und Interessen – dem selbst das physische Überleben der Individuen untergeordnet werden müsse.«[63] Für Elias ist dieser widersprüchliche Normenkanon ein zentraler Faktor der Entwicklung der jeweiligen Gesellschaften. Der Unterschied zwischen diesen sei es also nicht, ob dieser duale Kanon in ihnen bestehe oder nicht, sondern sei darin zu sehen, wie sie mit dieser Widersprüchlichkeit umgingen. Dabei vergleicht Elias exemplarisch England und Deutschland: »In England überwog die Tendenz, die beiden Kanons miteinander zu verschmelzen. Man versuchte Kompromißlösungen für ihre gegensätzlichen Anforderungen zu finden und – wie es scheint mit Erfolg – zu vergessen, daß das Problem überhaupt existierte. In Deutschland dagegen war man geneigt, die Unvereinbarkeit der beiden Kanons herauszustreichen. Es gab in bezug auf sie nur ein Entweder-Oder. Kompromisse zwischen ihnen waren, entsprechend dem ganzen Tenor des deutschen Denkens, unsauber; sie galten als ein Produkt verworrenen Denkens, wenn nicht als schlankweg unehrlich.«[64]

Elias' Charakterisierung des deutschen Denkens trifft recht gut auf die Position der Neuen Rechten zu. Es darf aber nicht unerwähnt bleiben, daß im Grundgesetz bereits ein gutes Stück des angelsächsischen Umgangs mit Widersprüchlichkeiten auffindbar ist – oder muß man sagen: war?

Das Grundgesetz beinhaltet nämlich neben aller hier bisher aufgezeigten menschenrechtsorientierten, universalistischen, weltbürgerlichen, kurz: republikanischen Orientierung[65] auch (noch)

völkische Elemente: So ist der Artikel 116 Grundgesetz, der den Begriff »Deutscher« regelt, noch ganz dem Staatsangehörigkeitsgesetz von 1913 verpflichtet, in dem sich die völkische Ideologie des deutschen Vorkriegskaiserreiches gegen alle damals insbesondere bei den Sozialdemokraten vorhandenen weltbürgerlichen Tendenzen ziemlich ungehindert durchsetzen konnte. Außerdem sind einige Grundrechte im Grundgesetz nicht als »Jedermanns-Rechte«, sondern als »Deutschen-Rechte« formuliert, so zum Beispiel das Versammlungsfreiheits- und Demonstrationsgrundrecht nach Artikel 8 Grundgesetz: »Alle Deutschen haben das Recht ...« In seinem sogenannten Brokdorf-Urteil von 1987[66] jedoch hat das Bundesverfassungsgericht auch dieses Grundrecht quasi als Jedermann-Grundrecht interpretiert, als es dieses in den Zusammenhang zum Meinungs- und Pressefreiheits-Grundrecht nach Artikel 5 Grundgesetz brachte und formulierte: »Die Demonstrationsfreiheit ist die Pressefreiheit des kleinen Mannes.« Und in der Tat hätte es sich nur lächerlich angehört, hätte man statt dessen auf den »kleinen Deutschen« verengt.
Erst im Urteil des Bundesverfassungsgerichtes zur Einführung des Kommunalen Ausländerwahlrechts in Hamburg und Schleswig-Holstein[67] hat das Gericht dann den Artikel 116 GG voll in seiner völkischen Tradition interpretiert, die Legislative jedoch darauf aufmerksam gemacht, gegebenenfalls den sozialen Realitäten in der Bundesrepublik Deutschland mit seinen teilweise schon in zweiter oder dritter Generation hier lebenden »ausländischen« Mitbürgern durch eine Änderung dieses Artikels endlich Rechnung zu tragen. Nur waren inzwischen die ideologischen Positionen der Neuen Rechten schon weit in die Mitte der Gesellschaft hinein vorgedrungen, so daß zahlreiche Politiker und Journalisten bereits wieder von der Homogenität einer deutsch-nationalen Gesellschaft träumten. So bejahte etwa die *Frankfurter*

Allgemeine Zeitung in ihrer Ausgabe vom 13. 10. 1989 dieses Urteil unter anderem mit der Überlegung, daß durch das Ausländerwahlrecht dem »Staatsvolk« im Sinne der Summe der deutschen Staatsangehörigen ein Volk gegenübergestellt würde, das »angereichert und verundeutlicht werden kann durch Fremde, die jederzeit wieder gehen können«. Ist die Anlehnung an den in der Plutonium-Diskussion üblichen Begriff der Anreicherung wirklich nur Zufall, oder soll hier nicht doch die Assoziation auf das schlimmste Gift aller Zeiten, nämlich das Plutonium, hergestellt werden?

Spätestens die Asyldiskussion hat gezeigt, daß der von Norbert Elias auch in Deutschland für möglich erachtete pragmatische und weniger fundamentalistische Umgang mit widersprüchlichen Normen so leicht nicht vorankommt.

Die neurechte Renaissance des Nationalstaatsdenkens hat allerdings inzwischen auch ihre Gegner auf den Plan gerufen, die am Republik-Prinzip des Artikel 20 GG festhalten wollen und mit harter Abwehr reagieren. Dabei ist besonders interessant, daß gerade im konservativen Spektrum – und das heißt auch: mitten aus der CDU heraus – die Angriffe gegen das neurechte Denken am schärfsten ausfallen, wie auch umgekehrt vor allem Liberal-Konservative von den Neurechten besonders stark attackiert werden. Neben dem CDU-Prominenten Heiner Geißler ist hier vor allem Dieter Oberndörfer zu nennen, Professor für Politikwissenschaft an der Universität Freiburg i. Br., langjähriges CDU-Mitglied, vielgefragter Berater vor allem in entwicklungspolitischen Fragen und von 1975–1977 Leiter des Sozialwissenschaftlichen Forschungsinstituts der CDU-nahen Konrad-Adenauer-Stiftung. So hat Oberndörfer gerade unter den völkischen Varianten des Nationendenkens die deutsche als die »borniierteste« einer vernichtenden Kritik unterzogen.[68] Des weiteren wehrt sich Oberndörfer gegen die Aufwertung der Nation zu Lasten des Verfassungsstaates: »Ich finde diese Aufwertung des Begriffs Nation gefährlich. Ein bißchen Nation ist so wenig denkbar wie ein bißchen Schwangerschaft.«[69]

Wenn weiter oben die Rede davon war, daß die Neue Rechte als Scharnier auch zum Konservatismus fungiert, dann ist hier eine wichtige Differenzierung dringend erforderlich. Ohne im einzelnen auf eine genauere Analyse des Konservatismus in Deutschland einzugehen[70], sollte hier wenigstens zwischen einem liberalen Konservatismus und einem Neokonservatismus unterschieden werden. Beide Denkweisen sind insofern miteinander verwandt, als sie das Individuum so nehmen wollen, wie sie es empirisch vorfinden: nämlich mit Mängeln und Fehlern behaftet. Aus diesem Grunde schätzt der Konservative den Halt, den Individuen in Institutionen, etwa in der Familie, den Kirchen, aber auch im Staat, finden. Der liberale Konservative läßt dabei die genannten Institutionen nur insoweit stark sein, damit sie das Mängelwesen »Mensch« auffangen können und ihm die Möglichkeit eines menschenwürdigen Wesens gewähren. Der Neokonservative dagegen befürwortet durchwegs einen starken Staat, der dem Individuum gegenübertritt – beschränkt allerdings auf den Bereich der kulturellen Orientierungen und Werte. Die Forderung nach Wiedereinführung des Schulgebetes etwa durch den damaligen Kultusminister Mayer-Vorfelder in Baden-Württemberg war insofern keine bigotte Panne, sondern entsprach dem Gedanken der intensiven Führung der jungen Menschen auch durch staatliche Institutionen: Der »Mut zur Erziehung« – Grundforderung derer, die Anfang der achtziger Jahre eine »geistig-moralische Wende« einklagten – war wieder gefragt. Gleichzeitig aber wollte man im ökonomischen Sektor die Einflußnahmen des Staates möglichst zugunsten eines frei entscheidenden Indivi-

duums reduzieren. Die Neue Rechte stellt nun ihre Verbindung zum Neokonservatismus genau dort her, wo auch um eines effizienten Gemeinwesens willen die Notwendigkeit von Homogenität, beispielsweise in den zentralen Grundüberzeugungen der Menschen, gesehen wird. Die Bruchstelle zum liberalen Konservatismus dagegen liegt hauptsächlich darin, daß bei den liberalen Konservativen allen Überlegungen zum Verhältnis von Individuum und Gemeinschaft die Forderung nach Stärkung der Würde des Menschen im Vordergrund steht. Die Ablehnung einer homogenen Nation zugunsten einer multikulturellen Gesellschaft, wie zum Beispiel durch Heiner Geißler oder Dieter Oberndörfer, liegt auf genau dieser Ebene. Von ihnen wird im Interesse des Individuums auch die Notwendigkeit sozialstaatlicher Maßnahmen betont, um strukturelle Zugangsbarrieren zum politischen wie zum ökonomischen »Markt« für diejenigen Menschen abzubauen, die hinsichtlich ihrer Startchancen benachteiligt sind. Immer gilt jedenfalls für den liberalen Konservativen, daß nicht die Sicherung der Rechte des einzelnen als beweislastpflichtig angesehen wird, sondern der ihr gegebenenfalls entgegenstehende Anspruch darauf, daß der Staat vorrangig seine Macht durchsetzt.
Daß die hier theoretisch gezogenen Grenzen in der politischen Realität oft nicht so deutlich zutage treten, macht einerseits für die Neue Rechte Einbruchsversuche in das konservative Lager leichter. Andererseits führt das auch oft dazu, daß aus dem linksliberalen Lager manchmal der gesamte Konservatismus und die Neue Rechte in einen Topf geworfen werden. Hier arbeiten der Neuen Rechten dann ihre Gegner in die Hand, weil sich die Neue Rechte nichts sehnlicher wünscht, als hinter der Maske eines gesellschaftlich akzeptierten Konservatismus ihre kulturellen Hegemonieansprüche vorwärts zu treiben, die erklärtermaßen *jedem* liberalen Denken zuwiderlaufen.

Die Homogenität des Kollektivs kann natürlicherweise nur dann gefordert und gegebenenfalls auch mit Gewalt durchgesetzt werden, wenn dieses Kollektiv über eine möglichst unbeschädigte moralische Identität verfügt – zumindest im Bewußtsein seiner Mitglieder. Insofern muß alles verhindert beziehungsweise beseitigt werden, was diese Identität beschmutzen und verletzen könnte. Genau an dieser Stelle haben alle Versuche ihren Platz, die deutsche Geschichte und ihre Tradition einer Revision zu unterziehen, mit dem Ziele, endlich »aus dem Schatten Hitlers herauszutreten« und das »Büßerhemd« abzulegen, das wegen der Naziverbrechen an Juden und anderen Minderheiten übergestreift worden sei. Dieser Wunsch wird vor allem dann besonders stark, wenn anderen Nationen vorgeworfen werden kann, daß sie ihrerseits ebenfalls nicht über reine Westen verfügten. Hier ist der Historikerstreit der Jahre 1986 und danach zu nennen. Die Heftigkeit und Giftigkeit der gegenseitigen Vorwürfe bei der Diskussion um die Frage, ob die NS-Verbrechen einmalig seien oder vergleichbar beispielsweise mit den stalinistischen Verbrechen und insofern relativierbar, sind ja nicht aus einer bloß theoretischen Diskussion um Sinn oder Unsinn von Vergleichen in wissenschaftlicher Forschung heraus zu verstehen. Vielmehr haben wohl jene linksliberalen Historiker und Sozialwissenschaftler recht, die behaupten, daß mit dieser Art von relativierender »Schadensabwicklung«[71] eine ungebrochene nationale Identität und Homogenität, selbst gegen alle historische Evidenz und ethisch-moralische Reflexion, erschlichen werden sollte. Dabei war aber die Haltung der Neuen Rechten ihrerseits nun nicht ganz so krude, wie manchmal unterstellt wurde. Denn nur die alte Rechte und mit ihr die rechtsextremen und neonazistischen Gruppierungen leugneten die Naziverbrechen generell. Die Neue Rechte dagegen gestand die Verbrechen grosso modo zu, argumentierte aber, daß auf Dauer oder bis »in alle Ewigkeit«[72] – Steffen Heitmann wird später sagen: »bis ans Ende der Geschichte« – kein Volk für die Untaten seiner Vorfahren büßen könne, ohne in seinem Patriotismus, in seiner Identität Schaden zu leiden. Ja, man drehte die Sichtweise sogar um. Für Armin Mohler, »in der neurechten Szene der führende ›Entsorgungs-Theoretiker‹«[73], ist Vergangenheitsbewältigung nicht eine moralische Leistung, sondern sie diente immer stärker den »Feinden dieses Staates«[74], indem sie diesen gegenüber seinen eigenen Mitgliedern wie auch gegenüber der internationalen Welt denunzierte. In seinem Buch »Der Nasenring. Im Dickicht der Vergangenheitsbewältigung«[75] zitiert Armin Mohler eine *Welt*-Kolumne von Günter Zehm, in der dieser in vier Sätzen formuliert, was die Vergangenheitsbewältigung eigentlich bedeute: »Erstens will man die Deutschen durch das Dogma der ewigwährenden Kollektivschuld klein und häßlich halten, damit sie weiterhin physisch und psychisch erpreßbar bleiben. Zweitens setzt man auf den Neurotisierungs-Effekt. Ewiges Schuldbewußtsein macht neurotisch, und Neurosen enden oft in Selbstzerstörungswut. So hofft man über den Umweg deutschen Selbsthasses doch noch zum großen Kladderadatsch zu kommen, indem die traditionellen Lebensverhältnisse verbrennen und endlich der ›wahre Sozialismus‹ entstehen kann.« So müsse die Vergangenheitsbewältigung einem Deutschen erscheinen, »welcher der Gehirnwäsche widerstanden hat«[76]. Es ist dies genau die Botschaft, die Steffen Heitmann, der ehemalige Bundespräsidentenkandidat Helmut Kohls, in seinem Interview mit der *Süddeutschen Zeitung* wiederholte: Auch er wollte ja dem »Normalbürger« sagen, daß man »mit dieser furchtbaren Geschichte, die wir haben, umzugehen« lernen müsse, aber aus ihr »bis ans Ende der Geschichte« … »eine Sonderrolle Deutschlands abzuleiten«, lehne er ab. Wenn schon

Mohler mit seinen langen Zitaten aus der konservativen *Welt* sein Vergangenheitsbewältigungsangebot an deren Klientel zu formulieren und damit in den Konservatismus hineinzuwirken sucht, dann darf man allerdings darüber nicht vergessen, daß er einige Seiten vorher ausführlich jenen ominösen Leuchter-Report zitiert, demzufolge die Massenvergasungen in den Krematorien von Auschwitz, Birkenau und Maydanek schon aus technischen Gründen hätten gar nicht vorgenommen werden können[77]. Damit versucht Mohler auch bei jenen aus der viel extremeren Rechten anzuklopfen, die ohnehin an der Leugnung der gesamten Verbrechen der Nazis interessiert sind.
Bedarf es eines weiteren Beleges für die Richtigkeit unserer These, daß neurechtes Gedankengut ideologisch wie ein Scharnier zwischen Rechtsextremismus und Konservatismus funktioniert, wenn dieses Scharnier so offensichtlich durch den intellektuellen Spagat einer einzelnen Person geradezu verkörpert wird?

Kapitel 4

Die Verbreitung neurechter Ideologie *oder:* War da was? Was war da?

Die Neue Rechte als »organisierte Verwirrung«

Was sich seit Auflösung der letzten Gruppierungen, die sich selbst als »Neue Rechte« bezeichneten, also seit Mitte der siebziger Jahre bis in die Gegenwart hinein in jenem Feld abspielt, dessen ideologische Aussagen gerade erörtert wurden, kann weitestgehend unter der treffenden Bezeichnung »organisierte Verwirrung«[1] gefaßt werden. Zwar hat es seit Gründung der »Republikaner« immer wieder Versuche gegeben, mit dieser Partei die bisherigen Anstrengungen um die kulturelle Hegemonie in Richtung auf den praktisch-politischen Machtkampf zu erweitern und somit auch der Neuen Rechten ein festeres organisatorisches Dach zu bieten; die Versuche blieben aber bislang in Ansätzen stecken.

Wenn hier von »organisierter Verwirrung« gesprochen wird, dann soll damit folgendes organisatorisches Erscheinungsbild der Neuen Rechten charakterisiert werden: Einerseits läßt sich eine Anzahl von Personen benennen, die immer wieder in bestimmten Zeitschriften, Buchpublikationen und öffentlichen Veranstaltungen ihre neurechten Ideen ausbreiten können. Über den langen Zeitraum hinweg ist auch nicht verwunderlich, daß sich Verschiebungen und Veränderungen ergeben, schon alleine deshalb, weil in diesem Netzwerk nicht nur Kooperation, sondern auch gegenseitige Konkurrenz herrscht.

Andererseits zeigt sich, daß die Neue Rechte sowohl Verbindungen in das rechtsextreme, als verfassungsfeindlich deklarierte Umfeld unterhält, als sich auch mit beachtlichem Erfolg ins konservative Lager hinein breitmacht. Auch für die organisatorische Seite kann ebenso wie für die ideologische von einer Scharnierfunktion der Neuen Rechten zwischen Rechtsextremismus und Konservatismus gesprochen werden; und wieder gilt, daß die Neue Rechte nicht nur eine Verbindung, sondern auch gleichsam einen Puffer zwischen diesen beiden Bereichen darstellt. Mit dieser – noch zu illustrierenden – Feststellung sei auch hier wieder darauf verwiesen, daß derjenige, der umstandslos wesentliche Teile von Rechtsextremismus und Konservatismus als miteinander verschmolzen darstellen will, in den meisten Fällen eher einer politischen Totschlagsargumentation als einer differenzierten Realanalyse Vorschub leistet. Über diese organisierte Verwirrung der Neuen Rechten ist in den letzten Jahren ziemlich viel Material erarbeitet und publiziert worden, das zusammenhängend darzustellen jeden erträglichen Umfang sprengen würde. Hinderlich bei der vergleichenden Lektüre ist leider oft nur, daß die Grenzziehungen zwischen Rechtsextremismus, Neuer Rechter und Konservatismus noch längst nicht einhellig vorgenommen werden.[2]

Bei den folgenden Beispielen geht es sowohl darum, die im Ideologie-Kapitel genannten Autoren knapp in ihrem organisatorischen Rahmen zu beschreiben als auch darum, weitere Einblicke in bedeutende Stationen der neurechten Geschichte zu erhalten.

Wie schon erwähnt, hat Gerd-Klaus Kaltenbrunner seit 1974 beim angesehenen Herder-Verlag in Freiburg bis in die achtziger Jahre hinein die Reihe »Herderbücherei INITIATIVE« herausgeben können, die es auf über fünfundsiebzig Bände in einer jeweiligen Auflage von meist über 10 000 Exemplaren brachte. Kaltenbrunner gelang es mit dieser Reihe, eine Vielzahl angesehener Wissenschaftler und Publizisten unter Themenschwerpunkten zusammenzuführen, die zwar nicht durchwegs dem neurechten Denken entsprangen, dieses aber in vielen Fällen unschwer erkennen ließen. Es ist anzunehmen, daß in den siebziger Jahren dem Herausgeber bei den meisten seiner Mitautoren eher der Ruf des kritischen, teilweise sogar wenig respektvollen, zuweilen aber auch amüsanten Vertreters eines neuen konservativen, theoretischen Denkens vorausging. Es scheint, daß sich Kaltenbrunner erst im Laufe der Jahre zu einem scharfen Neurechten mauserte und gerade wegen seiner hervorragenden Beziehungen in den Konservatismus hinein seine Ideen dort gut placieren konnte. Andererseits hat sich Kaltenbrunner nicht gescheut, auch solchen Autoren seine Aufwartung zu machen, die fest im rechtsextremen verfassungsfeindlichen Felde angesiedelt sind. Wolfgang Strauss, seit den siebziger Jahren sowohl im rechtsextremen als auch im neurechten Bereich eifrig schreibend und heute einer der wichtigsten Mitarbeiter in der immer noch im Verfassungsschutzbericht des Bundes aufgeführten Zeitschrift *Nation und Europa,* hat etwa 1982 eine Hommage an Kaltenbrunner verfaßt, die sich wie folgt liest: »Er, der wahre Alternative in einer von Pseudoalternativen verseuchten Umbruchszeit, verkörpert den Jüngerschen ›Waldgänger‹, den geistigen Tupamaro, den sittlichen Freischärler im Dickicht der Metropolen einer sterbenden Zivilisation. Der aus der Kälte einer entseelten Gesellschaft kommt und das Morgenrot des Humanen im tragischen Heroismus verkündet, diesem Typ des Konservativen gehört das anbrechende neue Jahrtausend ... In die Welt der Alten Systeme tritt dieser Konservatismus als gerecht strafende, rettende Revolution der Menschenwürde.«[3] Etwas später hat sich dann Kaltenbrunner bei Strauss revanchieren können, als er ihn in der Zeitschrift *MUT* als großen Philosophen hofierte.[4] Ein andermal lobte Kaltenbrunner beispielsweise den für seine eindeutig nationalistischen Töne weithin bekannten Politikwissenschaftler Bernard Willms: »So wie Willms hat noch niemand nach 1945 zu den Deutschen gesprochen. Wir müssen schon bis zu Fichtes ›Reden an die deutsche Nation‹ zurückgehen, um einer vergleichbaren Stimme zu begegnen. Willms ist ... ein wiederauferstandener Fichte.« Dieses Lob formulierte Kaltenbrunner ausgerechnet in der Zeitschrift *Deutschland in Geschichte und Gegenwart* (DGG), die nicht nur im fraglichen Jahr, sondern bis in den jüngsten Verfassungsschutzbericht 1992 den verfassungsfeindlichen, rechtsextremen Zeitschriften zugesprochen wird.[5]

Mit der Zeitschrift *MUT* hat Kaltenbrunner eine interessante Wandlung vollziehen können. Mitte der sechziger Jahre von Bernhard C. Wintzek als eine Jugendzeitschrift im Umkreis der rechtsextremen NPD gegründet, wurde sie bis 1984 in den Verfassungsschutzberichten ebenfalls unter den rechtsextremistischen Zeitschriften geführt, einmal wurde sie sogar indiziert. Kaltenbrunner trat in dieser Zeit in die Redaktion der Zeitschrift als ständiger Mitarbeiter ein; seitdem reißt die Liste bekannter Politiker, Wissenschaftler und Journalisten nicht mehr ab, die für *MUT* schreiben. Ich habe an anderer Stelle eine Reihe von Beispielen aus *MUT* zitiert, die deutlich belegen, wie gerade diese Zeitschrift in den achtziger Jahren ein Tummelplatz von neurechten und konservativen Autoren mit den dementsprechenden Themenbereichen und Formulierungen gewesen ist. Im Februarheft 1988 (Nr. 246, S. 5) gab sich dann sogar Bundeskanzler Helmut Kohl in einem Leserbrief als »ständiger Leser« von *MUT* zu erkennen. Daß diese Zeitschrift also im Verlaufe weniger Jahre von einer im Verfassungsschutzbericht erwähnten rechtsextremen Zeitschrift zu einer im konservativen Lager offenbar geradezu gehätschelten Publikation mutieren konnte, ist doch insofern schon erstaunlich, als sich *MUT* erst nach und nach aus seiner zentralen Scharnierfunktion im neurechten Lager löste. So ist Wolfgang Strauss erst seit September 1988 als »ständiger Mitarbeiter« von *MUT* ausgeschieden, hat jedoch in einer späteren Nummer (Nr. 225, November 1988) noch einmal zur Feder gegriffen. Gerade an ihm läßt sich besonders gut zeigen, wie »ein Meister der Täuschung«[6] mit Themen und Ausdrucksweisen jongliert, je nachdem, ob er zum Beispiel für den »braven *MUT*-Leser« oder in der NPD-Studentenzeitung *NHB-Report* schreibt. Andererseits war aber bis dahin auch unverkennbar, daß *MUT* stärker in die national-konservative Strömung hineinging, dennoch aber die typische Argumentationsweise der Neuen Rechten erst in den letzten zwei bis drei Jahren verlassen hat.

Wenn Bernhard C. Wintzek in der April-Nummer 1992 von *MUT* seinen Weg als Herausgeber dieser Zeitschrift vom »Irrweg in die rechte Ecke« (in den siebziger Jahren) über den »Weg der schrittweisen Wende« durch »vorbehaltlose Öffnung für Liberalität, Toleranz und geistige Pluralität« (Anfang der achtziger Jahre) hin zum Angebot an die Linke, »im Gespräch Maß und Mitte« zu finden, charakterisiert und rechtfertigt, dann sollte dieser Rechtfertigungsversuch nicht sofort in Mißkredit gebracht werden. Eigenartig aber mutet es schon an, wenn er dabei die Reaktionen jener, die den damaligen Veränderungsprozeß mit Kritik begleiteten, als unfaires und »galliges« Scharfrichtertum apostrophiert. Um es zu wiederholen: Immerhin läßt sich bis in die Zeit kurz vor der deutschen Einigung genau jene neurechte Scharnierfunktion bei *MUT* ohne Probleme nachweisen. Seit dieser Zeit sind aber die ehemaligen Bindungen in den rechtsextremen Bereich offensichtlich endgültig gekappt. Geblieben ist ein stramm konserva-

tives Blatt, das sich offenbar schon deswegen für liberal hält, weil es die ganz rechte Ecke verlassen hat.
Eine eher umgekehrte Entwicklung als *MUT* hat die Zeitschrift *Criticón* durchgemacht. *Criticón,* 1970 von Armin Mohler und dem *Welt*-Mitarbeiter Caspar von Schrenck-Notzing gegründet, war in den ersten Jahren hauptsächlich ein Forum für viele stramm konservative Kritiker des Zeitgeistes. Mit der Enttäuschung über die ausgebliebene Wende nach dem Regierungsantritt Helmut Kohls 1982 öffnete sich *Criticón* immer stärker der neurechten Szene. Auf die für das neurechte Denken typische Verachtung der Traditionsströme, die der Französischen Revolution entstammten, wurde bereits hingewiesen: *Criticón* feierte im Jahre 1989 ausschließlich das 200jährige Jubiläum der *Gegen*revolution. Ganz unübersehbar sind seit dem überraschenden Einzug der Republikaner in das Berliner Abgeordnetenhaus im Frühjahr 1989 die Sympathiebekundungen für diese Partei. Und so verwundert es nicht, daß etwa der General a. D. Franz Uhle-Wettler, der am Parteiprogramm der Republikaner von 1990 mitgearbeitet hatte, auch hier veröffentlicht. Besonders häufig meldet sich Armin Mohler zu Wort. Wie es scheint, sind aber eine Reihe konservativer Intellektueller wie der ehemalige Kultusminister von Bayern, Hans Maier, und andere von *Criticón* abgewandert und lassen sich heute dafür bei *MUT* verlauten.
Erwähnenswert im Zusammenhang des langjährigen neurechten Scharnier-Geflechts ist auch die Carl-Friedrich-von-Sicmens-Stiftung, in der von 1964 bis 1985 Armin Mohler als Sekretär die Geschicke leitete. Mohler, im vorigen Kapitel schon als einer der führenden Theoretiker der Neuen Rechten ausführlicher behandelt, hat aus seiner Vorliebe für Carl Schmitt nie ein Hehl gemacht. So hat er beispielsweise schon 1965 sein Buch »Was die Deutschen fürchten« im Stuttgarter Seewald-Verlag Carl Schmitt

gewidmet, und zwar »von einem, der zugibt, von ihm gelernt zu haben«. Mohler wußte schon, wie schwer es war, sich vorbehaltlos hinter Carl Schmitt zu stellen, zu einer Zeit, als in der politischen Kultur der Bundesrepublik die Erinnerung an die anti-Schmittsche Wendung durch das Grundgesetz bei vielen noch präsenter war als in späteren Jahren. Mohler hat mehrere Sammelbände für diese Stiftung herausgegeben, so etwa 1979 den Band »Der Ernstfall«, ein Jahr später »Die deutsche Neurose. Über die beschädigte Identität der Deutschen« oder 1986 »Wirklichkeit als Tabu«. Wie schon aus den Überschriften der Bücher ersichtlich, geht es immer um das Thema der Illusionsbeladenheit deutscher Politik, die sich vor der Erkenntnis der Realität drücke.

Interessant ist auch hier wieder, daß Mohler ähnlich wie Kaltenbrunner in seiner Herder-INITIATIVE-Reihe angesehene konservative Wissenschaftler ohne Probleme mit solchen Wissenschaftlern zusammenbringt, die ganz sicher dem neurechten Denken zugeschlagen werden können. Ein Beispiel ist etwa der Osnabrücker Soziologe Robert Hepp, für den der deutsche »Volkstod« wegen des Geburtenrückgangs ausgemachte Sache ist, der aber dabei geflissentlich übersieht, daß dieser Begriff eine Wirklichkeit voraussetzt, die es so nie gegeben hat, nämlich ein ethnisch homogenes Deutschland. Selbstverständlich ist für ihn der Gedanke an eine Multikulturalität Deutschlands völlig unannehmbar. Und darüber hinaus ist der Fall Deutschlands für ihn »wahrscheinlich von nicht geringerer welthistorischer Bedeutung als der ›Fall Roms‹, denn Deutschland dürfte ... nur der Kopf sein, an dem der Fisch des ›Abendlandes‹ zu faulen begonnen hat«. Und ganz wortgewaltig zeigt sich Hepp auch in der Ablehnung demokratischer, menschenrechtsorientierter Gedanken, die er in der Bundesrepublik vorfindet und die er in der Zeitschrift

Criticón in einem an Häme wohl kaum zu überbietenden fiktiven Interview mit dem italienischen politischen Denker der Renaissance, Niccolò Machiavelli, geißelt. Hepp läßt Machiavelli beispielsweise sagen: Wer behaupte, daß der 8. Mai 1945 ein Tag der Befreiung sei, übernehme aus Dummheit die Sprachregelung der Weltkriegssieger. »Wenn die deutschen Schüler statt der Menschenrechtskonvention den ›Principe‹ (von Machiavelli, W. G.) lesen müßten, hätte es kaum zu solchen Orgien des Selbstbetrugs und der Selbsttäuschung kommen können.«[7] Die Deutschen hätten ihre Ohnmacht nicht nur akzeptiert, sie feierten sie sogar noch als historische Errungenschaft. Es sei »der Witz von Politikern, die in diesem unhaltbaren Zustand den ›freiesten Staat der deutschen Geschichte‹ entdecken«. Deutschland sei aber nicht befreit, sondern »bloß liberalisiert« worden. »Man kann ein Volk jedenfalls nicht besser ›demobilisieren‹, als indem man es mit der liberalen Freiheit beglückt ... Wenn die Liberalen von Freiheit sprechen, meinen sie natürlich nicht die staatliche oder nationale, sondern ihre persönliche Unabhängigkeit. Die ›freiheitliche Demokratie‹ garantiert die Freiheit der Liberalen, nicht die der Nation. Und wenn liberale Politiker bekennen, ›lieber Freiheit ohne Einheit als Einheit ohne Freiheit‹ zu wollen, ... könnten (sie) auch sagen: ›Lieber ein abhängiges Deutschland, das von uns regiert wird, als ein unabhängiges, in dem wir nichts zu sagen hätten.‹ Auf diese vertrackte Weise ist die Knechtschaft Deutschlands mit der ›Herrschaft‹ seiner ›Knechte‹ verschränkt.«[8] Der Unterschied zu dem, was man sonst in rechtsextremen Postillen zu lesen bekommt, besteht hier nur noch darin, daß Hepp eine Form literarischer Verfremdung, nämlich das »Totengespräch« wählt, dafür aber in seiner Botschaft um so drastischer werden kann.

Armin Mohler hat 1985 in der Carl-Friedrich-von-Siemens-Stiftung einen Nachfolger bekommen, Heinrich Meier, der »in den

70er Jahren Aktivist der rechtsradikalen Jugendszene und Herausgeber des NPD-nahen, verfassungsfeindlichen Blattes ›Im Brennpunkt‹«[9] war.

Das nächste Beispiel stammt aus dem Anfang der achtziger Jahre: Damals sorgte das sogenannte »Heidelberger Manifest« in der Öffentlichkeit für Furore. Unterzeichnet von elf Professoren, die unter anderem auch dem konservativen »Bund Freiheit der Wissenschaft« nahestanden, schlug es nicht nur jenen Ton an, der später in der deutschen Asyldebatte gegen Ausländer ständig zu hören sein sollte, sondern enthielt auch mehr oder weniger deutliche rassistische Untertöne. Besonders bemerkenswert war darüber hinaus die enge Zusammenarbeit zwischen diesem Heidelberger (Professoren-) Kreis und dem kurz zuvor in Kassel gegründeten »Thule-Seminar«. Pierre Krebs, Kopf dieses Seminars, versuchte die Ideen der französischen Nouvelle Droite in Deutschland bekannter zu machen und ließ sich dabei auch von dem in den Verfassungsschutzberichten als rechtsextrem apostrophierten Grabert-Verlag publizistisch betreuen. So erschien dann etwa in der in diesem Verlag gegründeten Zeitschrift *Deutschland in Geschichte und Gegenwart* der Text des Heidelberger Manifests zusammen mit der Bitte, Unterschriftslisten für dieses Manifest beim Thule-Seminar anzufordern.[10] In diesem Verlag erschien ebenfalls jenes unsägliche Buch »Die Auschwitz-Lüge«, das Standardwerk aller rechtsradikalen NS-Geschichtsleugner.[11] Im Hohenrain-Verlag Tübingen, den Wigbert Grabert 1985 als einen weiteren Verlag gründete, erschien übrigens auch jenes dreibändige »Handbuch zur Deutschen Nation«, in dem jener grundlegende Artikel von Bernard Willms zu finden ist, der im vorigen Kapitel zur Diskussion stand; weiter treffen sich in diesem Werk Armin Mohler, Gerd-Klaus Kaltenbrunner, Robert Hepp; ebenso finden wir dort aber auch den bekannten konservativen Pädagogen Wolfgang Brezinka oder den österreichischen Staatsrechtler Felix Ermacora.

Aber zurück zum Thule-Seminar. Der harte Anti-Amerikanismus als »Befreiungskampf« gegen die Überfremdung durch die universalistischen und egalitaristischen Ideologien von Ost, aber vor allem von West, wie Pierre Krebs sein Thule-Seminar selbst charakterisiert[12], bleibt nicht mehr nur beim Ethnopluralismus der Neuen Rechten stehen, sondern besitzt durchwegs rassistische Züge und »läuft auf einen heidnisch-germanischen Fundamentalismus hinaus«.[13] In einer Ausgabe der von Krebs herausgegebenen Zeitschrift *Elemente* (Nr. 3/1987, S. 18–24) findet man etwa ein Interview mit Robert Hepp, in dem es um die »Endlösung der Deutschen Frage« geht (unter diesem Titel stand übrigens Hepps Beitrag im »Handbuch zur Deutschen Nation«!). Hepp bedient sich dabei eines makabren Vergleichs: »Heute sind die Deutschen ihre eigenen Juden: Sie diskriminieren sich selbst und sind dabei, einen sanften Völkermord an sich selbst zu vollziehen ...« Zur Verhinderung dieses Mords plädiert Hepp für »indirekte Eingriffe« in die »Freiheitssphäre«, »in das sakrosankte Schlafzimmer des deutschen Spießers«.[14] Dazu wäre aber ein starker Staat nötig, meint Hepp und bedauert, daß ein »Verkaufsverbot für Kontrazeptiva oder die Androhung der Todesstrafe für Abtreibung im Wiederholungsfall ... bei uns einfach nicht durchzusetzen« wären.[15] Mit solchen Äußerungen sind die Avancen in den Rechtsextremismus hinein deutlich; überraschend aber sind sie nicht, denn in Thule-Veröffentlichungen tummelt sich auch ein Jörg Rieck alias Rechtsanwalt Jürgen Rieger, eine der »Schlüsselfiguren des europäischen Rechtsextremismus«.[16] Und vor gar nicht langer Zeit wurde bekannt, daß Pierre Krebs offenbar Kaderschulungen bei der mittlerweile verbotenen neonazistischen »Nationalen Front« (in Bielefeld) durchführte.[17] Wenn es auch heute noch richtig sein sollte, was die beiden Journalisten Gilbhardt und Goblirsch 1989 schrieben, daß das Thule-Seminar bis dahin »auf konkrete politische Aktionen und Auftritte« verzichtete, »eher gibt man sich bedeckt«[18], dann muß dies nichts über mangelnde Kontakte dieses Seminars im Scharnierbereich zwischen Rechtsextremismus und Neuer Rechten bedeuten. Die vielfältigen Beziehungen sind seit Jahren geknüpft. Es wäre eigenartig, wenn sie sich in der gegenwärtigen Situation eher zurück- als weiterentwickelt hätten. Doch leider werden hier stichhaltige Informationen immer dünner, vor allem auch dann, wenn viel zu wenig öffentliche Beobachtung durch Journalisten oder wissenschaftliche Forschung erfolgen kann und die Verfassungsschutzämter offenbar noch keinen Aufklärungsbedarf verspüren.[19]

Sehr viel mehr im Blickpunkt der Öffentlichkeit dagegen steht und will auch stehen das Studienzentrum Weikersheim, das sich insbesondere im Bereich des Konservatismus aktiv zeigt und hier immer wieder Verbindungen mit der Neuen Rechten pflegt. 1979, kurz nachdem der damalige Ministerpräsident Hans Filbinger wegen seiner völlig uneinsichtigen Äußerungen zu seiner eigenen Vergangenheit als Marinerichter am Ende der NS-Zeit von seinem Amt zurücktreten mußte, konnte er das Studienzentrum gründen und auch den Vorsitz übernehmen, den er bis heute innehat. Zentraler Denk-Kopf dieser Institution ist der konservative Sozialphilosoph Günter Rohrmoser aus Stuttgart. Rohrmoser hat immer wieder aus seiner Enttäuschung über die ausgebliebene »geistig-moralische Wende« nach der Regierungsübernahme Kohls kein Hehl gemacht. Seine harten Attacken gegen jede Form multikultureller Gesellschaft haben ihn zu einem gern gesehenen Gesprächspartner bei der Neuen Rechten gemacht. Rohrmoser war es auch, der 1989 den Republikanern immer wieder öffentlich den Rat gab, sich durch eine »Intellektualisierungskampagne« für

die immer notwendiger werdenden Koalitionen mit den C-Parteien attraktiv zu machen.
Das Studienzentrum Weikersheim brachte es im Laufe seiner Geschichte immer wieder fertig, alle möglichen Prominenten aus der »politischen Klasse« der Bundesrepublik zu Tagungen zusammenzubringen, wobei auch keineswegs die neurechten Ideologen »vergessen« wurden. Praktisch alle hier schon genannten »Neurechten« haben dort längst ihr Debüt geben können. Nur einmal geriet das Studienzentrum unter politischen und öffentlichen Druck, als nämlich 1989 bekannt wurde, daß Dr. Rolf Schlierer, heute Fraktionsvorsitzender der REPs im baden-württembergischen Landtag und damals Landessprecher dieser Partei, seit längerem im Kuratorium des Zentrums aktiv dessen Geschikke mitgestaltete. Rolf Schlierer mußte gehen. Geblieben ist allerdings als Geschäftsführer des Studienzentrums Albrecht Jebens, dem wir neben anderen Veröffentlichungen in neurechten Zeitschriften auch die »Zehn Thesen zur Wiederfindung deutscher Identität« aus dem Jahre 1985 verdanken: Er mahnt dort eine »Rückkehr zur Nation« an, die er als Gegenwehr gegen jene versteht, die die Deutschen demütigten. So lautet seine zweite These: »Die Servilität und Dienstbeflissenheit gegenüber den Siegern von 1945 und ihren Verbündeten ist auf Dauer unerträglich.« Und in der zehnten These formuliert er: »Bekennen wir uns schließlich frei und froh und ganz ungezwungen ... zu unserem Volk und seinen überkommenen Symbolen. Pflegen wir unser eigenes Liedgut ... Singen wir ›das Lied der Deutschen‹ als ganze Nationalhymne mit allen drei Strophen.«[20]
Weikersheim hat sich tatsächlich in den letzten Jahren als eine der zentralen neurechten Scharnierstellen im gesamten Feld, und nicht nur nach einer Seite, zum Beispiel zum Konservatismus hin, dargestellt. Letzteres versteht sich, schon von Filbinger und Rohr-

moser her gesehen, geradezu von selbst. Daß aber auch immer wieder Publizisten eingeladen werden, die weit in den Rechtsextremismus, ja sogar in den Neonazismus hineinreichen, versteht sich eigentlich nicht von selbst und scheint in der Öffentlichkeit offenbar noch zu wenig bekannt zu sein. Nur zwei Beispiele: Wolfgang Strauss, seit Jahren mit besten Kontakten im rechtsextremen Bereich und ständig auch in *Nation Europa* schreibend, das vom Verfassungsschutz den rechtsextremen Zeitschriften zugeordnet wird; oder Hans Dietrich Sander, Herausgeber der *Staatsbriefe,* in denen zum Beispiel auch der inzwischen verstorbene Neonazi Michael Kühnen publizieren konnte.[21] Soweit bislang bekannt, wurde das Studienzentrum seit 1988 mit knapp 400 000 DM öffentlicher Bildungsmittel unterstützt.

Von besonderer Brisanz, aber auch von besonderer Kompliziertheit ist die Rolle, die der mittlerweile »zum Chef des drittgrößten deutschen Buchkonzerns aufgestiegene«[22] Dr. Herbert Fleissner im neurechten Geflecht spielt. Fleissner hat seit den sechziger Jahren bis heute mehr als 25 Verlage in sein Imperium eingebracht, unter anderem auch renommierte Buchverlage. Zur Fleissnerschen Verlagsgruppe F. A. Herbig gehören heute etwa die Verlage Langen Müller, Herbig, Universitas, Ullstein, Propyläen und Nymphenburger. Bei dieser Palette konnte natürlich nicht ausbleiben, daß eine ganze Reihe von Autoren verlegt wurden, die nichts mit irgendwelchen neurechten Verbindungen zu tun hatten, wie zum Beispiel Willy Brandt, Simon Wiesenthal oder Elie Wiesel. Andererseits finden sich viele Autoren in den Programmen des Konzerns, die sehr einschlägig für die rechte Szene sind, etwa Franz Schönhuber, David Irving, Henriette von Schirach, Rudolf Heß, Hans-Ulrich Rudel, um nur einige zu nennen. Der Journalist Hans Sarkowicz hat schon in der *Zeit* vom 9. 10. 1987 auf den »unaufhaltsamen Aufstieg des Verlegers Herbert Fleissner« aufmerksam gemacht und bei der damaligen Übernahme des Sachbuchprogramms des Hueber-Verlags durch Fleissner darüber berichtet, daß einige der dortigen Autoren, wie zum Beispiel Erich Kuby oder Gerhard Zwerenz, sich weigerten, ihre neuen Bücher nun bei Fleissner erscheinen zu lassen: »Zum erstenmal scheinen sich Schriftsteller zu weigern, von Fleissner als Beleg für die ›Ausgewogenheit‹ eines Programmes mißbraucht zu werden, das deutliche rechtsextreme Züge trägt.« In den darauffolgenden Jahren war es wieder recht still um dieses Verlagsimperium geworden, was natürlich nicht bedeutete, daß es nicht extensiv produzierte. Im November 1992 aber wehrte sich in einem Flugblatt die Gewerkschaft Handel, Banken und Versicherung (HBV) dagegen, daß bei der Münchener Bücherschau, bei der der Geschwister-Scholl-Preis an die Dachauer Hefte verliehen wurde, auch »Langen Müller« aus der Verlagsgruppe Fleissners Bücher ausstellte: »Es ist nicht widerspruchslos hinzunehmen, daß in diesem Rahmen ein Verlag wie Langen Müller seine Bücher ausstellt, der zugleich rechtsradikale Blätter finanziell unterstützt. Wir bitten den Verlag um eine schnelle Stellungnahme, mit der er öffentlich erklärt, sich künftig derartiger Unterstützung zu enthalten.« Statt dieser geforderten Erklärung kam es zu einem Einstweiligen-Verfügungs-Verfahren, das die Fleissnersche Verlagsgruppe gegen die HBV anstrengte. In seinem Urteil vom 16. 12. 1992 wies aber das Landgericht München I in vollem Umfange den Antrag zurück, der HBV zu untersagen, in der Öffentlichkeit zu behaupten, daß diese Verlagsgruppe rechtsradikale Blätter unterstütze. Das Gericht bürdete der Verlagsgruppe die Kosten des Verfahrens auf.[23] Auf Einspruch gegen das Urteil verzichtete die Verlagsgruppe. Wie es scheint, ist auch dieses für Fleissner nicht eben schmeichelhafte rechtskräftige Urteil in der Öffentlichkeit viel zuwenig bekanntgeworden.

Die bisher genannten Beispiele mögen genügen, um die These von der Scharnierfunktion einer Neuen Rechten auch im organisatorischen Bereich zu untermauern: Die ideologischen Argumente der Neuen Rechten finden in Verlagen, Zeitschriften, Institutionen und gemeinsamen Buchpublikationen ein aufzeigbares Interaktionsgeflecht, bei dem, ähnlich wie im ideologischen Bereich, unmittelbare Beziehungen zwischen rechtsextremen, gar neonazistischen Personen oder Gruppierungen und solchen mit klar konservativer, gar liberalkonservativer Ausrichtung die Seltenheit sind. Sehr wohl aber »vermitteln« Neurechte zwischen ihnen. Es ist jedoch richtig beobachtet worden, daß sich gegen Ende der achtziger Jahre die Beziehungen im gesamten rechten Lager einerseits intensivieren, andererseits die bisherigen Scharnierstrukturen undeutlicher werden. Man kann in der Tat von einer »neuen Unübersichtlichkeit« sprechen.[24]

Gibt es nach 1989 noch eine Neue Rechte?

Vielleicht deutlicher als mit dem Begriff der »neuen Unübersichtlichkeit« läßt sich das Wirken der Neuen Rechten nach 1989, insbesondere im Gefolge der Deutschen Wiedervereinigung, als ein Prozeß wahrnehmen, der gewisse Ähnlichkeiten mit dem physikalischen Vorgang der Entropie hat:
Wenn ein Raucher kunstvolle Rauchkringel in die Luft bläst, werden diese nicht lange in dieser Form sichtbar sein, sondern sich langsam auflösen und ihre Form verlieren; dabei verbreitet sich dann die Essenz, zum Beispiel auch der Geruch des Rauches überall im Raum; sehr bald wird man nicht mehr wissen, wer geraucht hat und wie die Rauchkringel aussahen, aber die Nachwirkungen sind trotzdem deutlich spürbar.

Mit diesem Bild ist vor allem die »Thematisierungsfunktion« der Neuen Rechten angesprochen.[25] Der Neuen Rechten ist es gelungen, als Ausfluß ihres Bemühens um kulturelle Hegemonie bis weit in den Bereich des Konservatismus hinein nicht nur Stichwortgeber für den politischen Diskurs zu sein, sondern darüber hinaus eine Dimension von (sozial konstruierter) Wirklichkeit zu etablieren, die inzwischen in weiten Kreisen schon fast unbefragt als Realität akzeptiert wird, obwohl sich ihre intellektuelle Künstlichkeit schon dadurch bei genauem Hinsehen von selbst entlarvt, daß noch nicht einmal präzise definiert wird, was denn überhaupt mit dem Zauberwort »Nation« gemeint sein soll. Da wird von »nationalen Interessen« geschwafelt, ohne daß auch nur im Ansatz geklärt wäre, was denn darunter zu verstehen sei: Ein »unverkrampftes Verhältnis zur Nation und zu seiner Geschichte« wird Deutschland angeraten – so als ob die Bundesrepublik nicht seit 1949 versucht hätte, und dies doch mit gewissem Erfolg, der ungleich differenzierteren Aufforderung des Artikel 20 GG nachzukommen, nämlich Republik, Demokratie und föderativer Rechts- und Sozialstaat zu sein beziehungsweise immer stärker zu werden.[26]

Heiner Geißler hat sich in einem Interview beunruhigt gezeigt über eine »mächtige nationale Front, die sich zwar in der Minderheit befindet, aber die publizistisch sehr mächtig ist«. Auf die Europa-Diskussion bezogen reicht sie für ihn »von den britischen Konservativen über Rudolf Augstein, der ja ein linker Nationalist ist, über einzelne Herausgeber der *FAZ* bis hin zur bayerischen Staatskanzlei und den ›Republikanern‹. Das ist schon eine Front, nur dürfen wir uns davon nicht beirren lassen, mit denen müssen wir Streit anfangen«. Und Geißler schließt: »Das tun wir, bisher erfolgreich.«[27] Zu wünschen wär's ihm …

Einer der jüngeren Neurechten, der Göttinger Gymnasiallehrer

Karlheinz Weissmann, hat 1986 eine Losung ausgegeben, die zwar so neu nicht war, die aber, immer schon von der Neuen Rechten gut befolgt, erheblich zu der Unübersichtlichkeit beiträgt, die einen beim ersten Blick auf die Neue Rechte irritieren muß: »Die Fähigkeit, in die Offensive zu gehen, muß entwickelt werden und dazu die Fähigkeit, die Situation zu beurteilen: ob hier der offene Angriff oder die politische Mimikry gefordert ist.«[28]

1973 hieß es in der Zeitschrift *LA-PLATA-Ruf*, die von Wilfried von Oven, dem ehemaligen persönlichen Pressereferenten Joseph Goebbels', herausgegeben wurde, recht ähnlich: »Wir müssen unsere Aussagen so gestalten, daß sie nicht mehr ins Klischee des ›Ewig-Gestrigen‹ passen. Eine Werbeagentur muß sich auch nach dem Geschmack des Publikums richten und nicht nach dem eigenen. Und wenn kariert Mode ist, darf man kein Produkt mit Pünktchen anpreisen. Der Sinn unserer Aussagen muß freilich der gleiche bleiben. Hier sind Zugeständnisse an die Mode zwecklos. In der Fremdarbeiter-Frage etwa erntet man mit der Argumentation ›die sollen doch heimgehen‹ nur verständnisloses Grinsen. Aber welche Linke würde nicht zustimmen, wenn man fordert: ›Dem Großkapital muß verboten werden, nur um des Profits willen ganze Völkerscharen in Europa zu verschieben. Der Mensch soll nicht zur Arbeit, sondern die Arbeit zu den Menschen gebracht werden.‹ Der Sinn bleibt der gleiche: Fremdarbeiter raus! Die Reaktion der Hörer wird aber grundverschieden sein.«[29]

Weissmann hat im letzten Jahr im Ullstein-Verlag ein Buch publiziert, das offenbar bei vielen wie ein Blitz einschlug: »Rückruf in die Geschichte«. Ein paar Monate vorher hatte er in der neurechten Zeitschrift *Criticón* (Nr. 130, März/April 1992: 61–63) einen Aufsatz veröffentlicht, der die Grundthesen seines Buches vorwegnimmt.

Einige Rezensenten rühmten das Buch, es sei nach dem Versagen der linken Ideologien »eine fulminant-intellektuelle Kampfansage an die tonangebenden Eliten und Meinungslage der Republik«[30], beziehungsweise es habe für die durch die Wiedervereinigung geforderte Neuorientierung der Deutschen einen Teil des dazu nötigen »neuen Fundamentes« gelegt. Ein anderer Rezensent sieht in dem Autor einen »jener jüngeren Historiker, die die Geschichte der Bundesrepublik unbefangener und somit realistischer deuten«[31]. Der Rezensent der *Welt am Sonntag* vom 31. 1. 1993 weiß, daß sich Weissmann als »Jungkonservativer« versteht. In der *taz* (vom 17. 10. 1992) wird das Buch als »ein Musterprodukt der intellektuellen Rechten« genannt.
Läßt sich tatsächlich nichts Präziseres sagen? Doch! Schon mit dem Titel des *Criticón*-Aufsatzes: »Ein paar einfache Wahrheiten. Über die notwendige Renaissance des konservativen Denkens« schlägt Weissmann genau jenen Grundtenor an, den wir aus der Ideologie der Neuen Rechten kennen: Das Ende der Utopien sei angesagt; der Verlust der kulturellen Hegemonie für die politische Linke sei »nicht auf einen konservativen Gegenangriff, sondern auf den eigenen Realitätsverlust zurückzuführen«. Über eine »konservative Position« – das ist das Angebot an das konservative Lager! – entwickle sich dagegen ein »neuer Realismus«. Die Vorstellung von der »einen Welt« sei nicht mehr zu halten, eine »Weltinnenpolitik« werde es nicht geben, statt dessen existiere das »altneue Pluriversum politischer Einheiten«, nämlich der Nationen, die »wieder stärker nach ihrer ›Identität‹ fragen«.[32] Die multikulturelle Gesellschaft, abgelehnt von der Mehrheit der Bevölkerung, sei aber in der veröffentlichten Meinung im Kurs: »die betont fremdenfreundliche Haltung als eine Art von Sühne für die nationalsozialistischen Verbrechen«. Wer das »Volk« als staatsbegründende Einheit durch eine zufällige »Be-

völkerung« ersetzen wolle, riskiere allerdings rassistische Rückschläge in der Bevölkerung. Ganz besonders wird auf den starken Staat abgehoben, auf jenen Schutz bietenden, dann aber auch Gehorsam fordernden »Leviathan« des Thomas Hobbes; denn es sei nicht nur ein harmloser Irrtum, so zu tun, »als ob sich der Leviathan in eine zärtlich bergende Mutter verwandelt habe«[33]. Der gedankliche Duktus ist klar: Carl Schmitt steht überall Pate; der sprachliche Duktus ist allerdings viel weicher als beim Vorbild – man will ja seine Leser nicht verprellen.

Schließlich wird auch noch bezüglich des Staates zur »nüchternen Einsicht in die Notwendigkeiten, zu denen Gliederung und Elite gehören«, aufgerufen. »Die Polis bedarf eines neuen Ethos, wenn man so will: einer preußischen Dimension.« Kaltenbrunner sprach noch vom preußischen Sparta – aber der Sinn ist derselbe. Weissmanns Buch ist natürlich differenzierter und vielfältiger in Thematik und Argumentation als sein Aufsatz, aber im Grundtenor übereinstimmend. Schon verwunderlich, daß kaum einer der Rezensenten dieses Buches das Kind beim Namen nannte: Ideologie der Neuen Rechten in Reinkultur. Thomas Assheuer, ein glänzender Kenner des Diskussionsstandes, packte bei dieser allgemeinen Ignoranz der Zorn, und voller Ironie berichtete er von einem Auftritt Weissmanns im Politischen Club der Evangelischen Akademie Tutzing auf Einladung Klaus Böllings, des Regierungssprechers unter Helmut Schmidt: »Der einschlägigen Klientel machte sich Weissmann im geistigen Exerzierfeld von Franz Schönhuber einen Namen; zuletzt hat er das ideologische Programm einer handzahmen Neuen Rechten aufgeschrieben, wie es nach dem *Rückruf in die Geschichte* für das deutsche Gemeinwesen geboten scheint. So war Klaus Bölling sichtlich beglückt darüber, daß endlich ein leibhaftiger Konservativer das Wort ergreift, der denken und reden kann, ohne gleich reaktionär zu sein.« Am Ende des Vortrags dann, in dem Weissmann sein Credo vorgetragen hatte: »Applaus, lang und breit. Die Evangelische Akademie feiert ein junges Talent, das Klaus Bölling entdeckt hat.«[34]

Vor kurzem hat sich Weissmann[35] mokiert über die »neue Aufmerksamkeit für die politische Rechte«, die sich aber meist darin erschöpfe, »die Gefährlichkeit der *Rechten* aufzudecken, indem man ihre offene oder latente ›(neo-)nazistische Gesinnung‹ entlarvte«. Es mag ja jene geben, die alles rechts von sich als nazistisch zu outen versuchen. Die Kritik der Kritik aber nur auf diese zu verengen, heißt der fälligen Diskussion ausweichen. In ideologischer Hinsicht ist der Neonazismus in Deutschland keineswegs das Hauptproblem; die Neue Rechte ist es da schon sehr viel mehr.

Natürlich findet sich bei Weissmann kein knallhart vorgetragener kollektivistischer Ansatz. Aber unschwer ist zu erkennen, vor allem in seinem Buch, wie sich die gesamte Agenda der Neuen Rechten wie ein roter Faden durch die Publikation zieht. Selbstverständlich spielt dabei der Hinweis auf die Umerziehung eine zentrale, steuernde Rolle. »Mit Hilfe historischer Klischees sollte das Selbstverständnis der Deutschen völlig verändert werden«, Klischees, die auf einer »wirklichkeitsferne(n) Idealisierung der angelsächsischen und einer Karikatur der deutschen Geschichte« basierten. Die Umerziehung ist sozusagen ein letzter Angriff der »Groß-Abstraktionen«, die den Gedanken von 1789 und der Aufklärungsphilosophie folgten, aber bloß »utopischen Charakter« hatten. Die in diesen Utopien zentralen Zielvorstellungen »der Gleichheit, des Friedens und der Gerechtigkeit« konnten sich wegen ihrer Unterstützung der feindlichen Brüder, nämlich der USA und der Sowjetunion, über das ganze 20. Jahrhundert bis zum Niedergang des Kommunismus halten. In dieser Szenerie spielt dann natürlich Deutschland für Weissmann nur eine passive Rolle, Deutschland als Spielball im »Weltbürgerkrieg«. Im Rahmen *dieses* Weltbürgerkrieges ist für Weissmann die Frage nach der Verursachung des Zweiten Weltkrieges quasi logisch ableitbar. So findet man kein Wort über Hitlers Kriegsbeginn in Weissmanns Buch, sehr wohl aber den in diesem Zusammenhang vielsagenden Satz: »Spätestens seit 1937 betrachtete Roosevelt den Konflikt zwischen den Vereinigten Staaten, Deutschland und Japan als unausweichlich.«

Erst jetzt, nach dem Untergang des einen der feindlichen universalistischen Brüder, der Sowjetunion, kann der Blick laut Weissmann wieder frei werden für eines der in der Geschichte »wenigen wirklich erkennbaren Gesetze«, nämlich der Durchsetzung des »Partikularen«, das heißt der Nationalstaaten. Insofern war natürlich auch nicht 1933, also die Machtübernahme der Nazis, »der tiefste Einschnitt für Deutschland«, sondern 1945, denn erst »der Zusammenbruch zwang die Deutschen in eine völlig anormale Situation«: Deutschland war keine Nation mehr. Erst mit dem Jahre 1989, also mit dem Beginn der Wiedervereinigung, kehrt Deutschland wieder in die Geschichte zurück. Unter diesen ideologischen Koordinaten versteht sich von selbst, daß in dem Buch so gut wie nicht darüber diskutiert wird, wie die pluralistische und freiheitliche, sozial-, rechts- und bundesstaatliche Demokratie nach der Wiedervereinigung aussehen soll, sondern nur die Frage der nationalstaatlichen Geschlossenheit, die Sorge um den »Leviathan«, dominant ist. Wirklich – Karlheinz Weissmanns Buch könnte geradezu als ein Kompendium der neuen Ideologie der Neuen Rechten in die Geschichte eingehen. Man muß es noch nicht einmal besonders intensiv dechiffrieren, obwohl die vielen, ganz selbstverständlichen Hinweise auf die »Wirklichkeit« und geschickt zusammengestellte Zitate aus allen

möglichen politischen Richtungen manchen Leser, der die Melodie nicht gut kennt, sie auch nicht so schnell erkennen lassen: Sozusagen das Deutschland-Lied in kammermusikalischer Flötenbesetzung und mit undeutlich gemurmelter erster Strophe.
Kaum ist dieses Buch in die politische Debatte eingedrungen – man liest plötzlich noch häufiger vom notwendigen Ende des deutschen politischen »Verzwergungswunsches«[36] und davon, daß es endlich an der Zeit sei, daß die deutsche Außenpolitik durch deutsche Interessen definiert sein soll –, da wird dann gleich das nächste Thema nachgeschoben in Form eines beim Propyläen-Ullstein-Verlag herausgegebenen Bandes über »Westbindung«.[37] Hier beeindruckt in der Tat der große Kreis von Autoren, aber Armin Mohler hat schon recht in seiner Einschätzung dieses Bandes, daß hier ein »Paradigma-Wechsel«[38] deutscher Politik intendiert ist: Erst wenn Deutschland seine Verzwergungszeit hinter sich bringe und sich aus der Umerziehungsschule verabschiede, werde die Normalität der deutschen Nation beginnen können.
Man muß solche Publikationen in ihrer Wirkung nicht überbewerten, aber Heiner Geißler liegt wohl nicht ganz falsch mit seinem Hinweis auf die publizistische Macht, die heute den Nationalismus vorantreiben will. Wir werden später sehen, wie sich diese Gedanken der Neuen Rechten in verschiedenen Bereichen bereits entropisch breitgemacht haben – vielleicht in verdünnter Weise, aber dennoch unübersehbar. Helmut Schmidt sieht in seinem Buch: »Handeln für Deutschland« bisher nur die *Gefahr,* Deutschland könne in Zukunft einen Rechtsruck erleiden, weil den rechten Gruppierungen und Parteien noch die »intellektuellen Köpfe« fehlten, aber man könne »nicht ausschließen, daß solche noch auf die Bühne treten werden. Wir sind immer noch ein gefährdetes Volk.«[39] Er hat recht mit seiner

Einschätzung, was die parteipolitische Szenerie angeht. Unrecht allerdings hat er, wenn man an den Einfluß der Neuen Rechten auf das politisch-kulturelle Klima denkt. Aber es ist schon so, daß man oft nur die Phänomene wahrnimmt, die in irgendeiner Weise organisiert und auch abrupt in die Öffentlichkeit treten. Langsame Veränderungen erblickt man dagegen nur, wenn man gezielt hinsieht. Und so ist es wohl wenig wahrscheinlich, daß es in Deutschland demnächst auch nur zu einem Aufschrei gegen die Neue Rechte kommen wird, wie er im Spätsommer 1993 durch Frankreich hallte, als Publizisten und Wissenschaftler aus vielen unterschiedlichen Lagern in Sorge um die politische Kultur der Offenheit und Freiheit in ihrem Lande mit einem Manifest auf das Wirken der dortigen Nouvelle Droite aufmerksam machten[40].

Kapitel 5

Die Neue Rechte und die Rechtsaußen-Parteien, »Die Republikaner« *oder:* Das Dilemma des Verfassungsschutzes

Die Neue Rechte – eine Verschwörung?

Bei vielen meiner Vorträge zur Neuen Rechten wurde ich in den letzten Jahren gefragt, ob ich denn nicht die Bedeutung dieser politischen Richtung zu hoch ansetzte. Begründet wurde die Skepsis meist mit der Feststellung, daß die drei Rechtsaußen-Parteien DVU, NPD und »Republikaner« (REPs) bei den Wahlen doch ziemlich mager abschnitten. Und selbst wenn sie einmal auf kommunaler Ebene oder gar bei Landtagswahlen die Fünf-Prozent-Hürde genommen und ein paar Mandate erobert hätten, sei es um sie doch recht schnell wieder ruhig geworden, weil sie in den Parlamenten kaum auffielen. Bei Fragen solcher oder ähnlicher Art zeigt sich, daß die meisten Menschen eine bestimmte politisch-ideologische Denkrichtung sehr eng mit einer praktisch-politischen Organisation beziehungsweise Partei verbinden. Dieses Phänomen ist auch gar nicht verwunderlich, denn die Kennzeichnung der Bundesrepublik Deutschland als parlamentarische Demokratie dürfte für die meisten Bürgerinnen und Bürger ganz selbstverständlich sein: Politik geschieht danach im parlamentarischen Raum mit seinen Parteien, sei es als Aushandeln von praktischen Entscheidungen, sei es, allerdings schon sehr viel seltener, als Auseinandersetzung um politisch-ideologische Weichenstellungen, um Richtungskämpfe. Gerade die »etablierten«

Parteien bestimmen dabei ganz eindeutig die Szene. Fernseh- und Rundfunkhäuser, Zeitungen und Zeitschriften werden den verschiedenen Parteien zugeordnet, nicht umgekehrt.
Von diesem Verständnis her ist es in der Tat schwer, das Phänomen der Neuen Rechten zu begreifen, zumal sich noch nicht einmal eine klar erkennbare Personengruppe oder Organisation als Träger neurechten Gedankenguts vorzeigen läßt, sondern bestenfalls Hinweise auf ein »Geflecht« kleiner Gruppen, die miteinander kooperieren, aber auch oft konkurrieren, die Szenerie umschreiben können. Die allerwenigsten dieser Gruppen, Zeitschriften oder Veranstaltungen sind eben in der Öffentlichkeit bekannt. Und so drängt sich dann sehr oft beim Publikum der Eindruck auf, es handle sich bei der Neuen Rechten um eine regelrechte Verschwörung, die die Öffentlichkeit scheue und auf geheimen Wegen die Bundesrepublik unterminiere.
Es ist in der Tat schwer, verständlich zu machen, daß der Versuch, die kulturelle Hegemonie zu erreichen, nicht sofort an Zentralstellen des öffentlichen Kommunikationsnetzes ansetzen wird, denn dort würde er umgehend zu einem Machtkampf führen, der der Öffentlichkeit nicht verborgen bleiben könnte. Vielmehr ist zu erwarten – und die Entwicklung der Neuen Rechten bestätigt dies –, daß es sinnvoller ist, geduldig an vielen kleinen Schaltstellen einer Gesellschaft anzuknüpfen. Es läßt sich aber feststellen, daß es immer wieder Versuche der Neuen Rechten gab, den Kampf um die kulturelle Hegemonie zu forcieren, indem man doch in den praktisch-politischen Handlungsraum vorstieß, um von dort auch größere öffentliche Aufmerksamkeit zu erregen: Die Veröffentlichung des Heidelberger Manifests 1981 war ein solcher Schritt; ein anderer war der publizistische Auftritt eines sogenannten »Deutschlandrats«, dem die uns schon bekannten Bernard Willms, Robert Hepp, Armin Mohler, dazu der Histori-

ker Hellmut Diwald, der Politikwissenschaftler Hans-Joachim Arndt, der Völkerrechtler Wolfgang Seifert und Franz Schönhuber angehörten: »Dies ist die Lage: Deutschlands Vergangenheit heißt Niederlage und Schuld, seine Gegenwart ist Teilung und Fremdbestimmung, seine Zukunft erscheint hoffnungslos.«[1] Im »Siegburger Manifest« vom 16. Juni 1985, dem ersten bekannteren programmatischen Text der REPs, ist diese Passage fast wörtlich in die Präambel aufgenommen worden. In der Deutschland-Erklärung hieß es weiter, daß als Voraussetzung für ein »selbstverständliches Nationalbewußtsein« die »Entkriminalisierung unserer Geschichte« nötig sei. Auch dieser Satz findet sich im Siegburger Manifest wörtlich wieder.

Die Rechtsaußen-Parteien – parteiliche Fleischwerdung der Neuen Rechten?

Natürlich sind diese Übereinstimmungen nicht zufällig – schließlich verklammerte ja Franz Schönhuber den Deutschlandrat und die Partei der REPs. Von größerem Beachtungswert ist aber, daß mit Ausnahme von Hellmut Diwald kein anderer der erwähnten Herren bei den REPs später in parteioffizieller Rolle aufgetreten ist. Mohler schrieb zwar auch für das Parteiblatt »Der Republikaner«, aber Diwald formulierte immerhin die Präambel des Programms von 1990.[2] Das war jedoch zu einem Zeitpunkt, als verschiedentlich »von außen« Schönhuber empfohlen wurde, seine Partei zu »intellektualisieren«, um sie für Koalitionen mit den C-Parteien und auch für jene attraktiver zu machen, die als rechte Intellektuelle auf der Suche nach einem politischen Betätigungsfeld seien.

Bis 1983 hatten viele Konservative in den C-Parteien auf die versprochene Wende gegenüber der sozialliberalen Politik gehofft. War schon von daher die Enttäuschung darüber groß, daß in vielen Politikfeldern die neue Regierung aus CDU/CSU und FDP allzusehr in den Gleisen ihrer Vorgängerin blieb, so verbitterte es manche ganz besonders, als bekannt wurde, daß ausgerechnet Franz-Josef Strauß einen Milliardenkredit an die DDR eingefädelt hatte. Im Herbst 1983 gründeten deshalb die bisherigen CSU-Bundestagsabgeordneten Ekkehard Voigt und Franz Handlos zusammen mit dem Journalisten Franz Schönhuber, der in Bayern über den Bayerischen Rundfunk durchweg als bekannte Größe galt, die Partei »Die Republikaner«. Zuletzt war Schönhuber stellvertretender Chefredakteur des Bayerischen Rundfunks gewesen. Die beiden CSU-Abgeordneten hatten in ihren Austrittsschreiben aus der CSU nicht nur damit argumentiert, daß sie diesen Milliardenkredit auf keinen Fall mitverantworten wollten, sondern daß sie auch die autoritäre Führung der Partei durch Strauß und die Einschüchterungsversuche von Querdenkern satt hätten.[3] War mit der Gründung der REPs ursprünglich eine Partei geplant, die nur die Unzufriedenen an einer vermeintlich nicht konservativ genug argumentierenden und handelnden CSU sammeln sollte, so mußten die personellen Verbindungen und politischen Orientierungen Schönhubers, die, wie wir sahen, intensiv im Geflecht der Neuen Rechten wurzelten, die beiden Mitgründer bald verunsichern. Hier beginnen bereits die innerparteilichen Querelen, die die REPs in (un)regelmäßigen Abständen immer wieder erschütterten, mit zum Teil oft geradezu grotesken Formen. Man blieb nicht nur beim deftigen Streit, sondern belegte sich gegenseitig teilweise sogar mit Parteiausschluß.

Dabei hatten es die REPs anfangs sogar noch günstig getroffen, weil sie sich unter dem Vorsitz von Schönhuber deutlich vom »organisierten Rechtsextremismus der Stigmatisierten (DVU,

NPD)«[4] fernzuhalten wußten. Der Ruf der etablierten Parteien nach Observierung der REPs durch den Verfassungsschutz ertönt erst viele Jahre später. Hans-Gerd Jaschke hat zu Recht in seinem Buch über die Republikaner auf die vielfältigen Kritiken aus einem konservativen Umfeld an die Adresse der C-Parteien verwiesen, die zwar häufig außerhalb der CDU/CSU abliefen, aber nicht feindlich gegen sie gerichtet waren[5]. Da diese Kritik jedoch auf Dauer nicht zu fruchten schien, mehrten sich die Stimmen, die versuchten, die REPs davon zu überzeugen, daß sie eine Chance hätten, durch Koalitionen in Bund und Ländern die Unionsparteien weg von der »liberalistischen« FDP wieder auf den rechten Weg zu führen. Den Grund für eine derartige machtpolitische Annahme sahen die Kritiker in der Tatsache zunehmender Wahlerfolge der REPs. Hatte noch der Einzug der Schönhuber-Partei in das Westberliner Abgeordnetenhaus von 1989 mit 7,5 Prozent nach immerhin respektablen 3,0 Prozent bei der Landtagswahl in Bayern 1986, jedoch stark enttäuschenden Ergebnissen um die ein Prozent in Bremen, Baden-Württemberg und Schleswig-Holstein 1987/88, große Überraschung ausgelöst, so schien das Abschneiden der REPs bei den Wahlen zum Europa-Parlament im selben Jahr mit 7,1 Prozent und sechs Mandaten auf eine Stabilisierung dieser Partei hinzudeuten. Die darauffolgenden Wahlen nach dem Fall der Mauer 1989 brachten jedoch herbe Enttäuschungen. Nur bei der Landtagswahl in Bayern 1990 blieb man bei sonstigen Ergebnissen zwischen ein und drei Prozent mit 4,9 Prozent der Stimmen knapp an der Fünf-Prozent-Hürde hängen. Erst die Landtagswahl von Baden-Württemberg vom Frühjahr 1992 bescherte den REPs mit 10,9 Prozent wieder einen sensationellen Erfolg.

Zwischen 1989 und 1992 lag für die REPs eine Zeitspanne, die für sie die entscheidende Wende in der politischen Reputation

durch die etablierten Parteien hätte bringen können. Vom rechten Rand der CDU und von Wanderern auf dem schmalen Grat zwischen Neuer Rechter und Konservatismus ertönte immer wieder die Aufforderung an die Unionsparteien, nicht zu früh die Türe zu den REPs zuzuschlagen, sondern in aller Offenheit in ihnen einen möglichen Koalitionspartner zu sehen. Bedeutendster Promoter dieser Richtung war der ehemalige Westberliner Innensenator, der CDU-Abgeordnete Heinrich Lummer. Aber auch der Stuttgarter Sozialphilosoph und Vordenker im Studienzentrum Weikersheim, Günter Rohrmoser, der sich gern auch als Berater des verstorbenen Franz-Josef Strauß feiern ließ, tat alles, um mögliche Differenzen zwischen der CDU/CSU und den REPs abzubauen. In einem Interview mit der emporstrebenden *Jungen Freiheit* (2/1989), die ihr neurechtes Programm unter dem unverdächtigeren Begriff »jungkonservatives« Denken zu kaschieren versucht(e), signalisierte Rohrmoser, daß der Einzug der Republikaner in das parlamentarisch-politische Getriebe »eigentlich zur Normalisierung der Demokratie beitragen« sollte, sehr wohl zur Kenntnis nehmend, daß es sich bei den Republikanern um eine »rechtspopulistische Partei« handelte.
Rohrmoser spart zwar nicht mit herber Kritik an den REPs: »Sie haben nicht im entferntesten das, was man eine Theorie oder gar eine Philosophie nennen könnte. Sie haben enorme Mängel in ihrer Infrastruktur, und sie haben auch kein wirklich attraktives Angebot an Führungspersonal. Das heißt also, die Republikaner sind mehr Ausdruck der Lage, als daß man in ihrer gegenwärtigen Verfassung Hoffnungen mit ihnen verbinden könnte, sie könnten auch in Zukunft entscheidende Probleme der Demokratie in der Bundesrepublik befriedigend beantworten.« Er setzt aber auf die Möglichkeit einer Veränderung der REPs und ermuntert diese dazu ausdrücklich. In der selbstkritischen Feststellung Schönhu-

bers, seine Partei habe ein »Intellektualisierungsdefizit«, sieht Rohrmoser das Licht am Horizont. Wenn es Schönhuber gelänge, so Rohrmoser, »die intellektuelle Kapazität, die ihm in der Bundesrepublik möglicherweise zur Verfügung stehen könnte, auch für sich (zu) mobilisieren«, dann könnte er gegen »diese gegenwärtig von fast allen Etablierten gegen ihn geführte Faschismuskampagne« angehen und durch eine »Überwindung des Theoriedefizites« … »sich für noch größere Kreise der Bevölkerung als eine mögliche vertretbare Position auf dem Boden des Grundgesetzes der Bundesrepublik Deutschland darstellen«. In dieser Intellektualisierung sieht Rohrmoser »vielleicht die entscheidende Überlebensfrage der Republikaner überhaupt«. Nötig wäre eine solche Strategie nach den Ausführungen Rohrmosers auch für die Bundesrepublik insgesamt, denn im Resultat der Berliner Wahl von 1989 sieht Rohrmoser »das Ende der CDU als das äußerste Resultat einer politischen, geistigen und moralischen Knochenerweichung, in der sie wirklich zu einer Allerweltspartei geworden ist«. Wenn sich diese, wie er einen Atemzug später sagt, »Gemüseladenpartei … nicht überhaupt von der Politik verabschieden will«, dann werde sie »gezwungen sein, mit den Republikanern eine Koalition zu schließen, ob ihr das nun paßt oder nicht. Darum sind die ausgesprochen widerspruchsvollen Erklärungen aus den Reihen der CDU-Führung zu dem Phänomen der Republikaner zum Teil von großer politischer Unklugheit gekennzeichnet, um nicht einen anderen Begriff zu gebrauchen.«
Als Helmut Kohl ein paar Monate später Heiner Geißler als Generalsekretär der CDU entließ, gab es genügend Stimmen, die diesen Schritt als ein Angebot in jene Richtung interpretierten, für die Günter Rohrmoser ja nur als ein, wenngleich prominenter Vertreter sprach. Heiner Geißler hatte nämlich nichts unversucht gelassen, unter anderem mit Hilfe teilweise vorzüglicher wissen-

schaftlicher Studien aus der Konrad-Adenauer-Stiftung, darauf hinzuweisen, daß die Republikaner eben nicht Fleisch vom Fleisch der CDU seien.

Bei Schönhuber dagegen trafen Argumente wie die von Rohrmoser auf großen Widerhall. So setzte er sofort eine Kommission zur Formulierung eines neuen Parteiprogrammes ein, zu der er eine Reihe Intellektueller aus dem neurechten Umfeld gewinnen konnte. Da auch immer wieder auf verfassungsrechtlich problematische Passagen im vorhergehenden Parteiprogramm in der kritischen Öffentlichkeit hingewiesen worden war, beeilte sich Schönhuber mit der Erklärung, er habe auch einen Beamten aus dem Verfassungsschutzamt Nordrhein-Westfalen für diese Gruppe gewinnen können. Ein weiterer Schritt versprach sogar, auf Dauer noch größere Wirkung bei der Reputationsfrage zu erzielen. Zusammen mit Alexander von Schrenck-Notzing gründete er den Republikanischen Hochschulverband (RHV), der ausdrücklich diese Intellektualisierungskampagne vorwärtstreiben sollte. Mit dem jungen Studenten, Sohn des *Criticón*-Herausgebers Caspar von Schrenck-Notzing, hoffte Schönhuber, in das reputierliche konservative Umfeld der *Criticón*-Gemeinde noch stärker eindringen zu können. In dieser Zeitschrift schrieb ja alles, was im Konservatismus Rang und Namen hatte, aber auch jene neurechten Kreise publizierten dort, die sich um den Mitgründer dieser Zeitschrift, Armin Mohler, scharten.

Ein knappes Jahr später jedoch steckten die jungen Studenten des RHV, die sowohl aus dem Ring christlich-demokratischer Studenten (RCDS) als auch aus Burschenschaften ebenso wie von den NPD-nahen jungen Nationaldemokraten gekommen waren, wieder auf. Der Vorsitzende, Alexander von Schrenck-Notzing, erklärte das Scheitern der Intellektualisierungskampagne damit, daß es »unmöglich (sei), in diese Partei mehr Niveau hineinzutragen«. »Republikaner«-Chef Franz Schönhuber habe den Idealismus der Studenten mißbraucht und eine Qualifizierung der Partei »niemals wirklich angestrebt«. Weiterhin begründete der RHV-Vorstand seine Entscheidung mit der »ungehemmten Tätigkeit von Extremisten«.[6] Immerhin hatte der RHV Ortsgruppen an neun Universitäten, wobei die Münchner und Freiburger Gruppen besonders wichtig waren: In München erfolgte die Gründung im Haus der Burschenschaft »Danubia«, in Freiburg arbeiteten RHV-Studenten in der Redaktion der *Jungen Freiheit* (JF) mit. Der Bruch zwischen den REPs und dem RHV verweist nur wieder einmal deutlich auf die inneren Spannungen in dieser Partei, die dann im Laufe der nächsten Jahre verschiedentlich eskalierten. Ende 1991 etwa erfolgte mit der Gründung der »Deutschen Liga« eine Abspaltung, die viele der bekannteren Köpfe von den REPs wegführte, so den ehemaligen Generalsekretär der REPs und Europaparlamentsabgeordneten Harald Neubauer.

Hans-Gerd Jaschke glaubt, daß die »Deutsche Liga« auf Dauer »durchaus eine ernstzunehmende Konkurrenz für Schönhuber werden« könnte.[7] Mittlerweile ist, um ein weiteres prominentes Beispiel zu nennen, auch Prof. Emil Schlee den REPs entrückt. Schlee, 1979 bis 1985 Ministerialrat im Sozialministerium in Schleswig-Holstein, trat 1984 aus der CDU aus. Seit 1988 war er Mitglied der Führungsspitze der Republikaner und offenbar zwischendurch auch zu einer direkten Zusammenarbeit der REPs mit der NPD bereit.[8] Der Beitritt Schlees zu den Republikanern hatte übrigens Friedrich Karl Fromme in einem Kommentar der *FAZ* (vom 9. 5. 1988) zu der Behauptung veranlaßt, man könne die »Republikaner« wohl kaum als »rechtsradikal« bezeichnen.[9]

Anfang der neunziger Jahre kam es zu massiven Reibereien, unter anderem bei den Berliner REPs, die in der Öffentlichkeit stark wahrgenommen wurden, und als 1990 der Journalist Michael

Schomers ein Buch[10] und einen Fernsehbeitrag veröffentlichte, in denen er von seinen siebenmonatigen Erfahrungen bei den Kölner REPs berichtete, die er dort inkognito gemacht hatte, wurde einmal mehr der Öffentlichkeit bewußt, welch rechtsgewirktes, nationalistisches und durchweg auch Gedanken an Gewalt nicht abholdes Völkchen sich dort gefunden hatte.
Kein Wunder, daß sich nach all diesen Erfahrungen die Zusammenarbeit mit konservativen und neurechten Intellektuellen nicht so ganz problem- und reibungslos abwickeln konnte. Kein Wunder auch, daß sich immer weniger einflußreiche konservative Politiker und Intellektuelle, von Heinrich Lummer einmal abgesehen, für die REPs in den letzten Jahren verwendeten, wenn es darum ging, sie vom Verfassungsschutz observieren zu lassen. Mit einer Partei, die auch nur ansatzweise im Bewußtsein der Bevölkerung mit dem Geruch der Halbwelt verbunden wäre, mochten verständlicherweise weder die jungen noch die älteren Herren aus der feinen Welt der rechtskonservativen Schickeria etwas zu tun haben. Dieser mentale Unvereinbarkeitsbeschluß muß wenigstens bis Ende 1992 massive Wirkung gezeigt haben, denn wie käme sonst die neurechte Postille *Junge Freiheit* aus Freiburg zur Ermahnung an die »Konservativen«, sich nicht denjenigen anzuschließen, die die »Republikaner« zur MPD (zur »meistbekämpften Partei Deutschlands«) machen wollten, sondern sich gegen alle gesellschaftlichen Widerstände zum Engagement bei den REPs zu entschließen. Deutlich sieht man bei der *Jungen Freiheit:* »Wer hier Engagement zeigt, gerät in gesellschaftliche Isolation, kann seine Karrierepläne einrollen und verfällt allgemeiner moralischer Ächtung.« Soweit der Außendruck – aber feinfühlig wird auch an den Innendruck gedacht: »So mancher soll auch ein bohrendes Unbehagen in Schönhuber-Veranstaltungen verspüren, wo er in Festzelten neben Bierfahrern,

Maurergehilfen und Lagerarbeitern sitzen muß: Wird dann auch noch im örtlichen Kreisverband nicht er, sondern der Gärtner Hans Huber zum Vorsitzenden gewählt, ist's endgültig zuviel: Er verläßt die Partei, wenn er denn jemals eingetreten ist.« Dennoch, so die Ermahnung, »sollte sich der Konservative für eine Mitarbeit bei den Republikanern nicht zu schade sein«.[11] Was war aber aus den Bemühungen geworden, den REPs eine neue, intellektuell ansprechendere und eine konservative Klientel einholende Parteiprogrammatik zu verpassen?

Die REPs haben in ihrer bisherigen Geschichte, die gerade einmal zehn Jahre währt, schon fünf Parteiprogramme benötigt. Sicherlich ist durch die deutsche Einigung eine Zäsur erfolgt, die eine Neuformulierung des auch vom Parteiengesetz geforderten Grundsatzdokumentes nötig werden ließ. Es ist aber auch deutlich zu erkennen, daß ein jeweils neues Parteiprogramm besonders dem Druck, der von außen an die Partei herangetragen wurde, Rechnung tragen sollte. Denn nicht nur die Art und Weise, wie in elitären Parteigremien solche Programme entworfen werden, sondern auch die Art und Weise, wie auf den Parteitagen die Verabschiedung eines neuen Programms geradezu autoritär von Schönhuber durchgeboxt wird, zeigt, daß es viel weniger innerparteilicher Druck ist, der zu Revisionen führt. Was haben also Parteiprogramme bei den REPs überhaupt für einen Wert? Sind sie über die Tatsache hinaus, daß nach § 1 und § 6 des Parteiengesetzes alle politischen Parteien ein schriftliches Programm haben müssen, überhaupt das Papier wert, auf dem sie stehen? Zum ersten Parteiprogramm der NPD von 1967 ist der parteioffizielle Satz vom bloß »formalen Charakter eines Parteiprogrammes« überliefert, aus dem die Wähler »keine bindenden Schlüsse« auf das tatsächliche politische Verhalten der NPD ziehen könnten[12]. Der erste stellvertretende Vorsitzende des Bundesschiedsgerichts der Partei »Die Republikaner«, ein promovierter Rechtsanwalt, äußerte mir gegenüber in einem Schreiben vom 13. 12. 1992 recht unverblümt seine Meinung zum Parteiprogramm von 1990. Vorher schilderte er kurz, wer an der Formulierung beteiligt war: »Den Entwurf des Parteiprogramms von 1990 erarbeitete eine Kommission unter Leitung von Prof. Emil Schlee, MdEP (zwischenzeitlich aus der Partei ausgeschieden). Die Präambel stammt im wesentlichen von dem Erlanger Historiker Prof. Hellmut Diwald (zwischenzeitlich emeritiert und nie Parteimitglied). Die Aussagen zur Sicherheitspolitik sind unter Beteiligung des früheren Kommandanten der NATO-Verteidigungsakademie in Rom, General a. D. Franz Uhle-Wettler, formuliert worden. Die *taz*-Spekulation, wonach ›Juristen‹ und ›Verfassungsschützer‹ das Programm von Zeit zu Zeit ausjäten, ist – ich muß sagen: leider – barer Unsinn und wird dadurch nicht wahrer, daß Wissenschaftler sie weitererzählen. Kaum ein Mensch kommt wegen des Programms zur Partei, und im Gegensatz zum Kommentator[13] habe auch ich es nie von vorn bis hinten durchgelesen. Gemäß § 6 Abs. 1 PartG muß die Partei jedoch ein schriftliches Programm haben, und gemäß § 1 Abs. 3 PartG sollen darin ihre Ziele stehen.« Und jetzt bricht die ganze Verärgerung des Juristen durch: »Auf das Programm ist viel Geld verpulvert worden. Uns vom BSchG (= Bundesschiedsgericht, W. G.) stört der hämmernd-pathetische Ton und nicht selten auch die Aussagen. Wegen der vollzogenen Vereinigung mit der ehemaligen DDR steht eine Aktualisierung der Aussagen über die Parteiziele an, also eine Überarbeitung des Ganzen. Diesmal wollen wir Juristen uns da reinhängen und die Kommissionsleitung beanspruchen. Neben dem politologischen Interesse des BSchG-Vorsitzenden rührt das daher, daß wir von Amts wegen die Rechtsabgrenzung der Partei (was keine andere Partei nötig hat) durch

Grundsatzurteile zu markieren und zu verteidigen haben, während uns angeheuerte Professoren da schwülstige Phrasen ins Programm pflanzen, die teils nie zutrafen, ... aber von Leuten ausgeschlachtet werden, die uns von Hause aus übel wollen. Außerdem glauben wir mehr Erfahrung zu haben als die Kathederleute, weil wir von den Ausschlußbedrohten die Argumente der Klientel immer wieder zu hören kriegen, Volkes Stimme besser kennen.«[14]

Es ist sicher richtig, daß viele Parteimitglieder, und dies nicht nur bei den REPs, die Parteiprogrammatik im Wortlaut kaum kennen. Andererseits sind solche Programme nicht selten Instrumente im innerparteilichen Konkurrenzkampf. Wer seine programmatische Sicht gegen andere durchdrücken kann, ist seinen Konkurrenten im innerparteilichen Machtkampf ein Stück voraus; und manchmal kann der Verweis auf die Programmatik durchweg zu Ausschlüssen »Abtrünniger« führen. Der Begriff »Programmatik« soll jedoch deutlich machen, daß dazu nicht nur das Dokument »Grundsatzprogramm der Partei« zählt, sondern im Normalfall auch weitere programmatische Äußerungen zu Wahlkämpfen oder bestimmten Sachthemen bis hin zu Grundsatzreden der Parteispitze gehören können. Wenngleich es gar nicht selten vorkommt, daß innerhalb der Gesamtmenge programmatischer Schriften und Äußerungen nicht alles nahtlos zusammenpassen muß, kann Grundsatzprogrammen dennoch ein »prä« eingeräumt werden. Im Zweifelsfalle können sie ein gewisses Legitimationsrecht beanspruchen; daher sind sie auch Objekt besonderer Beobachtung, wenn es Zweifel an der Verfassungsmäßigkeit einer Partei gibt.

Wie die schon oben erwähnte Übereinstimmung der Erklärung des Deutschlandrates und des Siegburger Manifests in den Kernaussagen zeigt, versuchen die Grundsatzprogramme der REPs, eine Verständigung untereinander und ein Verständigungsangebot an sympathisierende Kreise über die zentralen Ausgangspunkte der politischen Weltsicht aufzuzeigen. Eine vergleichende Analyse der Parteiprogramme der Rechtsparteien insgesamt (REPs, DVU, NPD) zeigt[15], daß trotz aller unterschiedlichen Verbalisierungen ein ideologischer Kernbestand herauszufiltrieren ist, der identisch ist mit dem Grundansatz der Neuen Rechten, wie er weiter oben etwa in Anlehnung an Bernard Willms herausgearbeitet worden ist. Auch wenn wir bedenken, daß das erste Parteiverbot in der Bundesrepublik 1952 die rechtsextreme Sozialistische Reichspartei (SRP) traf und deshalb im Rechtsaußen-Bereich, gewitzt durch diese Erfahrung, ständig eine große Aufmerksamkeit bestand, nicht mehr in die Parteiverbotsfalle zu tappen, kann man dennoch nachweisen, daß das Kernstück der Ideologie der Rechtsparteien nach wie vor die zentrale Bedeutung des »Volks«, der »Nation«, des »Staates«, also eines menschlichen Kollektivs ist, demgegenüber andere Kollektive, aber auch »jeder einzelne Mensch als einzelner ... eine potentielle Bedrohung der jeweiligen Ordnung« darstellen[16].

Lassen wir das Gründungsprogramm von 1983 beiseite, weil es noch zu sehr durch das Triumvirat Handlos/Voigt/Schönhuber geprägt ist, und verzichten wir auch auf eine Analyse des kurzen Siegburger Manifests von 1985, da die dort formulierten Leitlinien im Programm von 1987, das hier durchleuchtet werden soll, aufgenommen und erweitert wurden. In diesem Programm läßt sich recht gut sehen, daß Ausgangs-, Dreh- und Angelpunkt das »menschliche Kollektiv« ist. Gleich zu Beginn wird eine völlig desolate Lage der »geteilten Nation des deutschen Volkes« festgestellt. Entscheidend dafür ist die »Umerziehung« der Deutschen durch die Siegermächte, gegen deren Ergebnisse, nämlich Kriminalisierung »deutscher Kultur, Geschichte und ihrer Menschen«, Weiterwirken der »Kriegspropaganda der Siegermächte« mit ihren »Übertreibungen und Fälschungen«, auch die jetzige Regierung nichts tue. Als oberster »allgemeiner Grundsatz« der REPs, um die bisher ausgebliebene »geistig-moralische Wende« endlich herbeizuführen, wird formuliert: »Wir Republikaner als eine deutsche Partei setzen uns für das Lebensrecht und die Menschenrechte aller Deutschen im Sinne des Grundgesetzes ein.«

Haben wir hier nicht die zentrale Stellung von Individualrechten? Ja und nein! In der Tat wird Individualrechten die Priorität eingeräumt; jedoch wird ausdrücklich die zentrale Absicht des Grundgesetzes mißachtet, derzufolge die Menschenrechte als Grundrechte jedem, also neben den Deutschen auch den Ausländern oder den Staatenlosen zu gewähren sind. In späteren Passagen wird dann auch noch recht deutlich die Nachrangigkeit des einzelnen Menschen gegenüber dem Staat herausgestellt. In den Ausführungen zur »Schaffung einer rechtsstaatlichen Ordnung« wird beispielsweise gefordert, »daß der Staat ... allen loyalen Bürgern die Grundlagen für persönliche Freiheit schafft und bewahrt«. Die REPs wollen also dem Individuum die Freiheit nur insoweit gewähren, als dieses sich schon vorher »loyal« den Homogenitätsansprüchen des Kollektivs untergeordnet hat. Auch in späteren Passagen finden wir Aussagen, denen zufolge »Staatsräson und Gemeinwohl Vorrang vor Parteiräson und Gruppeninteressen haben«. Mit solchen Äußerungen wird eine in der Pluralismuskritik von rechts häufige Formulierung wiederaufgenommen, der sich beim ersten Besehen in manchen politischen Alltagssituationen schon beipflichten ließe. Im Gesamtrahmen des REP-Programms jedoch erhalten solche Aussagen einen eindeutigen antipluralistischen Stellenwert, den Richard Stöss zu Recht in einen noch größeren Zusammenhang gestellt hat:[17] »Die

Republikaner vertreten ein autoritäres, obrigkeitsstaatliches Konzept. Sie wollen den Staat als Obrigkeitsfaktor stärken, betrachten die Institutionen und Strukturen der politischen Willensbildung mit Mißtrauen und streben eine Beschränkung des demokratischen Pluralismus an.« Diese ganzen Fehler und Mängel im Programm, die man in der Auseinandersetzung mit den REPs so offenkundig anprangern konnte, erforderten natürlich schnellstmögliche Remedur. Und so kam es zu dem Programm von 1990. Um allen Angriffen betreffend Verfassungstreue gleich den Wind aus den Segeln zu nehmen, beginnt dieses Programm mit dem Satz: »Wir Republikaner bekennen uns zu den, im Grundgesetz der Bundesrepublik Deutschland verankerten, Grundrechten.« Dann folgt ein – nachgedrucktes – Schaubild über diese Grundrechte. Auch in diesem Programm von 1990 wird wieder der Begriff »Umerziehung« verwendet. Hier hatte man offenbar schon kein Problem mehr mit der Bundesverwaltungsgerichtsentscheidung von 1982, wonach derjenige, der den Begriff »Umerziehung« für die Wiederbegründung der deutschen Demokratie unter dem Einfluß der westalliierten Besatzungsmächte nach 1945« verwendet, ein Verhalten zeigt, das »mit der freiheitlichen demokratischen Grundordnung nicht vereinbare Ziele verfolgt«.[18]

Genau zu dieser Grundordnung aber »bekennt sich« im ersten Kapitel das Programm und formuliert dabei, daß die REPs »für den pluralistischen Rechtsstaat« eintreten. In einer späteren Passage »bejahen« die REPs »den demokratischen und freiheitlichen Rechtsstaat«. Erst bei genauerem Hinsehen fällt auf, daß bei diesen zentralen Stellen eines der Staatsziele fehlt, das in Art. 20,1 und 28,1 GG unveränderbar (nach Art. 79,3 GG) festgelegt ist, nämlich die Sozialstaatskomponente. Ist dies nur ein Flüchtigkeitsfehler? Wohl kaum, denn man kann systematisch begründen, warum sich die REPs mit dem Sozialstaatspostulat so schwertun. Ein Vergleich mit dem Grundsatzprogramm der CSU von 1976 soll dies verdeutlichen. Dieser Vergleich ist auch besonders deshalb interessant, weil den REPs immer wieder der Vorwurf gemacht wurde, sie hätten von der CSU abgeschrieben. Wir wollen sehen, was es damit auf sich hat. Während das CSU-Grundsatzprogramm »den Schwachen, Hilfsbedürftigen, Notleidenden und sozial Benachteiligten« sieht, wird bei den REPs die »Auffassung« vertreten: »Wer Leistungen der Gemeinschaft beansprucht, hat ihr gegenüber auch Pflichten«, oder: »Wir bekennen uns zur sozial verpflichtenden (sic!) Marktwirtschaft, in der sich Einkommen auf Leistung und Privateigentum gründet.« Und in einem Satz, der noch im Programm-*Entwurf* fast wortwörtlich aus dem CSU-Grundsatzprogramm abgeschrieben, im endgültigen Programm ein wenig verändert wurde, wird der im Original verwendete Begriff »soziale Gerechtigkeit« wiederum um seine soziale Komponente verkürzt: »Nur ein demokratischer Staat, der rechtsstaatlichen Grundsätzen verpflichtet und mit Autorität ausgestattet ist, kann für Gerechtigkeit sorgen und Sicherheit und Schutz für alle Bürger gewährleisten.« Der kleine verbale Unterschied zwischen »Gerechtigkeit« und »soziale Gerechtigkeit« ist in Wirklichkeit sehr groß: Denn ohne die Sozialstaatskomponente verbleiben wir bei genau jenem Schutz-Gehorsams-Verhältnis, auf das bereits Carl Schmitt in Anlehnung an den totalen Staat des Leviathan hingewiesen hat. Der autoritäre Staat gewährt die von ihm festgelegte Gerechtigkeit sowie Schutz und Sicherheit. Erst mit dem Sozialstaatsprinzip erhält das Individuum *eigenständige* Ansprüche gegenüber dem Kollektiv, die sich aus seiner je individuellen Situation ergeben und die der Staat im Rahmen des Möglichen auch zu befriedigen hat. Im Sozialstaatsgebot geht es um die Rechte und Ansprüche der mit unantastbarer Würde ausgestatteten Person gegenüber dem Staat. So sagt etwa das CSU-Programm: »Der Sozialstaat hat die Pflicht, die eigenständige und selbstverantwortliche Lebensführung der Bürger zu unterstützen, die soziale Gerechtigkeit für alle zu verwirklichen und die besondere Fürsorge den Armen und Schwachen angedeihen zu lassen.«

Wie sehr bei den REPs die Gewichte zugunsten des Kollektivs und zu Lasten des Individuums verschoben sind, wird etwa auch bei den von ihnen unter anderem geforderten Erziehungszielen deutlich, nämlich »... eine bejahende Einstellung zu Volk, Staat, Nation, Heimat und Vaterland«. Zwar wird auch in manchen Länderschulgesetzen »die Liebe zur Heimat und zum Volk« als Erziehungsziel genannt, nirgendwo aber etwa eine »bejahende Einstellung« zum Staat, steht doch eine solche obrigkeitsstaatliche Vorstellung in diametralem Gegensatz zum Demokratiegehalt des Art. 20,2 GG: »Alle Staatsgewalt geht vom Volke aus.« Und der Ausdruck »bejahend« wehrt sich eben gegen jede kritische Haltung, die im übrigen in allen Schulgesetzen als wünschenswert angesehen wird, die aber – so jedenfalls das Verständnis der REPs – nur zu Konflikten führen könnte, die die Effizienz und die Überlebensfähigkeit des Staates gefährden müßten. Ein weiterer Beleg für die Geringschätzung des Individuums gegenüber dem Kollektiv ist im »Menschen- und Gesellschaftsbild« des Programms zu sehen, das »auf der schöpfungsgegebenen Vielfalt von Stämmen und Völkern, von Staaten und Nationen« beruht. Die zentrale Stellung jedes einzelnen Menschen in der Schöpfung, Grundlage des Menschenbildes im Grundgesetz, wird dagegen, selbst in dem einschlägigen Kapitel über »Kirche und Religion«, mit keinem Wort erwähnt.

Auch der Entwurf für das Parteiprogramm 1993 (bei der Formulierung der folgenden Kritik lag mir der »Entwurf der Bundesprogramm-Kommission in der vom Bundespräsidium am 9. Mai 1993 verabschiedeten Fassung«, also der dritten Fassung, hektographiert vor) hat sich im Prinzip gegenüber dem Programm von 1990 nichts geändert. Alles, was dort über den tatsächlichen Vorrang des Kollektivs vor dem Individuum im Denken der REPs und in enger Anlehnung an die Neue Rechte schon gesagt wurde, gilt auch hier wieder. Zusätzlich aber atmet dieses neue Programm jenen Geist, der sich in den letzten Monaten im Zusammenhang mit der Asyldebatte bei vielen festgesetzt hat. Mehr denn je wird in diesem Parteiprogramm Abschied vom republikanischen Prinzip des Artikel 20 GG genommen. Die weltbürgerliche Menschenrechtsorientierung wird ganz im Sinne des neuen Nationalismus gekappt.

Wenn es in der Präambel heißt, »Freiheit gründet in der Selbstbestimmung der Person und in der Selbstbestimmung des Volkes«, das »als Versammlung von Demokraten Herrschaft über sich selbst ausübt und andere von dieser Herrschaft ausschließt«, dann wird zwar verbal dem republikanischen und demokratischen Prinzip Rechnung gezollt. Ein paar Zeilen später jedoch wird von der »Freiheit der Völker in ihrer Gleichrangigkeit« gesprochen, die zusammen mit der Freiheit des Bürgers »den höchsten Rang in der Weltordnung« der Republikaner einnehmen. Mit dieser Veränderung vom Singular in den Plural wird genau jenem neurechten »Ethnopluralismus« Tribut gezollt, der die Welt in unterschiedliche, jedoch durchaus als gleichrangig angesehene ethnische Grundeinheiten betrachtet.

Daß gerade das »Modell Ethnopluralismus« bei den REPs sich großer Beliebtheit erfreut, kann einer Schrift des REP-Landesvorsitzenden von Nordrhein-Westfalen entnommen werden, die in der Reihe »Rechts – gedacht« erschien.[19] In dieser Schrift wird ausdrücklich darauf verwiesen, daß das Modell Ethnopluralismus

»ein Modell der NEUEN RECHTEN« sei, die sich »an den großen Philosophen und politischen Vordenkern wie Carl Schmitt« und anderen orientiere: »Während die NEUE RECHTE also mit ihren Mitteln konsequent ein neues Gesellschaftsideal herausarbeitet, setzen wir REPUBLIKANER die behandelte Theorie in aktuelle Politik um.«[20]

Mit dem Modell Ethnopluralismus nehmen die REPs aber auch jenen Artikel 116 GG auf, der mit der Regelung der Staatsangehörigkeit über das »ius sanguinis«, also über das Abstammungsprinzip, völkische Relikte beinhaltet und damit dem Republikprinzip widerstreitet. Daß die Republikaner in ihrem neuen Programm ausdrücklich »für den Erhalt des im Grundgesetz verankerten Abstammungsrechts« eintreten, ist bei dieser Vorlage natürlich zu erwarten. So weit – so schlecht! Aber schon im nächsten Satz wird dieses Abstammungsprinzip politisch noch problematischer: »Das deutsche Volk als reelle Staatsnation ist im Gegensatz zu formellen Staatsnationen eine sich stets weiterentwickelnde Einheit von Abstammung, Sprache und Kultur.« Wie ist dieser etwas apokryph wirkende Satz zu verstehen? Er kann eigentlich nur bedeuten, daß die zukünftige Entwicklung Deutschlands dahingehend zu erfolgen hat, daß alles, was deutscher Abstammung, Sprache und Kultur ist, sich auf Dauer zusammenzuschließen habe. Natürlich scheut man im Programm der REPs noch die eindeutige Ausformulierung dieser expansionistischen Zielsetzung. Aber für alle, die verstehen wollen, gibt man doch schon einen kleinen Hinweis. Denn man erläutert sofort anhand der Politik gegenüber Auslandsdeutschen und ihrem Rückkehrrecht in die Heimat ihrer Vorfahren, was man meint. Dabei fällt ein Wörtchen ins Gewicht, das oft nicht allzuviel bedeutet: »In der praktischen Politik«, so wird erläutert, »wirkt sich das *auch* (Hervorhebung durch Verf., W. G.) dahingehend

aus, daß Millionen Auslandsdeutsche das Rückkehrrecht in die Heimat ihrer Vorfahren behalten.« – »Auch« – man fragt sich, wo denn noch, findet aber kein weiteres Beispiel mehr, jedenfalls nicht expressis verbis.
Ganz in Übereinstimmung mit dem Programm von 1990 haben die REPs auch 1993 wieder Schwierigkeiten mit dem Sozialstaatspostulat. Im Kapitel 1 »Bekenntnis zur demokratischen Grundordnung« vergessen sie wieder das Sozialstaatspostulat und setzen sich nur ein »für den pluralistischen Rechtsstaat«. Erst weit hinten im Programm, nachdem man sich, wie früher auch schon, zu so wichtigen Fragen wie der Jagd geäußert hat, findet sich das Kapitel 9: »Über Arbeit und Soziales.« Markant wird dort nachgeholt: »Dem Sozialstaatsprinzip des Grundgesetzes sind wir besonders verpflichtet.« Ein paar Zeilen später findet sich aber bereits eine erste Einschränkung: »Solidarität kann es aber nicht mit allem und jedem geben. Sie ist vielmehr auf die Überschaubarkeit der an ihr teilhabenden sozialen Schichten unseres Volkes angewiesen. Solidarität über alle Grenzen hinweg verliert ihren Sinngehalt und ihre Akzeptanz.« Wiederum: so weit – so schlecht! Nach der Asyldiskussion in Deutschland ist man ja schon einiges gewöhnt. Aber die REPs fahren in ihrem Programm sofort weiter: »Nur eine homogene Bevölkerung ist in der Lage, solidarisches Verhalten als Norm praktisch zu verwirklichen.« Hier wird, wenn der Satz denn einen Sinn haben soll, das Sozialstaatsgebot schlichtweg an eine Bedingung gebunden, die sich in Deutschland realistischerweise nie wieder verwirklichen läßt, wenn sie denn überhaupt jemals, auch nur in Ansätzen, verwirklicht war. Wen wundert es da noch, daß dann in diesem Programm – gegen alle empirische Triftigkeit – Arbeitslosigkeit und Wohnungsnot hauptsächlich mit dem Zustrom von Asylbewerbern nach Deutschland erklärt werden, und wen wundert es noch, daß

an einer anderen Stelle von jährlichen Asylkosten von »über 40 Milliarden DM« gesprochen wird, die vom Bundesinnenministerium als um den Faktor 8 überhöht dementiert werden.
Als Fazit läßt sich über das Parteiprogramm 1993 sagen, daß in bezug auf die Grundpositionen neurechten Denkens um keinen Deut gegenüber früheren Programmen Abstriche vorgenommen wurden; eher ist das Gegenteil der Fall. Die in der Bundesrepublik so emotional und populistisch geführte Asyldiskussion hat im neuesten REP-Programm sogar eine verschärfende Wirkung hervorgerufen.
Wie wir sehen, versuchen die REPs in all ihren Programmen, das Weltbild der Neuen Rechten in seinen Grundzügen zu übernehmen. Die Tatsache, daß diese Übernahme manchmal nur mit gebremstem Schaum, sprich: in weichen Formulierungen, die verfassungsrechtlich möglichst wenig anstößig sind, vorgenommen wird, kann leicht dazu führen, über Parallelen hinwegzulesen.
Sieht man sich die Parteiprogramme der beiden anderen Rechtsaußenparteien NPD und DVU an, dann wird man feststellen, daß zwar manchmal die Formulierungen bei diesen etwas harscher ausfallen, jedoch auch dort das Bemühen, nicht in die Verbotsfalle zu tappen, sichtbar wird. Insgesamt aber bestehen zwischen diesen drei Parteien, jedenfalls was ihre Programmatik angeht, viel weniger Unterschiede, als man es gemeinhin vermuten möchte, denn immerhin sind beide Parteien seit ihrem Bestehen Beobachtungsobjekte des Verfassungsschutzes und als solche Gegenstand der jährlich erscheinenden Verfassungsschutzberichte. Auch für ihre Programmatiken gilt, daß der ideologische Kernbestand der Rechtsparteien, nämlich die zentrale Bedeutung des Kollektivs und seine damit verbundene Vorrangigkeit vor dem Individuum, nachgewiesen werden kann. Die drei Rechtsaußen-Parteien NPD, DVU und REPs sind von ihren Intentionen

her sicherlich als parteiliche Inkarnation der neurechten Ideologie zu bezeichnen. Da diese Ideologie erkennbar für alle heute Bestandteil einer politischen Kultur ist, die ihren Schwerpunkt im Bereich zwischen Rechtsextremismus und Konservativismus hat, und über diese Brückenfunktion sich eine gewisse Unbedenklichkeit und Reputierlichkeit verschafft hat, versuchen diese drei Parteien, sich über diese Ideologie ihre verfassungsrechtliche Unbedenklichkeitsbescheinigung zu erwerben. Daß sich gerade auch bei der DVU und bei der NPD immer wieder, jedoch mehr im informellen Raum, altrechte Gedanken, wie etwa Verharmlosung des NS-Staates oder auch nationalistisch-chauvinistische Sprüche finden, ist sicherlich auch aus ihrer Geschichte und von daher aus ihrer stärkeren Verwurzelung in einem rechten Boden zu erklären, der nicht nur dem neurechten Gedankengut entstammt. Es scheint, daß bei den REPs die Nähe zur Neuen Rechten am ausgeprägtesten ist.

Der Verfassungsschutz im Dilemma zwischen diskursiver und staatsschützender Tätigkeit

Sieht man sich die Diskussionen um mögliche Koalitionen auf Bundes- oder Landesebene zwischen etablierten Parteien und Rechtsparteien der letzten Jahre näher an, so wird deutlich, daß NPD und DVU so gut wie nie als mögliche Koalitionspartner genannt wurden. Daß gegen diese Parteien ein ziemlich strikter Abgrenzungskurs gefahren wurde, hängt aber wohl weniger von den jeweiligen Führungspersönlichkeiten, Handlungsweisen und Programmen von DVU und NPD ab, sondern dürfte schlicht Ausfluß der Stigmatisierung durch die Verfassungsschutzbehörden sein.

Als bei der baden-württembergischen Landtagswahl im Frühjahr 1992 die REPs, wie erwähnt, mit knapp 11 Prozent der Stimmen auftrumpften, da gab es nicht wenige aus der CDU, die ihrem Parteifreund Erwin Teufel, dem bisherigen Ministerpräsidenten dieses Landes, den Rat gaben, zuerst mit den Republikanern in Koalitionsverhandlungen einzutreten. Auch die überregionale konservative Presse beeilte sich, in diesen Chor einzustimmen, allen voran beispielsweise *Die Welt.* Vor allem wies man darauf hin, daß die Parteibasis ein Zusammengehen mit den REPs wünsche. Immer wieder konnte man Artikel lesen, in denen auf die gute örtliche Eingebundenheit von Republikanerabgeordneten und auf das problemlose Zusammenarbeiten mit ihnen auf kommunaler Ebene abgehoben wurde. Erwin Teufel und der bisherige Fraktionsvorsitzende der CDU im baden-württembergischen Landtag, Günther H. Oettinger, legten sich jedoch kurz nach der Wahl sofort in eindeutiger Weise gegen jegliche Koalition mit den REPs fest. Wie man sich erinnert, gehörte dazu in der Tat eine Portion Standfestigkeit. Entscheidend für beide war aber, daß sie bei ihrer Einschätzung der REPs davon ausgingen, daß die politischen Zielsetzungen dieser Partei mit denen eines liberalen Konservatismus in keiner Weise kompatibel seien. Diese negative Einschätzung scheint sich indes im Verlaufe des Jahres 1992 in allen Bundesländern und auch im Bund verdichtet zu haben, denn seit dem 15. Dezember 1992 wird die REP-Partei vom Verfassungsschutz beobachtet: »Die Verfassungsschutzbehörden des Bundes und der Länder stimmten am 15. Dezember 1992 darin überein, daß bei der Partei ›Die Republikaner‹ tatsächliche Anhaltspunkte für Bestrebungen gegen die freiheitliche demokratische Grundordnung vorliegen. Das Bundesministerium des Innern hat deshalb einer Beobachtung dieser Partei durch das Bundesamt für Verfassungsschutz zugestimmt. Die Verfassungsschutzbehörden der Länder vereinbarten daraufhin, über die Partei ›Die Republikaner‹ gezielt Informationen zu beschaffen und auszuwerten, um den Verdacht verfassungsfeindlicher Bestrebungen verifizieren oder ausschließen zu können.« So ist es im Verfassungsschutzbericht des Landes Sachsen-Anhalt 1992/93 zu lesen. Begründet wird der »Verdacht rechtsextremistischer Bestrebungen« damit, daß diese Partei eine »nationalistische und betont feindselige Haltung gegenüber Ausländern, insbesondere Asylbewerbern« zeigte. Des weiteren wird auf »starke Elemente des Kollektivismus« abgehoben, wohingegen »die zentrale Stellung jedes einzelnen Menschen und die Rechte des Individuums, die Grundlage des Menschenbildes im Grundgesetz sind, nicht erwähnt« werden.

Mittlerweile haben die REPs in Niedersachsen in einem Verfahren beim niedersächsischen Oberen Verwaltungsgericht in Lüneburg eine Einstweilige Anordnung durchsetzen können, mit der dem niedersächsischen Verfassungsschutz die Beobachtung der Partei mit nachrichtendienstlichen Mitteln verboten wird. Diese Niederlage, die in anderen Bundesländern die REPs den dortigen Verfassungsschutzbehörden nicht beibringen konnten, verweist auf ein schwieriges Problem.

Im Oktober 1992 hatte nämlich der niedersächsische Landtag mit den Stimmen der rot-grünen Koalition das Verfassungsschutzgesetz dahingehend novelliert, daß jetzt in Niedersachsen als Voraussetzung für eine Observation *Verhaltensweisen* genannt werden, die »auf Anwendung von Gewalt gerichtet sind und sich in aktiv kämpferischer und aggressiver Weise gegen die freiheitliche demokratische Grundordnung richten«. Dafür habe es aber den Richtern zufolge keine Anhaltspunkte gegeben. Im Bundesgesetz und in den anderen Ländergesetzen hingegen heißt der vergleichbare Passus, der jeweilige Verfassungsschutz sammle

Informationen über *Bestrebungen* gegen die freiheitliche demokratische Grundordnung. Der CDU-Fraktionsvorsitzende im Niedersächsischen Landtag äußerte sich schon einige Wochen vorher, als das Dilemma sich abzeichnete: »Rot-Grün zerschlägt den Verfassungsschutz zu einem Zeitpunkt, wo täglich neue Angriffe gegen den Staat stattfinden und rechtsextreme Kräfte sich von ihrer gewalttätigsten Seite zeigen.«[21]

Was war in der Zeit zwischen den baden-württembergischen Koalitionsverhandlungen vom April 1992 und dem Dezember desselben Jahres beziehungsweise dem Herbst 1993 geschehen, daß sich ein solcher Gesinnungswandel vollziehen konnte?

Sicherlich hatten die in die Tausende gehenden ausländerfeindlichen Gewalttaten die politische Klasse so verunsichert, daß nach Wegen gesucht wurde, wie das rechtsextreme Umfeld in seinen Aktivitäten eingeschränkt werden könnte. Zum anderen ist aber auch nicht auszuschließen, daß man im Blick auf das »Superwahljahr« 1994 mit seinen 18 Wahlgängen sich lästiger Konkurrenz am rechten Rand erwehren wollte.

Hans-Gerd Jaschke hat darauf hingewiesen, daß schon die Erfahrungen im Umgang mit der NPD aus früheren Jahren zeigen können, daß durchweg auch politische Opportunitätsgründe mit im Spiel waren, wenn die Wirkungsmöglichkeiten von Parteien von Staats wegen eingeschränkt wurden.[22] Man beginnt mit »Prüfphasen«, versucht dadurch die »ungeliebte Konkurrenz von rechts wieder loszuwerden, sie einzuschüchtern, in Verruf zu bringen und deren Anhänger in wohldosierter Weise durch symbolische Gesten wieder auf den rechten Weg zu bringen«. Wenn dann später von Land zu Land mit der Beobachtung begonnen wird, bekräftigt man damit »die Dauerhaftigkeit von Drohgebärden und gibt den Unentschlossenen scheinbar eine letzte Chance zur Umkehr«. Die jetzige Phase der quasi flächendeckenden

Beobachtung muß jedem Bürger deutlich machen, daß Mitarbeit in einer derartigen Partei für ihn sogar massive Nachteile in Beruf und privatem Leben bringen kann. Schon hört man, daß bei Beamten die Mitgliedschaft bei den REPs zur Entfernung aus dem Dienst führen könnte.

In der Hektik von Wahlkämpfen ist selten Zeit, sich darüber Gedanken zu machen, ob bestimmte staatliche Verhaltensweisen – unabhängig von nachvollziehbaren, wenngleich nicht ohne weiteres legitimierbaren Opportunitätsgesichtspunkten – auch auf längere Sicht hin demokratisch begründbar sind. Immerhin ist die Mitwirkung der Parteien an der politischen Willensbildung ausdrücklich im Artikel 21 GG zugesichert; die Parteien genießen sogar das sogenannte Parteienprivileg, das ihr Verbot sehr erschweren soll. Vom Grundgesetz ist aber auch besonders gewünscht, daß jeder Bürger sich allein oder mit anderen an dieser Willensbildung beteiligen kann beziehungsweise beteiligt. Gleichzeitig werden dort Grenzen gezogen, die verhindern sollen, daß durch Mißbrauch eben jener Kommunikations- und Handlungszusammenhang zerstört wird, der diese Willensbildung trägt. Hier die richtige Ausgewogenheit zwischen Freiheit des Willensbildungsprozesses und Schutz des dafür nötigen Kommunikations- und Handlungsnetzes herzustellen, ist der Kern der Diskussion um das Konzept der »streitbaren Demokratie«.[23]

In diesem Zusammenhang hat die Arbeit des Verfassungsschutzes nun ihren sicherlich nicht ganz unproblematischen Platz. Wenn nicht alles trügt, dann hat sich aber im Laufe der Zeit zwischen den beiden Hauptaufgabengebieten des Verfassungsschutzes das Gewicht verlagert: Der Verfassungsschutz sollte zum einen für den öffentlichen Diskussionsprozeß um politischen Extremismus das nötige Informationsmaterial bereitstellen helfen, zum anderen sollte er bei der staatlichen Schutz- und Sicherungsfunktion seinen vorbeugenden Beitrag leisten.

Zur ersten Funktion gehört ganz wesentlich die Veröffentlichung der Verfassungsschutzberichte, die in den ersten Jahren, nämlich von 1962 bis 1968, in der Beilage zur Wochenzeitung *Das Parlament* erfolgte. Diese Wochenzeitung wird von der Bundeszentrale für Politische Bildung herausgegeben. Seit 1969 wird jährlich ein eigenständiger Bericht vom Bundesminister des Innern vorgelegt, der als »ein wichtiger Beitrag zur Information der Bürger und ein wesentlicher Bestandteil praktizierter wehrhafter Demokratie« angeboten wird.[24]

Jaschke hat in seiner Studie über »Streitbare Demokratie« die These aufgestellt und wohl auch erhärten können, daß heute die Schutzfunktion des Verfassungsschutzes stärker gepflegt wird als seine Informationsfunktion.[25] Dabei muß aber gesehen werden, daß der Verfassungsschutz mit dieser Informationsfunktion gleichzeitig rein faktisch in der Öffentlichkeit weitgehend über das Definitionsmonopol für »Extremismus« verfügt: Was nicht im Verfassungsschutzbericht aufgeführt wird, ist nicht »rechtsextrem« und umgekehrt. An zwei Beispielen wollen wir die Problematik erläutern, die sich aus diesem Dilemma ergibt, daß der Verfassungsschutz faktisch über ein brisantes Monopol verfügt, das er aber im Gegensatz zur Schutzfunktion viel weniger pflegt.

Im Verfassungsschutzbericht 1989 konnte der aufmerksame Leser zu seiner Überraschung feststellen, daß die Monatsschriften *Deutsche Monatshefte* und *Nation Europa* nicht mehr aufgeführt waren, obwohl sich dem Kenner der Materie keinerlei Anhaltspunkte dafür ergaben, daß sich diese Druckerzeugnisse in ihrem Inhalt und in ihrer Diktion geändert hätten; sie hatten sich nur im Laufe des damaligen Beobachtungszeitraums zu einer Zeitschrift

zusammengetan. Meine schriftliche Anfrage beim Bundesinnenministerium, was denn die Gründe für die Nichterwähnung dieser nunmehr fusionierten Zeitschrift im Verfassungsschutzbericht seien und welche Zeitschriften denn überhaupt noch als »rechtsextrem« eingestuft würden, wurde wie folgt beantwortet: Der Verfassungsschutzbericht unterrichte »über die wesentlichen Erkenntnisse des Berichtszeitraums« und gebe »keinen erschöpfenden Überblick«: »Aus der Feststellung, daß die Publikationen ›Deutsche Monatshefte‹ und ›Nation Europa‹ im Verfassungsschutzbericht 1988 aufgeführt, aber im Verfassungsschutzbericht 1989 nicht mehr erwähnt sind, kann nicht gefolgert werden, daß sie 1988 zum Beobachtungsfeld des Verfassungsschutzes gehört haben und 1989 aus dem Beobachtungsfeld herausgefallen sind.« Es folgt dann ein Hinweis auf den bayerischen Verfassungsschutzbericht, in dem *Nation Europa* »als Beobachtungsobjekt dieses Landesamtes ausgewiesen« sei. Der Brief fährt fort: »Ihre Fragen, ob die beiden von Ihnen genannten Publikationen von mir als rechtsextrem eingestuft werden sowie welche Verlage im einzelnen zu den Summenangaben auf S. 134 im Verfassungsschutzbericht 1989 geführt haben, müssen von hier unbeantwortet bleiben. Die Zurückhaltung liegt darin begründet, daß die Beantwortung Aufschluß über das konkrete Beobachtungsfeld bzw. den konkreten Erkenntnisstand der Verfassungschutzbehörden geben könnte. Dies gilt es zu vermeiden, um auch weiterhin eine effektive Beobachtung rechtsextremistischer Bestrebungen gewährleisten zu können. An dieser Position – auch auf parlamentarische Anfragen hin – halte ich fest.«
Deutlicher als hier kann man wohl die Gewichtsverlagerung von der Informations- zur Schutzfunktion nicht mehr ausdrücken: Daß man einem interessierten Bürger Informationen vorenthält, die ich ausdrücklich erbeten hatte, um sie publizistisch in die

öffentliche Diskussion einzubringen, mag ja gerade noch angehen, wenn man nicht die Informationsfunktion mit eindeutiger Priorität versieht. Aber daß auch – prophylaktisch – die Informationsverweigerungshaltung sogar gegenüber parlamentarischen Anfragen bekräftigt wird, zeigt überdeutlich, welchen geringen Wert dem Beitrag des Verfassungsschutzes zur »ständigen geistigen Auseinandersetzung, die für die freiheitliche demokratische Staatsordnung schlechthin konstituierend ist« (so das Bundesverfassungsgericht in seiner Entscheidung vom Oktober 1975)[25a] beigemessen wird.

Im übrigen wurde die Zeitschrift *Nation und Europa* in ihrer fusionierten Form im darauffolgenden Verfassungsschutzbericht wieder erwähnt. Welche Gründe also dazu geführt haben, diese Zeitschrift einmal aus dem Verfassungsschutzbericht herausgenommen und ihr damit faktisch eine Unbedenklichkeitsbescheinigung ausgestellt, sie dann aber wieder aufgenommen zu haben, ist der Öffentlichkeit vorenthalten worden. Informationsangebot also als Ex-cathedra-Erklärung?

Ein zweites Beispiel: Als in den letzten Jahren die ausländerfeindlichen Krawalle sprunghaft zunahmen, wuchs selbstverständlich der Bedarf nach Erklärungen für diese Entwicklung. Pflegte man anfangs meist auf Einzeltäter hinzuweisen oder auf Gruppen junger Leute, die im Alkoholrausch über die Stränge geschlagen hätten, begnügen sich heutige Erklärungen nicht mehr mit diesen simplen Modellen. Die einen blicken auf bestimmte Vernetzungen am rechten, neonazistischen Rand und könnten sich dadurch bestätigt fühlen, daß im letzten Jahr einige dieser neonazistischen Gruppen vom Bundesinnenministerium verboten wurden. Anderen sind aber auch diese Erklärungen zu einfach, weil wiederum bei vielen Gewalttaten keine direkten Verbindungen in die neonazistische Szene nachweisbar waren.

So wurde mir in einer Diskussion mit jungen Skins von deren Anführer entgegengehalten, in den deutschen Städten sei doch längst Krieg. Auf meine Frage, woran er denn das sähe, verwies er auf die Wohnungsprobleme, die steigende Arbeitslosigkeit, die zunehmende Kriminalität von Ausländern; durch manche Stadtteile könne er gar nicht mehr zu gehen wagen. Da müsse man sich doch wehren – und weil die Politiker schliefen, sei es an der Zeit, die Sache selbst in die Hand zu nehmen. Dies sei schließlich erlaubt, so schloß er, weil niemand erwarten könne, daß man zusehe, wie das eigene Land kaputtgehe, Deutschland den Volkstod erleide. Freund-Feind-Denken »auf skinsch«.
Woher er denn das alles wisse, fragte ich ihn weiter. Das sei doch ganz klar – und daß ich das alles nicht wahrhaben wolle, hänge wohl mit meiner privilegierten gesellschaftlichen Stellung zusammen. Etwa drei Wochen nach dieser Diskussion (Ende März 1992) erschlug dieser Skin einen arbeitslosen deutschen Kapitän, nur weil er geäußert hatte, Hitler sei der größte Verbrecher Deutschlands gewesen. Der junge Mann wurde mittlerweile zu mehrjähriger Haftstrafe verurteilt. Wie sich bei der Verhandlung herausstellte, war die gesamte Skingruppe in keiner rechtsextremistischen Szene eingebunden oder gar organisiert.
Sieht man sich die Verfassungsschutzberichte einmal daraufhin an, ob man aus ihnen zur Erklärung derartiger Vorgänge Informationsmaterial erhalten kann, wird man diese Hefte enttäuscht zur Seite legen. Es ist dort offenbar eine völlig andere Welt abgebildet als diejenige, die alltäglich durch Gewalttaten auf sich aufmerksam macht: Von 1982 bis 1992 ist die Zahl der Mitglieder in rechtsextremistischen Personenzusammenschlüssen zwar von 19 000 auf 41 900 gestiegen. Die Anzahl der rechtsextremen Organisationen schwankte bis 1990 um die 70 und stieg dann über 76 (1991) auf 82 (1992) an. Realistisch betrachtet, sind dies aber

alles Zahlen, die eigentlich eher beruhigen können: Was soll schon ein halbes Promille Rechtsextreme zur Aufregung Anlaß geben, zumal man auch gar nicht weiß, ob aus diesen Gruppierungen tatsächlich die Gewalttaten entstehen? Hier müßte sich das Gewaltmonopol des Staates doch relativ sicher durchsetzen können. Interessanter ist da schon die Zahl über die periodischen Publikationen: Die Gesamtzahl der rechtsextremistischen Druckwerke wird mit 75 angegeben, jedoch mit einer Gesamtauflage von weit über sieben Millionen Exemplaren im Jahr; davon entfallen allein auf Freys *Deutsche National-Zeitung* und *Deutsche Wochenzeitung / Deutscher Anzeiger,* die beide wöchentlich erscheinen, zusammen etwa 90 000. Sieht man sich dann des weiteren etwa das Kapitel über die DVU an, erfährt man folgendes über deren Zielsetzung, mit wenigen Beispielen unterlegt: »DVU agitiert gegen einzelne Ausländergruppen und diffamiert Repräsentanten der CDU«, weiter: »DVU polemisiert gegen deutsch-polnische Aussöhnung und fordert Vereinigung Nordostpreußens mit der Bundesrepublik Deutschland«.[26] Noch 1989 hatte es im Verfassungsschutzbericht geheißen, daß die DVU »gegen Ausländer und ›Umerziehung‹« agitiere. Diese Zitate werfen doch die Frage auf: Wenn das wirklich erläuternde Beispiele für Rechtsextremismus sein sollen, dann müßte der Kreis jener Personen und Gruppen viel größer gezogen werden, der als »rechtsextrem« nach dieser inhaltlichen Festlegung einzustufen wäre – Beispiele will ich mir hier versagen. Wie wir weiter wissen, hat gerade die Debatte über die Entsorgung der deutschen Geschichte die Diskussion über die sogenannte Umerziehung in den Mittelpunkt gerückt. Es erscheint äußerst problematisch, hier mit der DVU einen Akteur hervorzuheben und auch noch zu stigmatisieren. Übrigens wird die Agitation gegen die »Umerziehung« seit 1990 in den Verfassungsschutzberichten nicht mehr erwähnt. Nachweislich hat aber die DVU diesen Angriff nicht aus ihrem Arsenal gestrichen. Offenbar sieht aber der Verfassungsschutz keine Möglichkeit mehr, das »Umerziehungs«-Argument gegen die DVU zu kehren, weil es in der Zwischenzeit über das neurechte Lager bis in den Konservativismus hinein Verbreitung gefunden hat. Doch von diesen Entwicklungen erfährt man in diesen »Informations«-Broschüren nichts.

Alle diese Unklarheiten und Ungereimtheiten resultieren unter anderem aus der Tatsache, daß der Verfassungsschutz seit Jahren mit einer rein juristischen Rechtsextremismus-Definition operiert, die die tatsächlichen Entwicklungen im rechten Lager weitgehend ignoriert. Zu diesen Entwicklungen gehört aber ganz besonders, daß sich das rechte Lager seit langem auf diese juristischen Definitionen seines staatlichen Gegners, nämlich des Verfassungsschutzes, eingestellt hat. Damit ist die Gefahr verbunden, daß in diese vom Verfassungsschutz juristisch aufgebauten Schubladen Realitätsausschnitte fallen, deren Verknüpfung mit den tatsächlichen Problemen, zum Beispiel der ausländerfeindlichen Gewalt, nicht zwingend ist. Nach allem, was wir wissen, kommt nämlich die Gewalt nicht nur aus jenen Gruppen, die der Verfassungsschutz als rechtsextrem einstuft. Für andere Bereiche der Gesellschaft aber, etwa jenes Netzwerk, das wir als Neue Rechte bezeichnen, ist der Verfassungsschutz blind. Für einen der wichtigsten staatlichen Informationsvermittler ist diese Blindheit gefährlich.

Es hat jedoch 1988 einen Versuch des niedersächsischen Verfassungsschutzes[27] gegeben, sich über eine neue Definition von Rechtsextremismus, die in Anlehnung an die Forschungsarbeiten des Bielefelder Sozialwissenschaftlers Wilhelm Heitmeyer vorgenommen wurde, die Ergebnisse dieser Forschungen für die eigene Arbeit zunutze zu machen. Leider ist dieser Ansatz bei keinem der anderen Verfassungsschutzämter, weder auf Bundes- noch auf Landesebene, wahrgenommen, geschweige denn fortgesetzt worden. Gerade im Feld der Informationsgewinnung für die politische Aufklärungs- und Meinungsbildungsarbeit wäre eine enge Kooperation zwischen sozialwissenschaftlicher Forschung und Verfassungsschutz seit langem dringend geboten. Die Forschung könnte den Verfassungsschutz an ihren theoretischen und empirischen Überlegungen und Ergebnissen teilhaben lassen, wie auf der anderen Seite der Verfassungsschutz die Forschung mit nunmehr gezielt gewonnenem Material (Fallbeispielen) versorgen könnte.

Sicherlich dürfte im Bereich der vorbeugenden Verbrechensbekämpfung der Beitrag der Wissenschaft darüber hinaus, was er zur eben genannten Aufklärungsarbeit generell beizusteuern hat, nicht wesentlich zu steigern sein. Wahrscheinlich hat aber die Tatsache, daß der Verfassungsschutz in der Staatsschutzfunktion eine vergleichsweise große Autonomie besitzt, zur Forcierung dieses Aufgabenfeldes zu Lasten des anderen beigetragen.

Eine Intensivierung der Zusammenarbeit mit einer in der Regel öffentlich argumentierenden Sozialwissenschaft könnte aber auch den stigmatisierenden Effekt einer Verfassungsschutzbeobachtung verkleinern beziehungsweise relativieren. Gewonnen wäre damit, daß der oben genannte Verunsicherungs- und Abschottungseffekt, der bei öffentlich Stigmatisierten normalerweise auftritt, reduziert würde. Vielleicht könnten dann auch über die vom Verfassungsschutz »künstlich« erzeugten Grenzen zwischen »Normalität« und »Extremismus« hinweg die notwendigen Kommunikationsprozesse intensiviert werden. Wenn an der These etwas Wahres sein sollte, daß möglichst repressionslose Diskurse in der politischen Meinungsbildung effektiver sind als Kommunikationen, die zum Zwecke der Stigmatisierung oder der

Entstrafung laufen, dann wäre es nur folgerichtig, die Konstruktion des verfassungsschutzmäßigen Rechtsextremismus so weit zu reduzieren, daß wirklich nur strafrechtlich relevantes Handeln und nicht bloßes Meinen dazu führt, in den Bereich gesellschaftlicher Ächtung verwiesen zu werden. Andererseits kann es auch nicht sinnvoll sein, eine Entwicklung zu forcieren, die darauf hinausliefe, daß es für Personengruppen oder Druckerzeugnisse völlig belanglos wäre, ob sie in Verfassungsschutzberichten erwähnt werden oder nicht. Eine solche Entwicklung in die Beliebigkeit hinein könnte nämlich dazu führen, daß das tatsächlich existierende Problem des bewußten Abweichens von der Verfassung beziehungsweise vom Verfassungskonsens völlig aus dem Blickfeld verschwände. Eine Extremismus-Diskussion ohne Maßstäbe und ohne empirische Überprüfung an der Realität, also eine Diskussion, in der jeder seine ganz private Extremismus-Definition undiskutiert einbringt, wäre nicht weniger problematisch als die jetzt ablaufende Art der Auseinandersetzung über dieses Problem, wo eine nicht in der gesellschaftlichen Realität verankerte Extremismus-Definition mit quasi staatlicher Autorität ein ungestörtes Eigenleben führt, aber dennoch eine eigene Realität erzeugt und diese offenbar für fraglos gegeben erachtet.

Die Tatsache, daß in allen Verfassungsschutzberichten der letzten Jahre nicht auch nur mit einem einzigen Wort auf das Phänomen Neue Rechte eingegangen wurde, spricht hier eine beredte Sprache und deutet darauf hin, daß der Verfassungsschutz seine Aufgabe immer stärker nur noch in der vorbeugenden Verbrechensbekämpfung und im Staatsschutz sieht und sich seiner anderen Aufgabe, für die politische Meinungsbildung einschlägige und wichtige Informationen zu liefern, immer mehr entzieht.

Eine Denkrichtung wie die Neue Rechte, die sich zum Ziele

gesetzt hat, die Sichtweisen der Mitbürger endlich aus dem »falschen« Bewußtsein verhängnisvoller Umerziehungsprozesse zu erlösen, dies aber im großen und ganzen doch mittels Diskussion oder verbaler Agitation betreibt, kann und sollte auf keinen Fall mit strafrechtlichen Mitteln bekämpft werden. Gleichzeitig aber muß es möglich sein, in aller Schärfe die politische Diskussion mit diesen Gruppen zu führen, auch von staatlicher Seite aus. Gerade dieser Aspekt ist es, auf den erst vor kurzem der baden-württembergische Ministerpräsident Teufel aufmerksam gemacht hat, als er sich mit der Frage auseinandersetzte, wie man mit den REPs im Parlament umgehen sollte: »Die REPs sind nicht als politisch gestaltende Kraft gefährlich, sondern als politische Stimmungsmacher. Sie schüren Ängste, appellieren an dumpfe Gefühle, sie predigen nicht Gewalt, aber sie tragen mit ihrer fremdenfeindlichen Ideologie und Demagogie dazu bei, die Hemmschwellen bei Gewaltanfälligen herabzusetzen.« Neben der Forderung nach Abgrenzung aller demokratischen Kräfte von den REPs und bei aller entschiedenen Bekämpfung wehrt Teufel sich allerdings dagegen, die REPs »gezielt zu benachteiligen«. Wenn er dann aber dennoch für die Überwachung der REPs durch den Verfassungsschutz eintritt, dann scheint mir aus dem Kontext herauslesbar zu sein, daß er hier in erster Linie an die diskursive Funktion des Verfassungsschutzes denkt. Aber vielleicht hätte er dies doch deutlicher aussprechen sollen.[28]

Dic nüchterne Analyse etwa der von Frey aus München gesteuerten Parlaments- und Ausschußarbeit der DVU-Mitgliedcr in Bremen und Schleswig-Holstein in ihrer ganzen Mickrigkeit und das breite Ausstreuen der Ergebnisse dieser Beobachtungen in die Öffentlichkeit hat wahrscheinlich dieser Partei mehr geschadet als ihre routinemäßige Erwähnung in Verfassungsschutzberichten. Noch einmal: Wo gegen die Verfassung gerichtete Handlungsweisen begründet, vermutet oder sogar nachgewiesen werden können, sollte die ganze »Härte des Gesetzes« eingesetzt werden. Wo es sich aber nur um Einstellungen und Meinungen handelt, hat ein liberaler Staat dem Diskurs, sicherlich aber einem schonungslosen und scharfen, den Vorrang zu geben.

Wir erleben einen neonazistischen, gewalttätigen Rechtsextremismus in der Bundesrepublik. Nach wie vor kann für ihn gelten, daß er in erster Linie das Problem der Polizei und nicht der Politik ist. Dann gibt es noch die Rechtsaußen-Parteien NPD, DVU und REP. Sie sind nach allem, was wir wissen, weniger das Problem der Polizei, sondern vielmehr der Politik. Wichtiger und problematischer aber als diese Parteien erscheinen mir die Agitatoren und Publizisten der Neuen Rechten, die das Futter für die Programmatik dieser Parteien bereitstellen. Diese intellektuellen Büchsenspanner, die bislang nicht so sehr im Blickpunkt der Öffentlichkeit stehen, haben ganz sicher denselben Beitrag zur Beschädigung der politischen Kultur der Bundesrepublik geleistet wie die Rechtsaußen-Parteien.

Kapitel 6

Die Neue Rechte in der bundesrepublikanischen Medienlandschaft *oder:* Biedermann und die Brandstifter*

Mit dem Gedanken der »kulturellen Hegemonie« verbindet sich die Vorstellung, daß das, was Menschen politisch denken, in den meisten Fällen daran anknüpft, was in einer Gesellschaft im Arsenal der politischen Ideen, Weltbilder und Symbole bereits vorhanden ist. Selbstverständlich gibt es auch Menschen, die originell denken, wie andererseits auch sehr unterschiedliche plurale Untergruppen, Meinungsführer oder Meinungsnischen zu finden sind. In einer Gesellschaft, in der Meinungsfreiheit zu einem der wichtigsten Grundrechte gehört, spricht viel für die Vermutung einer solcher Vielfalt. Andererseits ist aber auch nicht auszuschließen, daß sich gerade in politisch hart umstrittenen Fragen das öffentlich sichtbare Meinungsspektrum auf wenige dominierende Kontrahenten reduziert.

Was aber sind dominierende Kontrahenten? Sind sie dann schon dominant, wenn sie präsent sind, vielleicht sogar deutlich sichtbarer als die Gegenmeinung? Sagen Lautstärke oder aggressives Staccato etwas über Dominanz aus? Oder sollten wir nur dann wirklich von Dominanz sprechen, wenn wir Genaueres über die relative Wirkung auf die Bevölkerung wissen, die jemand auszuüben in der Lage ist? Aber Wirkung worauf? Auf das Denken von Menschen oder auf deren Handlungen? Vielleicht auch wieder eingeschränkt nur auf deren politisches Wahlverhalten? Fragen über Fragen!

* Unter Mitarbeit von Ulla M. Geismann.

Natürlich können hier Wahlanalysen oder auch Meinungsumfragen weiterhelfen. Inwieweit aber Medien tatsächlich Einfluß auf das Denken und Handeln von Menschen besitzen, ist in der sogenannten Medienwirkungsforschung nach wie vor höchst umstritten, selbst bei so relativ eindeutigen und scharfen Fragestellungen, ob und wie stark Gewaltdarstellungen in den Medien gewalttätiges Verhalten beeinflussen. Kein Wunder also, daß bei viel unschärferen Themen viel Platz für alle möglichen Deutungsvorschläge besteht.

Was hat es nach diesen relativierenden Vorbemerkungen dann noch überhaupt für einen Sinn, danach zu fragen, welchen Einfluß die Neue Rechte auf die bundesrepublikanische Medienlandschaft haben könnte? Ohne gewaltige Vorarbeiten, die bislang aber kaum existieren, ließe sich dafür keine wirklich nachprüfbare Antwort formulieren.

Wir wählen in diesem Kapitel einen viel einfacheren Weg, der sicherlich manchen nicht zufriedenstellen wird, der aber dennoch beschritten werden muß, will man weitergehenden Fragen nachforschen.

Am Beispiel von drei Zeitungen analysieren wir, wie dort mit bestimmten Fragestellungen umgegangen und wie politische Realität dargestellt wird. Darstellung von Realität setzt allerdings voraus, diese Realität »eigentlich« schon zu kennen und nur an der unterschiedlichen Reproduktion interessiert zu sein. Politische Realität ist aber, wie wir wissen, nicht von dieser Art Objektivität. Also werden wir uns sinnvollerweise eher darauf konzentrieren, wie politische Realität dort *konstruiert* wird. Jeder Artikel einer Zeitung trägt in sich gleichsam eine »runde« Sinnstiftung, er modelliert jenen Ereignisraum, dem er sich inhaltlich gerade widmet. Diese Sinnstiftung wird um so deutlicher sein, je mehr ein Autor sich von Agenturmeldungen befreien und in

Hintergrundberichten oder gar in Kommentaren seine Sichtweisen durchschlagen lassen kann. Solche Individualitäten bereichern selbstverständlich eine Zeitung, stehen aber selten völlig außerhalb eines roten Fadens oder besser: eines Zopfes aus roten Fäden, der sich durch eine Zeitung zieht.

Wenn wir also jetzt der Frage nachgehen wollen, ob und wie sich das Weltbild der Neuen Rechten in drei Zeitungen niederschlägt, orientieren wir uns in erster Linie an Kommentaren und eigenständigen Artikeln.

Diese Analyse gibt noch keine Auskunft über das Gesamtgepräge der jeweiligen Zeitung. Dieses wäre in exakter Weise nur zu leisten über einen quantitativen Vergleich mit anderen Themen, anderen Autoren usw. Hier müssen vorläufige Einschätzungsaussagen genügen.

Bei der Auswahl der Zeitungen fiel unser Interesse auf die beiden dem konservativen Spektrum zugehörigen überregionalen Tageszeitungen *Frankfurter Allgemeine Zeitung (FAZ)* und *Die Welt,* dazu auf die bis Anfang 1994 im Monatsrhythmus, seitdem wöchentlich erscheinende Zeitung *Junge Freiheit,* die sich gerne selbst als Sprachrohr »junger Konservativer« versteht.

Jung und frei – neurechte Keilerei

Wie keine andere derzeitige Zeitschrift bietet die *Junge Freiheit* (JF) das Gesamtprogramm der Neuen Rechten, wiewohl sie diesen Begriff nur ausnahmsweise verwendet, etwa in einem Interview mit dem Star der französischen Nouvelle Droite, Alain de Benoist.[1] Ausgehend von der Konservativen Revolution der Weimarer Zeit, vor allem aber von deren prominentestem Mitglied, Carl Schmitt, der in fast jeder Ausgabe Erwähnung findet, versucht sie, in typischer Scharnierfunktion ihre Ideologie zwischen Konservatismus und Rechtsextremismus zu plazieren. So wirbt sie seit vielen Nummern unter der Überschrift »Eine konservative Revolution« für Jahresabonnements. Es zeigt sich in aller Klarheit die Absicht – bei der Auswahl ihrer Interview-Partner ebenso wie bei der Einladung, als Gast bei ihr zu schreiben –, diese Richtungen unter einem Dach zu vereinen.

So finden sich bei der *JF* etwa ein ehemaliger Funktionär der »Freiheitlichen Deutschen Arbeiterpartei« (FAP), in der der Neonazi Michael Kühnen die führende Rolle spielte und die bis zu ihrem Verbot immer in den Verfassungsschutzberichten erwähnt wurde, des weiteren ein ehemaliges Bundesvorstandsmitglied der Republikaner, dazu ein amtierender REP-Funktionär vereint mit Konservativen und sogar Unionsabgeordneten, wie etwa Hanna Renate Laurien, Renate Hellwig, Heinrich Lummer, Eduard Lintner und andere mehr. Natürlich dürfen nicht fehlen Robert Hepp, Rolf Schlierer oder der Berliner REP-Landesvorsitzende Hans-Werner Müller. Das Leserecho ist ebenfalls scharniergerecht: Der Stuttgarter Sozialphilosoph Günter Rohrmoser hält die *JF* für »eine große Bereicherung im politischen Blätterwald Deutschlands«, Albrecht Jebens ist begeistert von den »ausgezeichneten, geradezu handverlesenen Mitarbeitern«, Bernhard Friedmann, Bundestagsabgeordneter der CDU, ist »immer wieder« beeindruckt, mit welcher Festigkeit die *JF* »brisante politische Themen angeht«, Herbert Fleissner freut sich bereits auf das »wöchentliche Erscheinen«, und Armin Mohler ist in seinem Element, wenn er der JF bescheinigen kann, daß sie »stets auf der Suche nach (von anderen verschwiegenen) Nachrichten« ist.[2]

Von der ideologischen Ausrichtung der *JF* ist es nur zu erwarten, daß das Buch von Karlheinz Weissmann – »Rückruf in die Geschichte« – geradezu begeistert aufgenommen wurde. In seiner

Rezension nennt der Kulturredakteur der *JF* dieses Buch sogar »ein Manifest des neuen Deutschland«, offenbar eine Anspielung auf den damals eben erschienenen Band von Helmut Schmidt, Marion Dönhoff u. a. mit dem Titel »Ein Manifest. Weil das Land sich ändern muß« (Hamburg 1992). Bereits im Oktober 1992 konnte Weißmann in einem *JF*-Interview die Thesen seines Buches vor der Leserschaft ausbreiten; und als »Rückruf in die Geschichte« versteht die *JF* ihren Umzug von Freiburg nach Potsdam, begleitet von dem neuen Werbemotto: »Rheinisches aus Bonn – Preußisches aus Potsdam.«
In der Januar-Nummer 1993 der *JF* hat Roland Bubik in einem beachtlichen Essay den »Standort des Jungen Konservatismus« skizziert. In weicher Diktion und ohne harte ideologische Attakken wird eine Position entwickelt, die sich als ein typisches »Zwischen« interpretieren läßt: Man stehe zwischen »der Verfinsterung der deutschen Seele im Nationalsozialismus« und dem »Triumph des dispensiven westlichen Geistes«, der wohl als Signum der Bundesrepublik gelten soll. Besonders die »68er« seien es, die als »Moralisten« die »Amoral« verkünden und Disziplin, Ehre und Vaterlandsliebe als schädlich bezeichneten. »Freiheit, Menschenwürde, Selbstbestimmtheit« werden von Bubik als »einst große, geistige und humane Leitbegriffe von eindeutiger Schlichtheit« gewürdigt. Doch das war einmal. Daß sie durch »Mißbrauch« immer in der Gefahr seien, pervertiert, entleert zu werden, wird auch von Bubik gesehen. Er sagt aber mehr: Durch »Mißbrauch *und Geschichte*« (Hervorhebung durch W. G.) seien sie »zu Begriffsfossilien aus aufklärerischer Zeit degeneriert«. Dieser kleine Zusatz ist nicht ganz unbedeutend, heißt er doch nichts anderes, als daß die gesamte Entwicklung seit der Französischen Revolution, »jeder Schritt in Richtung Zivilisation ein Schritt in neue Unfreiheit, neuartige Fremdbestimmung be-

deutete«. Denn indem der klassische Liberalismus in seinem »ihm eigenen Hang zur Abstraktion« jeden Menschen pauschal als mündig erkläre, habe er schlicht übersehen, daß dieser Freiheit reale Gefahren durch die unterschiedlichen ererbten und sozialen Bedingungen für den einzelnen Menschen drohten. Hier sieht nun der junge Konservative nach Bubik weiter: Weil er sich nicht an Ideologien orientiere, könne er sich unmittelbar den Realitäten stellen. »Bar jeder Utopie bleibt der Konservative bei der Suche nach neuen Grundfesten frei vom Beglückungswahn der Linken.«

Was ist es nun aber, was den Konservativen aus der Vereinzelung, der Bezugspunktlosigkeit, der »Entortung« enthebt? »Der Eigenbestimmung stellt er die Bindung zur Seite.« Die Suche nach dieser Bindung endet aber nicht beim Staat. Denn »der Staat als formales Prinzip bleibt tot, wenn er nicht auf Gewachsenes zurückgeführt werden kann«. Und ausdrücklich relativiert Bubik: »*Eine* dieser Bindungen des Staates an die Regierten ist der Gedanke der Nation.« Die Nation ist das vorstaatliche Band der Menschen untereinander, ausdrücklich nicht ethnisch, sondern kulturell verstanden, durch gemeinsame Tradition gewachsen, wobei sogar der christlichen Religion eine wichtige Rolle in Europa zugestanden wird.

Man fragt sich bei dieser Argumentation unwillkürlich, wo eigentlich hier überhaupt noch neurechtes Denken liegen soll, wenn nicht die bloße kritische Auseinandersetzung mit den »68ern«, den Linken schon genügen soll. Es geht sogar noch weiter. Ausdrücklich distanziert sich Bubik von früheren konservativen Gedanken, denen zufolge Demokratie zu verwerfen wäre; dem Jungkonservativen dagegen gehe es heute vielmehr lediglich um »deren beste Form«. Ausgangspunkt dieses Nachdenkens über eine »konstruktive Demokratiekritik« ist aber für Bubik nach wie vor die Konservative Revolution, auch wenn er ihr »ein Paradigma illiberalen Denkens« attestieren muß; dieses sei jedoch »in seiner Zeitbedingtheit zu interpretieren«. Heißt das: zu verschärfen oder zu mildern? Wir erhalten sofort Aufschluß: Nach wie vor sei als Ausgangspunkt Carl Schmitts Begriff des Politischen nötig – »das Denken des Plettenbergers (= Carl Schmitt, W. G.) ist gefragt« –, denn nur über ihn sei die Autonomie des Politischen gegen die Sachzwänge aus Ökonomie und Technologie zu bewahren.

Leider bleibt es bei diesen ziemlich vagen Andeutungen über »das Denken des Plettenbergers«; kein Wort ist zu vernehmen, daß diese Politikbestimmung bei Schmitt eben scharfe Abgrenzung nach außen und kräftigen Homogenitätsdruck nach innen fordert, daß sie darüber hinaus die ganze Wucht ihrer Argumentation für das selbstverständliche Vorrecht des Kollektivs gegenüber dem Individuum und insofern gegen jede Form von Liberalität einsetzt und daß man daher schon etwas mehr über die Verträglichkeit dieses Ansatzes mit dem Grundgesetz ausführen müßte. Nur ein bißchen Carl Schmitt ist, das müßte Bubik schon wissen, so leicht nicht möglich. Aber gerade hier drückt sich der Autor um jedes Argument. Und so legt man diesen Aufsatz unbefriedigt und mit Unbehagen aus der Hand – gäbe es nicht noch eine andere Interpretationsmöglichkeit dafür, warum dieser Aufsatz überhaupt zu diesem Zeitpunkt erscheint. War mit diesem Softy-Produkt gar eine Beruhigungspille für konservative Leser nötig? Mußte man wieder einmal ein Angebot an diese Käuferschicht formulieren? Einiges spricht dafür.

Offenbar erschien diese Strategie geboten, denn zwei Nummern vorher (*JF* 10/92) war eine Hommage an Carl Schmitt abgedruckt worden, die an Deutlichkeit aber auch nichts zu wünschen übrig ließ. Der Autor Thor von Waldstein beginnt seinen Artikel mit der Frage, ob »wir am Vorabend eines mentalen 9. Novembers für Bonn«, also eines Ausbruchs aus einem mauerumzogenen Gefängnis, stehen. Seine Antwort: »Die Kinder der betrogenen Nachkriegsgeneration greifen wieder zu all den Büchern, die Gott und Walter Jens verboten haben. Der Name, der zur Kennzeichnung dieses Phänomens an erster Stelle genannt werden muß, ist: Carl Schmitt.« Anhand des »Glossariums«, einer posthum herausgegebenen Sammlung von Nachkriegsgedanken Carl Schmitts, wird genüßlich das ganze »Ekelgefühl, das Carl Schmitt gegenüber den Friedensgewinnlern von 1945 empfand«, und zwar den deutschen Gewinnlern, ausgebreitet. Durch die »armen Männchen in Bonn« sieht Schmitt die »verfassungsmäßige Enteignung der Deutschen von ihrer Souveränität durch das Grundgesetz« zementiert, die Menschenrechte dieser »Grundgesetzler« verspottet er als »unveräußerliche Eselsrechte«; und so weiter und so fort. Am Ende des Artikels wird es dann noch einmal, damit es auch wirklich jeder weiß, gesagt, wo denn nun ein zweiter Ausbruch aus dem ummauerten Gefängnis nach 1989 nötig wäre: »... die Verfassung (ist) das Gefängnis, in dem die res publica der Deutschen – gerade nach der kleinen (!) Wiedervereinigung – gefangengehalten wird.« Thor von Waldstein erkennt dabei klar die Unvereinbarkeit des Schmittschen Ansatzes mit dem Grundgesetz: »Wer mit dem Grundgesetz unter dem Kopfkissen schläft, braucht Carl Schmitt nicht.« Vielleicht hat ja dieser ein-seitige Artikel tatsächlich manchen Konservativen in seinen Lobesreden über die *JF* gebremst. Pfahl-Traughber hat schon recht, wenn er diese knallharte Schmitt-Hommage als »Ausnahme« im Gesamtbild der *JF* bezeichnet;[3] aber kommt es bei der Gegnerschaft Carl Schmitts zum Grundgesetz wirklich so sehr auf die verbale Inszenierung an? Sind nicht seine Gedanken in ihrer gerade auch von ihm selbst immer gesehenen Gesamtintention nicht schon knallhart genug, vor allem auch dann, wenn sie als watteverpackte Munition, gleichsam als Gummigeschoß, geliefert werden?

Unter der Carl Schmittschen Gesamtmaxime der *JF* stellen sich dann weitere Artikel doch etwas anders dar, die ansonsten vielleicht manchem law-and-order-verpflichteten Konservativen aus dem Herzen geschrieben sein könnten. So wird etwa in einem Aufmacher auf Seite 1 der Nummer 7–8/1993 die Frage gestellt: »Wann werden wir wieder normal?« Einer »großen Aufgabe« stünde dabei aber leider nur ein »kleiner Geist« gegenüber. Die Einheit Westdeutschlands mit »Mitteldeutschland«, womit natürlich die fünf neuen Bundesländer gemeint sind, aber unausgesprochen an die »ostdeutschen« Länder, die heute in Polen liegen, erinnert wird, sei zwar technisch und bürokratisch gut vorangekommen, es fehle aber »etwas Entscheidendes«: »Deutschland wird nach wie vor regiert, als bestünde der Eiserne Vorhang und das Besatzungsstatut noch. Immer noch wurstelt in Bonn eine Regierung vor sich hin, die wie das Schattenkabinett einer alliierten Militärregierung unfähig ist, eine Standortbestimmung für Deutschland vorzunehmen, die frei ist von rückwärtsgewandter Unterwürfigkeitshaltung gegenüber ehemaligen Siegern. Ist denn nun der Krieg zu Ende oder nicht?« Nach Meinung des Autors offenbar nicht. Also muß man wohl die Maßstäbe des »Ernstfalls« anlegen, und so wird Deutschland ins Stammbuch geschrieben, was es spätestens jetzt, seit 1989, ablegen müßte: »Nation- und Geschichtsvergessenheit, Machtignoranz, antiautoritäres Denken, Pazifismus, Feminismus, Antimilitarismus, Vergangenheitsbewältigung, Westextremismus.« Eine solche deutsche Gesellschaft würde dann auch nicht mehr den »von den Medien und interessierten Politikern zu einem Staatsereignis beförderten Mordfall in Solingen« als »Zäsur in diesem Jahr«

darstellen, sondern den »26. Mai mit den Krawallen vor dem Bundestag ... anläßlich der Asylrechtsentscheidung, die reichskristallnachtähnlichen Ausschreitungen von radikalen Türken und deutschen Autonomen nach dem Solinger Brandanschlag und die landesweite Terrorwelle von extremistischen Kurden am 24. Juni dieses Jahres«. Die neue Normalität, nach diesem Artikel des Chefredakteurs Dieter Stein, sieht dagegen für Deutschland »den überlebensnotwendigen und für unser Gemeinwesen konstitutiven Wert einer wehrfähigen rechtsstaatlichen Ordung« vor, wobei dem Autor die Wehrfähigkeit offenbar mehr am Herzen liegt als die Rechtsstaatlichkeit, da die Ordnung »jedoch keinen Pfifferling wert ist, wenn sie nicht auf die Bajonette, wahlweise Gummiknüppel eines staatlichen Gewaltmonopols gestützt ist«. Nötig sei dazu »die Belebung eines gesunden Nationalbewußtseins ..., das es insbesondere dem jungen Staatsbürger gestattet, sich mit Freude und ohne sich verbiegen zu müssen, zu seinem Land und Volk bekennen zu können, für die staatliche Ordnung seine Pflicht zu tun und offenen Herzens mit dem positiven Bewußtsein eigener Geschichte und Kultur, stolz und offen anderen Völkern gegenüberzutreten«. Amen!

Den Konservativen, die über solche Zuckerbrötchen erfreut sein mögen, sei aber schon empfohlen, die Peitschenhiebe nicht einfach wegzustecken, es sei denn, sie empfinden schon gar nicht mehr, wie hier mit dem – ja immer noch geltenden – Grundgesetz umgesprungen wird. Sehen sie Deutschland als Bundesrepublik Deutschland bereits als gekippt an?

Die Wahlergebnisse Hamburgs vom September 1993 waren ganz im Sinne dieser Normalitätsaufforderung ein »Testfall«[4], insbesondere dafür, inwieweit die etablierten Parteien gar nicht mehr wissen, wie groß die Entfernung zwischen ihnen und der Bevölkerung ist: »Das Volk steht rechts von den Parteien. Die neue

Staatsverdrossenheit beruht vor allem darauf, daß man in Bonn aus ideologischen Gründen nur wenig gewillt ist, die konservative politische Agenda der Bevölkerung aufzugreifen und zu lösen.« Und die heißt nach diesem Artikel: »Fragen nach der Garantie von Recht und Ordnung für die Bürger, nach Sinnstiftung, nationaler Identität und Solidarität, nach konsensbildenden Strategien zur Eindämmung eines hemmungslosen Individualismus und Partikularismus.« Was mit denjenigen geschehe, die gegen die, die diese Agenda nicht wahrhaben wollen, argumentieren und damit gegen »ein schon fast totalitäres, von Tabus beherrschtes Klima der Sprachregelungen in Politik und Medien« angehen, »beweist der Fall Heitmann«. Wer wollte da nicht aus Empörung aus dem Ohrensessel springen?
Nicht allzuoft finden sich in der *JF* Versuche, die Anstrengungen auf dem Gebiete der kulturellen Hegemonie auch auf das Gebiet praktischer Parteipolitik zu übertragen. Aber wenn man die Sinnstiftungsebene schon einmal verläßt, dann weiß man, wohin man sich gezogen fühlt: Wenngleich mancher »ein bohrendes Unbehagen in Schönhuberveranstaltungen verspüren (dürfte), wo er in Festzelten neben Bierfahrern, Maurergehilfen und Lagerarbeitern sitzen muß ..., sollte sich der Konservative für eine Mitarbeit bei den Republikanern nicht zu schade sein«. Woher sollten denn die »Republikaner« intellektuelle Ausrichtung erhalten, wenn nicht von konservativer Seite? (*JF* 10/1992, Seite 2)
Wer nach diesen vielen Zitaten und Informationen aus der *JF* noch Zweifel daran hat, wie stark diese Zeitung sich seit ihrem ersten Erscheinen im Jahre 1986 zur Künderin des Ideologiegebäudes der Neuen Rechten unter besonderer Stützung auf Carl Schmitt und inzwischen mit einer Auflage von 35 000 Exemplaren herausgemausert hat, und wie sie nicht nur im konservativen rechten Lager irrlichtert, sondern vielmehr eine klare Strategie

der Zusammenführung der wichtigsten dortigen Meinungsbildner verfolgt, der lese beispielsweise den Bericht von der ersten *JF*-Sommeruniversität in der September-Nummer 1993. In der Tat war dort eine »Konservative Genossenschaft« ganz im neurechten Geiste versammelt.

Natürlich ist es schwer, die Wirkung einer solchen in der Tat äußerst rührigen Zeitung auf die politischen Diskurse in der Bundesrepublik insgesamt abzuschätzen, und natürlich liegt es im Interesse der Redaktion der *JF*, durch Brusttrommeln auf sich im Meinungsgetöse aufmerksam zu machen, wozu natürlich auch der Hinweis auf die vielen Sympathiebekundungen gerade auch aus dem konservativen Spektrum der C-Parteien gehört. Wenn man aber bedenkt, wie lange es dauerte, bis der CDU-Abgeordnete Rudolf Krause (Bonese) zur Einsicht gezwungen werden konnte, daß für ihn keine Bleibe mehr in seiner bisherigen Partei sein könnte, dann wird schon in Umrissen deutlich, daß heutzutage offenbar sehr viel mehr als früher in der Union abgeschätzt werden muß, wie weit man durch Disziplinierung eines solchen Parteimitgliedes gegebenenfalls große Teile der eigenen Partei und ihrer Klientel verprellt. Zur Erinnerung: Krause hatte in zwei sogenannten Denkschriften[5] nichts anderes getan, als eben jenes Gedankengut zu verbreiten, das in der *JF* monatlich beziehungsweise jetzt wöchentlich unters Volk gestreut wird.

Neurechtes aus der alten »Welt«

Ist die *Bild*-Zeitung das quantitative Flaggschiff der Springer-Presse, kann man die *Welt* getrost als das Qualitätsflaggschiff aus dem Hause Springer bezeichnen. Was sich in *Bild* kurz, undifferenziert und grell liest, ist in der *Welt* eher differenzierter, feiner und durchweg in lecker-lockerem Sprachstil serviert. Leider hat die Redaktion der *Welt* mit dem Tod ihres Starkolumnisten Enno von Löwenstern im April 1993 eines ihrer anregendsten Mitglieder verloren, der durch seine manchmal bis ins Schonungslose gehende Eindeutigkeit polarisieren konnte, aber damit auch Blikke eröffnete, die nicht so ohne weiteres üblich waren.

Daß die *Welt* besonders das konservative Leserspektrum anspricht, ist nicht zu übersehen. Wie hält sie es aber mit den Gedanken, die aus der Neuen Rechten beziehungsweise von den Jungkonservativen kommen? Daß Politiker oder Politikerinnen wie Heiner Geißler oder Rita Süssmuth dort nicht gehätschelt werden, bemerkt man schon beim Durchblättern nur weniger Exemplare. Aber ganz sicher war es auf der anderen Seite kein Zufall, daß vor einigen Monaten einer der publizistischen Vorreiter der Neuen Rechten, Karlheinz Weissmann, in mehreren Wochenendausgaben zu Gastkolumnen eingeladen war. Wie und was er zu schreiben wußte, war der *Welt* sicherlich aus Beiträgen ihres Gastes beispielsweise in den neurechten Zeitschriften *Criticón* und *Junge Freiheit* geläufig. Wir konzentrieren uns aber lieber anhand einiger Beispiele auf die *Welt* selbst.

Als bei der baden-württembergischen Landtagswahl im Frühjahr 1992 die Republikaner mit einem zweistelligen Stimmenanteil überraschend gut abschnitten, ergab sich für die CDU die angenehm-unangenehme Situation, zwischen SPD, Grünen und REPs als unmittelbaren Koalitionspartnern wählen zu müssen beziehungsweise zusammen mit der FDP eine Dreier-Koalition auszuhandeln. Sieht man sich die damalige Berichterstattung und Kommentierung der *Welt* an, dann ist eines ganz unschwer zu erkennen: die eindeutige Festlegung von Ministerpräsident Teufel gegen eine Koalition mit den Republikanern findet keinen Beifall, schon gar nicht einen spontanen. Andererseits lassen sich

auch keine eindeutigen Empfehlungen an die Adresse Teufels nachlesen, es doch auf jeden Fall mit den REPs zu versuchen. Soll man die Haltung der *Welt* in dieser Frage als eindeutig uneindeutig bezeichnen? Eindeutig Jein! Am besten kommt diese Haltung dadurch zum Tragen, daß sich die *Welt* erstaunlich oft und mit großen Artikeln den Republikanern zuwendet und dabei nicht vergißt, auf die hohen Sympathiewerte zu verweisen, die die REPs bei anderen haben. So wird drei Tage nach der Wahl recht ausführlich der Berliner CDU- Bundestagsabgeordnete Heinrich Lummer zitiert, der die Parteifreunde in Baden-Württemberg davor warnt, von vorneherein eine Koalition mit den REPs auszuschließen. Wörtlich wird er zitiert: »Die Republikaner sind mindestens so koalitionsfähig wie die Grünen. Eine Partei ist prinzipiell koalitionsfähig, wenn sie sich im Zentrum der Verfassung bewegt.«
Auch wenn sie das wie ein Elefant im Porzellanladen tut? Gerade die Unfähigkeit der Politik in der Ausländer- und Asylfrage sei wichtigster Beweggrund für die mehr als eine halbe Million Rep-Wähler (*Welt* v. 8. 4. 1992). Wieder drei Tage später wird der »drohende Riß durch die CDU« durch das »Grüne Spielchen« dargestellt, wobei die Grünen und die Reps parallelisiert werden. Dabei stehen die REPs für Themen wie Asylmißbrauch, die Grünen für Themen wie Denkmalschutz, Jugend- und Sportpolitik, Altenpflege. Am Ende des Artikels wird ein Gedanke wieder aufgenommen, der sich bei passender Gelegenheit auch sonst immer wieder findet, nämlich der Hinweis auf die Parteibasis beziehungsweise auf die CDU-Wähler mit ihrer gar nicht so sehr verhaltenen Sympathie für die REPs. Wann immer möglich, werden die REPs als Politiker dargestellt, die zwar noch manchmal verschrieen seien, aber dieses Bild werde sich sehr bald zurechtrücken (zum Beispiel *Welt* v. 7. 4. 1992, *Welt* v. 9. 4. 1992).

Offenbar als eigener Beitrag finden sich in den folgenden Tagen der Koalitionsverhandlungen immer wieder Hinweise, in denen die Umgänglichkeit der Republikaner ins Bild gerückt wird, besonders ein Artikel vom 18. 4. 1992 »Auf dem Dobel schaut der König dem Volk aufs Maul.« Es geht um den REP-Abgeordneten Lothar König aus Dobel, der von seinen Mitbürgern mehr als ein Viertel der Stimmen erhielt: »Der ist wie sie. Derb, geradeheraus, trinkfest, immer hilfsbereit, patriotisch.« Und ein prominenter Gastronom aus dem Ort wird zitiert: »Ich seh' in dem Lothar keinen Rechtsradikalen, sondern einen Mann, der dem Volk aufs Maul schaut und der die Wurzeln im Volk hat.« Allein dieser Artikel geht mit seinem sympathischen Stammtischrunden-Bild weit über eine halbe Zeitungsseite.

Mit Ausnahme des gelegentlichen Hinweises, daß sich die Reps im Wahlkampf für die Lösung des Asylproblems eingesetzt hätten, findet sich sonst nirgendwo ein Hinweis auf mögliche inhaltliche Aussagen der Reps. Genau darauf hatten aber Erwin Teufel und der CDU-Fraktionsvorsitzende Oettinger immer wieder verwiesen und so ihre Ablehnung von Koalitiosverhandlungen begründet. Diese inhaltlich-ideologische Abstinenz überrascht, zumal sie gegenüber den anderen potentiellen Koalitionspartnern der CDU nicht geübt wird. Sollte man dies gar als Hinweis dafür nehmen, daß die *Welt* die Programmatik der REPs für jedenfalls so unproblematisch hält, daß man sich dem zitierten Satz Lummers, die REPs bewegten sich »im Zentrum der Verfassung« anschließt? Als Anfang Juni die Koalition zwischen CDU und SPD endgültig unter Dach und Fach war, im Landtag aber die Abgeordneten der beiden Parteien bei weitem nicht geschlossen den Ministerpräsidenten wählten, dafür der Rep-Gegenkandidat Rolf Schlierer einige Stimmen mehr als die Anzahl seiner Fraktionsmitglieder auf sich vereinigte, empfand dies der *Welt*-Kommentator als einen »Schuß vor den Bug« (*Welt* v. 13. 6. 1992). Er sieht darin ein Zeichen, daß sich in der Parteienlandschaft Baden-Württembergs einiges bewegt habe: »Von den neuen Rechten im Landtag hängt es im wesentlichen ab, wie diffundierend die Grenze zum rechtskonservativen CDU-Flügel sein wird. Parias sind sie jetzt schon nicht mehr.« Im Klartext: Wenn die verbindliche Haltung des smarten Fraktionsvorsitzenden Schlierer auf die Gesamtfraktion abfärben sollte, dann gäbe es keinen Grund mehr für die Widerborstigkeit Teufels und Oettingers. Und wer weiß, wie lange die Elefantenliaison hält, worauf die CDU einen neuen Koalitionspartner bräuchte.

War es nur die Tatsache, daß die REPs bei der letztjährigen Hamburg-Wahl den Einzug in die Bürgerschaft nicht schafften, oder wartet man darauf, wie die REPs das Superwahljahr angehen? Jedenfalls haben sich seit der baden-württembergischen Koalitionseinigung die eher positiv zu interpretierenden Artikel und Meinungen in der *Welt* doch deutlich reduziert. Dafür hat nach dem »Kavaliersstart der Statt-Partei« bei den Hamburger Wahlen ein Liebäugeln in der *Welt* mit einer rechtsliberalen Partei begonnen (*Welt* v. 19. 10. 1993): »Eine rechtsliberale Partei fehlt im deutschen Spektrum.« Als Vorbild dafür wird die FDP der Nachkriegszeit herausgezogen. Sie war national, und ihre Liberalität war »sittliche Pflicht«. Der Staat war »wehrhaft und konnte letztlich nur im ganzen Deutschland Gestalt finden«. Und sie hatten Köpfe in ihren Reihen, originelle allemal und eben nicht nur Parteibürokraten. Frage an die *Welt*: Wie wär's mit einem Jörg Haider?

Die *Welt* als Ganzes und in allen ihren Äußerungen als Inkarnation neurechten Denkens zu bezeichnen, wäre übertrieben, denn es übersähe die Pluralität, die heutzutage in den Redaktionen jeder großen Zeitung mehr oder weniger ausgeprägt ist. Dennoch

sind in der *Welt* bei bestimmten Themenschwerpunkten Parallelen zum neurechten Argumentationsfeld nicht zu übersehen. Weiter oben haben wir schon auf jene Kolumnen von Pankraz verwiesen, hinter denen sich Günter Zehm verbarg und auf den sich Armin Mohler bei seiner neurechten Art von Vergangenheitsbewältigung so gerne berief. Andererseits mußte aber nicht unbedingt ein antirepublikanischer Unterton zwingend erwartet werden, wenn man darauf verwies, daß eines der Hauptziele der *Welt* – und dies ganz im Geiste Axel Springers – Deutschland als wiedervereinigte Nation war und bleiben würde.
Wenn nicht alles täuscht, mehren sich aber in letzter Zeit Beiträge in der *Welt,* bei denen die Verfolgung nationaler Interessen und die Orientierung an Menschenrechten ganz im Sinne der Neuen Rechten als praktisch unvereinbare Gegenpole gesehen werden. So wird etwa in einem Leitartikel vom 8. 5. 1993: »Im deutschen Interesse« ohne Umschweife herausgestellt, daß »deutsche Wirtschaftsinteressen und der Wunsch nach politischen Absprachen« vor der »Isolierung Pekings wegen des Massakers auf dem ›Platz des himmlischen Friedens‹ von 1989« Vorrang hätten. Ohnehin werde diese Isolierung Pekings »nirgendwo in der Welt mehr aufrechterhalten«. Daß Deutschland hier endlich Abschied von seiner bisherigen idealistischen und moralistischen Außenpolitik genommen hat, wird in diesem Beitrag zwar nur indirekt angesprochen; der längst fällige Abschied aber von einer Außenpolitik, die gerne auch als »Genscherismus« apostrophiert wird, durchzieht seit Genschers Rücktritt als Außenminister nicht nur die *Welt*. Dieser Abschied aber vom Genscherismus hat sich »schon ausgezahlt. Denn der angesichts liberaler Wirtschaftsreformen boomende chinesische Markt scheint sich verstärkt deutschen Firmen zu öffnen. Allerdings sah sich Bonn im Gegenzug genötigt, auf U-Boot-Lieferungen an Taiwan zu verzichten.« Und

ganz selbstverständlich wird hinzugefügt: »Hier wird auf Balance zu achten sein.«
Der Kommentator kennt also offenbar doch die Denkfigur, wonach bei konträren Positionen nicht unbedingt immer eine obsiegen muß, sondern vielleicht auch eine Balance zwischen beiden hergestellt werden kann.
Eine ähnliche Argumentation findet sich beispielsweise auch in einem Kommentar vom 25. 6. 1993, wo es um den Einsatz deutscher Truppen in Somalia geht. Auf die Feststellung, daß Deutschland nicht jeder Bitte entsprechen müßte, Truppen zur Verfügung zu stellen, wird als Kriterium für einen solchen Einsatz wieder die Polarität zwischen der Aufrechterhaltung deutscher Interessen und der Verletzung von Menschenrechten genannt. Nur erstere legitimieren für den *Welt*-Kommentator einen Einsatz: »Die Verletzung von Menschenrechten reicht als Legitimierung des Einsatzes nicht aus.« Wenn dafür als Begründung genannt wird, daß es für den Begriff »Menschenrechte« »keine weltweit identische Definition« gebe, dann trifft dies zu, ist aber doch bloß ein Scheinargument: Ist denn der Begriff »deutsche Interessen« eindeutiger definiert? Aber im Ernst geht es ja gar nicht um diese Definitionsfrage, sondern schlicht um die von den Neurechten wieder so vehement ins Spiel gebrachte Prioritätenumkehr, wonach die Menschenwürde gegenüber den Kollektivinteressen nachrangig behandelt werden soll.
Selbstverständlich durchzieht bei der gesamten Diskussion um das Asylproblem der Kampf für diese Prioritätenumkehr die Argumentation der *Welt*. Manchmal ganz im Stil der großen Schwester, der *Bild*-Zeitung, werden die *Welt*-Leser fast ausschließlich mit Informationen versorgt, die ihrer einseitigen Weltsicht entsprechen. Dazu nur ein paar Beispiele: »Wegweiser zum Asyl-Mißbrauch. Schlepper-Videos locken Zigeuner nach

Deutschland« (*Welt* v. 6. 11. 1992); »Kriminalitätsrate unter Asylbewerbern steigt. Jeder fünfte 1991 in NRW tatverdächtigt registriert (*Welt* v. 14. 5. 1992); »Acht Asylbewerber kassierten achtmal« (*Welt* v. 21. 8. 1992). In einem anderen Beitrag (v. 20. 3. 1992) wird darüber berichtet, daß statt der grundsätzlichen Regelung, Asylbewerber nur noch mit Sachleistungen zu versorgen, die Kommunen nach wie vor lieber Geld zahlten: »Das Zahlen von Bargeld ist bequemer.« Auch jetzt lache noch »fast überall an Rhein und Ruhr weiterhin Bargeld für das Heer der Asylbewerber, das manche Rathäuser bequemerweise gleich auf deren Konten schicken«. Aber der zuständige nordrhein-westfälische »Innen- und Verfassungsminister ›wird sich wegen seiner politischen Linie in dieser Frage weiterhin zurückhalten‹, wie ein leitender Beamter Heinemanns der *Welt* prophezeite«. Am 13. 4. 1992 erschien ein Kommentar, der das ganze Asylproblem letztlich auf eine Mischung aus Unfähigkeit, ideologischer Traumtänzerei und arroganter Rechthaberei deutscher Politiker, insbesondere Heiner Geißlers und Kurt Biedenkopfs, reduziert. Er polemisiert gegen »die gute alte Geißler-Doktrin, daß man bei unbequemen Problemen nichts tun und jeden niederschimpfen soll, der meint, der Parteien-Auftrag bestehe darin, daß die Herrschaften auch was tun für ihre Gehälter und Diäten. Dabei ist jedem, mit Ausnahme von Einfaltspinseln, klar, daß die ›weltweite Armutswanderung‹ selbstverständlich an den Grenzen aufgehalten werden kann: Schlepper und ihre Klienten sind kein Sturmwind, sondern Leute, die Flugkarten lösen, Visa beantragen, mit Autos an die Grenzen rollen«. »Heiligc Einfalt« war dieser Kommentar betitelt. Kein Kommentar!

Ganz im Stil der Neuen Rechten finden sich an vielen Stellen Vorwürfe an die deutsche Politik, daß sie sich doch endlich von Illusionen ab- und der Wirklichkeit zuwenden sollte. Als besonderen Illusionenerzeuger bezeichnet die *Welt* die Linken, insbesondere die »68er«. Deren universalistische Weltbeglückungslehren hinderten die Deutschen daran, zu erkennen, wo sie stünden und welche Alternativen sie überhaupt hätten. So gerieten die Deutschen etwa bei der Diskussion um den Einsatz von Streitkräften bei den militärischen Partnerländern »in das Licht seltsamer Leute, die glauben, die Wirklichkeit wählen zu können« (*Welt* v. 8. 5. 1993).

In dieses ganze neurechte Ambiente paßt dann nur zu gut, daß die *Welt*-Leser im vorigen Jahr durch mehrere thematisch einschlägige Gastkolumnen und durch einen Vorabdruck aus dem Buch »Rückruf in die Geschichte« (*Welt* v. 19. 9. 1992) des »Jungkonservativen« Karlheinz Weissmann noch ausführlicher in die neurechte Gedankenwelt eingeführt wurden. Es sei endlich an der Zeit, den »nationalen Selbsthaß« (*Welt* v. 14. 12. 1991) zu überwinden und sich wieder daran zu erinnern, daß die Gesellschaft nicht durch »Gruppendynamik«, »Herrschaftsfreien Diskurs«, »Basis-Demokratie« und »Civil Society«, also »jenes sanfte Management« gelenkt werden könne, dem »der Glaube an die Güte des Menschen, die Machbarkeit der Verhältnisse und – das in erster Linie – die Wirksamkeit der vernünftigen Kommunikation« zugrunde liege. Nur auf solchen »intellektuellen Spielwiesen ... kann die Vorstellung gedeihen, daß Menschen ohne Hierarchie, ohne klare Funktionszuweisungen, ohne Disziplinierungsdrohung auf längere Zeit sinnvoll gemeinsam handeln ... Macht verschwindet eben nicht, wenn Menschenfreunde nicht mehr von ihr sprechen, sie fällt nur den rhetorisch Begabten, den großen Kommunikatoren in die Hände, den Ahnungslosen oder den Skrupellosen« (*Welt* v. 4. 4. 1992).

Auf dieser Linie liegt dann auch das ständige Wehklagen, daß die Gewalt auf den Straßen zunehme und der Staat gegen sie versage.

»Aber genau da liegt das Problem, daß linke Gewalt all die Jahre gefördert und das gesetzliche Instrumentarium zerschlagen – und die Polizei gründlich eingeschüchtert – wurde und daß SPD und FDP sich bis heute eben um ihrer linken Schläger und Mörder willen nicht entschließen können, wirksamen Gesetzesänderungen zuzustimmen« (*Welt* v. 7. 10. 1992).
Überdies habe der gesamte Rechtsstaat »jahrelang systematisch das Recht gebrochen« und sei daher Initiator der Folgen heutiger rechtswidriger Kriminalität von rechts. Ausdrücklich wird dabei dem Bundesverfassungsgericht eine ignorierende, quietistische Haltung wegen seines bekannten Brokdorf-Urteils vorgeworfen: So »entschied das Bundesverfassungsgericht kalten Blutes angesichts der blutigen Brutalität von Brokdorf, daß solche Aufmärsche nicht genieret werden dürfen« (*Welt* v. 27. 8. 1992).
Mit solchen Artikeln wird das dichotome Freund-Feind-Bild aufgezogen, und wo immer von den verderblichen Einflüssen linker Intelligenz geklagt wird, verdichtet es sich noch zusätzlich, manchmal bis hin zum Haß. Auf die umstrittene Rede des Tübinger Philosophen Manfred Frank am 9. November 1992 in Frankfurt erfolgte ein Kommentar: »Die primitiven Denker« (*Welt* v. 19. 12. 1992). Ihnen wird eine pseudointellektuelle Demokratieverachtung vorgeworfen, weil die Frage gestellt wird, ob Mehrheit in jedem Falle recht habe, oder ob nicht manchmal auch andere Kriterien, zum Beispiel Menschenrechte, eine Rolle spielen sollten. Diese Demokratieverachtung »lebt fort, sogar auf Philosophenkathedern. Hier liegt die Gefahr, die uns noch beschäftigen wird, wenn die letzten Neonazis längst ins Rattenloch zurückgescheucht worden sind. Deren billige Parolen sind leicht zu kriminalisieren. Die akademisch-subtile Demokratieverachtung dagegen wagt kein Staatsanwalt anzugreifen. Soll er auch nicht. Die Poltik sollte ihre Aufmerksamkeit auf die leisen De-

mokratiefeinde, auf den philosophisch verbrämten Faschismus richten. Der Schoß ist fruchtbar noch, auch nach dem 9. November 1989.«

In ihrem Kampf gegen die an vielen Stellen verderbliche (alt-) bundesrepublikanische Vergangenheit kam der *Welt* natürlich der von Helmut Kohl auserwählte Bundespräsidentenkandidat Steffen Heitmann gerade recht als der richtige Nachfolger Richard von Weizsäckers. In dem Kandidaten wähnte man einen von jenen verderblichen Einflüssen unbeleckten Menschen, den auch nicht »die Staatsideologie der DDR« angefochten habe. »Die konservative Wertehaltung, die sich in seiner prägenden Lebensepoche oppositionell verfestigte, eine Art inneres Bollwerk, blieb altdeutsch-familiär und kein Hauch kosmopolitisch, wie aufgeklärter Konservatismus im Westen sich gerne drapiert« (*Welt* v. 20. 9. 1993). Aber dieser Mann betrat »ein Minenfeld, wie der Herr vom anderen Stern«. Und ahnungsvoll vermutet der Kolumnist: »Er kann zerrissen werden, obzwar seine Ansichten dem Mehrheits-Bürger, den er anspricht und ›mitnehmen‹ will, vermutlich zusagen«.

Fuhrioses und Frommes aus der »FAZ«

Während man bei der *Welt* in einer ganzen Reihe von Themenbereichen durchweg von einem kleineren Orchester sprechen kann, das die Melodie der Neuen Rechten – allerdings sicherlich nicht in ihren schrillsten Tönen – ihrem Publikum zu Gehör bringt, sind bei der anderen großen konservativen Zeitung, der *Frankfurter Allgemeinen Zeitung (FAZ)*, eher die Solisten gefragt: Im großen und ganzen sind es ein paar Kommentatoren, die immer wieder mit längeren Kommentaren Duftmarken setzen, die dem ansonsten breiten Konservatismus der *FAZ* doch auch solche Facetten anlagern, die wir im neurechten Denken finden. Am Beispiel mehrerer Kommentare, zum einen zur Multikulturalitätsproblematik, zum anderen zum Fall Heitmann, sollen die zentralen Argumentationslinien herausgearbeitet und diskutiert werden.

»Keine Vielvölkerrepublik« überschreibt Eckhard Fuhr seinen Leitartikel in der *FAZ* vom 13. 2. 1992. Als zentralen Angriffspunkt seiner Argumentation sieht Fuhr die Position des stellvertretenden Vorsitzenden der CDU-CSU-Bundestagsfraktion Geißler. Dieser ist einer der prominentesten Vertreter des Werbens für eine multikulturelle Gesellschaft. Nicht daß Fuhr mit diesem Modell gar nichts anfangen könnte, er sieht aber in ihm eine an jeder gesellschaftlichen Realität vorbeigehende »Idylle«. Als Kronzeugen gegen Geißlers idyllisch-utopische Vorstellung bezieht sich Fuhr auf zwei »Multikultur-Avantgardisten bei den Grünen«, nämlich den Frankfurter Stadtrat Daniel Cohn-Bendit, und Thomas Schmid, der zu den Vordenkern der Grünen zählt. Ein längeres Zitat ist für Fuhr Beleg für einen »harten Realismus« dieser beiden Grünen-Politiker. Sie charakterisieren darin die multikulturelle Gesellschaft als »hart, schnell, grausam und wenig solidarisch« mit Tendenzen des Auseinanderstrebens von Gruppen und mit Problemen, die Sozial- und Wertestruktur aufrechterhalten zu können. Dazu gehört vor allem, zentrale Institutionen der Demokratie und bestimmte Grundwerte, wie zum Beispiel die Menschenrechte, trotz aller sonstigen Vielfalt nicht beschädigen zu lassen. Während aber Geißler, so Fuhr, diese Prozesse in ihrer ganzen Schwierigkeit offenbar nicht ernst nehme, erkennen die beiden Grünen diese »als einen schwierigen, konfliktreichen Prozeß, den sie gleichwohl wollen – denn am Ende sehen sie doch die Verwirklichung eines alten linken Trau-

mes: die von allen historischen, ethnischen, ›völkischen‹ Schlakken gereinigte Republik mündiger Bürger, die das Gemeinwesen konstituieren, indem sie sich zu ihm bekennen«.
Es ist schon eigenartig, wie Fuhr hier aus einem offenbaren Mißverständnis dieses Ansatzes seine eigene Position unter der Hand einführt. Oder ist es etwa gar kein Mißverständnis, sondern schlicht unlautere Unterstellung?
Die Konzeption nämlich, die Geißler – und trotz aller Unterschiede auch Cohn-Bendit und Schmid – vertreten, ist, grob gesprochen, diejenige, die in einem Gemeinwesen den Zusammenhang von Menschen sieht, den diese durch mehr oder weniger freiwillige Akte konstituieren und der durch historische Gemeinsamkeiten wie Sprache, Kultur usw. erleichtert, manchmal aber auch erschwert werden kann. Fuhr erwähnt in diesem Zusammenhang korrekt jenes Kürzel, das hier oft erwähnt wird, nämlich die »Nation als tägliches Plebiszit«, wie es der Franzose Renan geprägt hat. Fuhr: »Das Renansche ›tägliche Plebiszit‹ soll die *Nation als historische Individualität* (Hervorhebung durch W. G.) und als Traditionszusammenhang auflösen. So erscheint die multikulturelle Gesellschaft als der Boden, auf dem endlich die Ideale von 1789 verwirklicht werden können.« Schon bei Kaltenbrunner, Mohler und insbesondere bei Carl Schmitt haben wir darauf hingewiesen, wie genau jene Grundannahmen, um die eigentlich der Streit geht, jeglicher Diskussion durch Wahrheitsbeteuerungen oder auch dadurch entzogen werden, daß sie einfach begründungslos gesetzt werden: die Nation *ist* eine historische Individualität und damit basta! Man könnte sich ja vielleicht darauf verständigen, von einem prinzipiell vom Willen der Menschen abhängigen Gemeinwesen als »historischer Individualität« zu sprechen, denn dieser Begriff hat keinen Gebrauchsschutz. Fuhr aber gibt zu erkennen, daß er den ganzen negativen Zusam-

menhang zwischen »historischer Individualität« und der Tradition der Französischen Revolution schon gesehen wissen möchte. Und diese Traditionslinie, das hat uns die Neue Rechte deutlich gemacht, gelte es abzulehnen. Denn wenn die Menschenrechte und damit die einzelnen Menschen erst einmal als Basis, als *Grund* einer Argumentation akzeptiert seien, habe das Reden von einem Gemeinwesen als einer »historischen Individualität« seinerseits als Basis einer Argumentation wenig Chance.

Man kann über die verschiedenen Grundlegungen unter Wissenschaftlern trefflich streiten, nur für die praktische Politik in Deutschland hat das Grundgesetz die Beweislast eindeutig verteilt. Fuhr muß argumentieren, bei ihm liegt die Beweislast – aber er tut es nicht. Die weiteren Ausführungen Fuhrs, wonach beispielsweise jeder, der über deutsche Schuld und Verantwortung rede, bereits »die Nation als eine historische Schicksalsgemeinschaft und einen gegen andere abgegrenzten Erfahrungsraum« voraussetze, sind nicht zwingend und verlangen keineswegs, die Nation als »historische Schicksalsgemeinschaft« aufzufassen, der der einzelne unentrinnbar einverleibt wäre. Und auch das nächste Bespiel Fuhrs, daß, wer verlange, daß ein Volk aus der Geschichte lerne, annehmen müsse, »daß da ein Volk existiert, das sich in seiner Geschichte wiedererkennt«, führt nicht zwingend dazu, dieses »Volk« als eine eigene, vom Willen seiner Mitglieder unabhängige seinsmäßige Größe anzunehmen. Fuhrs Satz macht genausoviel Sinn, wenn man »Volk« etwa nach der ganz spröden Bestimmung von Karl W. Deutsch als »ein ausgedehntes Allzweck-Kommunikationsnetz« definiert.[6] Fuhr greift nun zu weiteren Beschwörungsformeln: »Es ist wahr: Die Vorstellung, Einwanderer sollten sich nicht nur zur Verfassung, sondern auch zur deutschen Geschichte bekennen, ist lächerlich.« Frage an Fuhr: Warum sollte es unbedingt lächerlich sein, wenn sich ein Türke, der sich seit seiner Geburt in Deutschland aufhält, zur deutschen Geschichte und zum liberalen und weltoffenen Strang deutscher politischer Denktradition bekennt? Wieso erfolgt denn überhaupt die scharfe Trennung zwischen Verfassung und Geschichte?

Zum Schluß kommt Fuhr, wen wundert es noch, auf einen weiteren typisch neurechten Gedankengang zu sprechen: Trotz aller – vermeintlichen – Widerlegung der multikulurellen Ideologie würden die Deutschen weiter gezwungen, »endlich ihre multikulturelle Lektion (zu) lernen. Das hat sich schon beim Versuch, die Teilung Deutschlands als Strafe für Auschwitz zu rechtfertigen, als pädagogischer Größenwahn erwiesen.« Deutschland, so kann man Fuhrs diesbezügliche Botschaft zusammenfassen, sei kein Objekt der Umerziehung mehr; es sei ein eigenständiges Volk, das sich auf seine eigene Geschichte als Schicksalsgemeinschaft besinnen und sich endlich von der Tradition von 1789 und der damit verbundenen Vorstellung von einer weltoffenen Republik verabschieden solle. Damit wäre auch der »Wahn«, eine Vielvölkerrepublik sein zu wollen, endlich beseitigt.

Es ist beileibe nicht Eckhard Fuhr allein, der solche Argumentationen seinen Lesern vorführt. So verdanken wir etwa Friedrich Karl Fromme schon seit einigen Jahren jene subtile Formulierung, wonach bei dem Problem, ob Ausländern das kommunale Wahlrecht in Deutschland zugestanden werden solle, die Prüfung notwendig sei, »ob das ›Volk‹, von dem nach dem Grundgesetz alle Staatsgewalt ausgeht, das ›Staatsvolk‹ ist im Sinne der Summe der deutschen Staatsangehörigen, oder ob dieses Volk angereichert und verundeutlicht werden kann durch Fremde, die jederzeit wieder gehen können« (*FAZ* v. 13. 10. 1989).

Der Begriff »anreichern« stammt aus der Atomphysik und läßt Assoziationen mit »Kernspaltung«, »Explosion« und »Plutoni-

um«, dem gefährlichsten und giftigsten Produkt zu, das wir überhaupt kennen. Ist es nur Zufall, daß Fromme diesen Begriff wählt? Denn als er seinen Artikel schrieb, war in der Bundesrepublik gerade heftig darüber gestritten worden, ob Deutschland den Schritt von der Atom- in die Plutoniumwirtschaft tun solle.
Der zweite Begriff »verundeutlichen« unterstellt darüber hinaus, daß ein relativ deutlich sicht- und gut abgrenzbares Volk existiere, das durch Fremdländisches in seiner Identität und Homogenität Schaden leide.
Jahre später – das Bundesverfassungsgericht hatte in seinem Urteil zum kommunalen Ausländerwahlrecht zwar dieses verworfen, aber dabei den Denkanstoß gegeben, über die Änderung des Staatsbürgerrechtes den Kreis der Wahlberechtigten zu vergrößern – bleibt Fromme bei seinem Bild (*FAZ* v. 2. 6. 1993). Vehement wendet er sich gegen türkische Gegengewalt nach dem Solinger Mordanschlag und bringt den Türken mores bei: »Für Gäste in einem fremden Land ist das (die Gegengewalt, W. G.) ein heikles Unterfangen.«
Nicht Frommes Eintreten gegen Gewalt beziehungsweise Gegengewalt soll hier kritisiert werden, sondern nur der ständige Hinweis, daß die Türken »Gäste« seien, mit denen im übrigen die »große Mehrheit« der Deutschen »in friedlicher, gewiß nicht immer konfliktfreier Nachbarschaft« lebe (a. a. O.). Frage an Fromme: Leben denn die Deutschen untereinander konfliktfrei, so daß die Nachbarschaftskonflikte zwischen Deutschen und Türken extra erwähnt werden müssen? Fromme braucht aber die Darstellung der geradezu selbstverständlichen Konfliktstruktur zwischen Deutschen und Ausländern, um sich gegen die neuerlichen Vorschläge einer erleichterten Einbürgerung von Ausländern zu wehren, denn diese würden möglicherweise die Konflikte sogar noch verschärfen: »Gewalttäter nach dem Muster von So-

lingen würde das (nämlich die Einbürgerung, W. G.) kaum zurückhalten; sie würden eher animiert, wenn sie auf undeutliche Weise wüßten, ›die Türken‹ könnten bei den Kommunalwahlen mitbestimmen, als ob sie Deutsche seien.«
Kann, ja muß man nicht die Folgerung nach Frommes Argumentation ziehen, daß Türken/Ausländer, da sie niemals einen anderen denn einen Gästestatus in Deutschland besitzen werden und sollen, sich entweder wie diese benehmen oder eben irgendwann wieder ade sagen sollten, denn schließlich können sie ja »jederzeit wieder gehen«? (*FAZ* v. 13. 10. 1989)
Auf andere Beispiele dazu, wie die *FAZ* im Zusammenhang mit der Ausländer- und Asylproblematik hauptsächlich um deutsche Identität und deutsches Ansehen im Ausland besorgt ist, hat etwa Otto Köhler in einem zornigen Artikel verwiesen.[7]
Gegenüber diesen eindeutigen Trends bei manchen angesehenen Leitartiklern in der *FAZ* ist jedoch interessant, daß sich andererseits in derselben Zeitung auch Beiträge finden, die sich sehr kritisch mit der Neuen Rechten befassen, z. B. Pfahl-Traughbers Analyse der *Jungen Freiheit* (*FAZ* v. 2. 11. 1993) oder der Nachruf auf den Erlanger Historiker und REP-Mitarbeiter Hellmut Diwald (*FAZ* v. 2. 6. 1993).
Eckhard Fuhr hat in einem Leitartikel (*FAZ* v. 29. 9. 1993) ein weiteres Thema angesprochen, das wir bereits aus Leitartikeln der *Welt* kennen: die Kandidatur Steffen Heitmanns und die Reaktionen der linksliberalen Intellektuellen. »Es herrscht Aufruhr an den linken Stamm- und Schreibtischen, das gesunde Volksempfinden begehrt dort auf. Warum? Ein Fremder will Bundespräsident werden. Er heißt Heitmann und kommt aus Sachsen. Er stört die Gemütlichkeit zwischen Postmoderne und Pinot Grigio.« Für Fuhr ist der Streit um Heitmann schlicht eine Art Kulturkampf: »Es geht um die Herrschaft über die Diskurse,

also darum, wer wen zwingen kann, politische Aussagen moralisch zu legitimieren.« In der Tat – man kann es so sehen, obwohl die Ablehnung der Äußerungen Heitmanns, vor allem im Interview mit der *Süddeutschen Zeitung,* ursprünglich bei vielen nur aus dem Erstaunen erwuchs, wie unbekümmert Heitmann in einen Argumentensack griff, der in der Bundesrepublik wahrlich umstritten ist, und wie selbstverständlich er und oft mehr noch seine »Freunde« darauf beharrten, durch ihn spreche des Volkes Stimme. Darüber hinaus muß aber ein Kulturkampf im Sinne eines Kampfes um die »politische Hegemonie« entstehen, wenn es auch schon bei Heitmanns Aussagen nach Meinung Fuhrs darum geht, »wer wen zwingen kann, politische Aussagen moralisch zu legitimieren«. Wenn Fuhr unter dem angeblich von den Linken eröffneten Kulturkampf nur die Reaktionen links-liberaler Kreise auf das tatsächliche oder vermeintliche Abbröckeln ihrer bisherigen »Hegemonie in der politisch-intellektuellen Öffentlichkeit« sieht, dann sei ihm dies unbenommen. Wenn er aber in diesem Streit und in seinen Weiterungen tatsächlich die Frage der Legitimation von Aussagen im Sinne eines Kampfes um die Beweislastregeln des bundesrepublikanischen Grundgesetzes sehen sollte, dann ist dies wirklich einen Kampf wert. Fuhr hat mit seiner Kulturkampfthese recht, aber so will er sich wahrscheinlich nicht verstanden wissen: Der Kampf um die Grundlagen der Bundesrepublik Deutschland hat längst begonnen, und manchmal, so scheint es, schreit die *FAZ* dabei auf dem falschen Bein Hurra.

Die *Junge Freiheit,* die *Welt* und die *FAZ* wirken je nach ihren Möglichkeiten nicht nur in ihrer Leserschaft, sondern im Gesamtbereich der Öffentlichkeit bei der Meinungsbildung mit. Ihre konkreten und direkten Einflüsse auf diesen Bereich abzuschätzen, ist wie gesagt fast unmöglich. Sicherlich kann aber gesagt werden, daß die FAZ und die Welt schon intensiv mitbestimmen, welche Themen in welcher Weise und in welcher Dringlichkeit in der politischen Öffentlichkeit behandelt werden. Heiner Geißler forderte nach den Gewalttaten des letzten Sommers die Medien öffentlich auf, ihre Berichterstattung über Ausländer nachhaltig zu ändern. »Wir müssen endlich aufhören, über ausländische Mitbürger so zu reden, als ob es unmöglich wäre, mit ihnen zusammenzuleben.« Dabei nannte Geißler ausdrücklich die *FAZ* und die *Welt am Sonntag*. Er hätte natürlich auch die *Welt* mit einbeziehen können.

Diesen Einfluß hätte sicherlich auch die *Junge Freiheit* gerne. Man wird nach einiger Zeit abschätzen müssen, wie sich ihre Veränderung vom Monats- auf ein Wochenblatt auf den rechtskonservativen Bereich, aber auch darüber hinaus auswirken wird. So viel aber kann jetzt schon gesagt werden, daß die *Junge Freiheit* im rechten Meinungsspektrum jedenfalls inhaltlich voll präsent ist. Ob sie dabei nur auf der Woge schwimmt oder ob sie diese Woge vorantreibt – irgendwo dazwischen dürfte sie liegen. Sicherlich würde sie sich überschätzen, wenn sie glaubte, die Woge selbst zu sein.

Kapitel 7

Die politische Auseinandersetzung um das Asylproblem nach der deutschen Einheit *oder:* Triumph des neurechten Denkens?*

Lagebericht von der Asylfront

Kaum ein Thema hat in den letzten Jahren die bundesrepublikanische Gesellschaft so sehr erregt wie das Asylproblem. Nicht daß zum erstenmal ein »Ausländerproblem« die Gazetten füllte, denn schon in den siebziger Jahren hatte es nach der Ölpreiskrise und den damit verbundenen wirtschaftlichen Wachstumseinbußen die Forderung gegeben, die Gastarbeiter wieder nach Hause zu schicken, um die Arbeitsplätze an Deutsche vergeben zu können.

Anfang der achtziger Jahre äußerte der damalige SPD-Fraktionsvorsitzende Herbert Wehner in einer Sitzung des SPD-Parteivorstandes am 15. 2. 1982 seine Sorge: »Wenn wir uns weiterhin einer Steuerung des Asylproblems versagen, dann werden wir eines Tages von den Wählern, auch unseren eigenen, weggefegt, dann werden wir zu Prügelknaben gemacht werden. Ich sage euch: Wir sind am Ende mitschuldig, wenn faschistische Organisationen aktiv werden. Es ist nicht genug, vor Ausländerfeindlichkeit zu warnen; wir müssen die Ursachen angehen, weil uns sonst die Bevölkerung die Absicht, den Willen und die Kraft abspricht, das Problem in den Griff zu bekommen.«[1]

* Unter Mitarbeit von Markus Birzer.

Einige Monate vorher hatte sich eine Gruppe konservativer Professoren, verbunden mit dem Kasseler Thule-Seminar, im sogenannten »Heidelberger Manifest« dahingehend geäußert, daß dem deutschen Volke durch die hohe Zahl von Ausländern große Gefahr durch Überfremdung drohe. Die Empörung über dieses Manifest war damals groß, denn die Autoren bedienten sich eines rassistisch eingefärbten Vokabulars.
Ein nächster heftiger Paukenschlag dröhnte dann 1988 durch die deutschen Lande, als der »Entwurf für ein Gesetz zur Neuregelung des Ausländerrechts (Ausländeraufenthaltsgesetz)« vom 1. 2. 1988 aus dem Bundesinnenministerium bekannt wurde. Es wird dort zwar klar und deutlich ausgesprochen, daß das »Ausländerproblem« nicht, wie bis dahin diskutiert, hauptsächlich ein ökonomisches Problem sei, sondern in erster Linie eine gesellschaftspolitische Dimension habe: »Es geht im Kern nicht um ein ökonomisches Problem, sondern um ein gesellschaftspolitisches Problem und die Frage des Selbstverständnisses der Bundesrepublik Deutschland als eines deutschen Staates.« In der Begründung knüpft dieser Gesetzentwurf aber offenbar an Gedankengänge an, die man schon im »Heidelberger Manifest« wahrgenommen hatte. Was bisher in der breiteren Öffentlichkeit nur unter den wirtschafts-, finanz- und arbeitsmarktpolitischen Aspekten diskutiert wurde, nämlich »ob und in welchem Umfang Ausländern der dauernde Aufenthalt im Bundesgebiet ermöglicht werden sollte«, wurde jetzt auf eine noch viel fundamentalere Fragestellung abgehoben. Zur Disposition stand danach »die Homogenität der Gesellschaft, die im wesentlichen durch die Zugehörigkeit zur deutschen Nation bestimmt« sei. »Die gemeinsame deutsche Geschichte, Tradition, Sprache und Kultur verlören ihre einigende und prägende Kraft. Die Bundesrepublik Deutschland würde sich zu einem multinationalen, multikulturellen Gemeinwesen

entwickeln, das auf die Dauer mit entsprechenden Minderheitenproblemen belastet wäre.« Da »die Bewahrung des eigenen nationalen Charakters« das »legitime Ziel eines jeden Volkes und Staates« sei, wurde einer derartigen Entwicklung im »Interesse der Bewahrung des inneren Friedens«, vornehmlich aber »im nationalen Interesse« eine klare Absage erteilt.

Auch wenn dieser Entwurf, kaum in der Öffentlichkeit bekannt geworden, sofort wieder zurückgezogen wurde, so signalisierte er doch, daß sich offenbar bei einer Teilmenge der politischen Klasse eine entscheidende Wendung im Selbstverständnis der Bundesrepublik anbahnte, obwohl damals noch nicht klar war, wie weit diese Neuorientierung eigentlich um sich greifen würde. Jedenfalls war dieser Vorschlag aus dem Innenministerium das erste für alle sichtbare Anzeichen, daß Gedankengänge, die vorher eher in Diskussionskreisen, auf Akademietagungen und im wissenschaftlichen Diskurs seit längerem eine Rolle spielten, in die Entscheidungszentren vorgerückt waren. Besonders auffallen mußte, daß auf die »Ausländerfrage« eine Antwort gegeben wurde, die genau einer ziemlich extremen Position unter vieren entsprach, die sich aus dem Getöse der Asyldebatte herausfiltern lassen. Diese vier Positionen lassen sich als die *völkisch-nationale*, die *demokratisch-nationale*, die *republikanisch-liberale* und die *egalitär-multikulturalistische* kennzeichnen. Die Bundesregierung vertrat dabei in ihrem Gesetzentwurf deutlich eine auf die Homogenität der Nation abzielende Politik.

Die ersten beiden dieser vier Positionen können vollständig unter Rückgriff auf die Grundgedanken der Neuen Rechten, insbesondere Carl Schmitts, charakterisiert werden. Danach ist es eine grundsätzliche »politische« Richtungsentscheidung, Deutschland wieder als eine eigenständige politische Einheit anzusehen, die darüber, was sie zu einer solchen Einheit macht, aus eigener

Machtvollkommenheit und Würde[2] entscheiden könne und müsse. Wenn Deutschland diese Grundentscheidung, eine eigene Nation nach eigener Grenzziehung zu sein, nicht für sich reklamiere, sondern wie bislang sich seine Ziele von außen her vorgeben lasse, dann verbleibe Deutschland in einer Situation, über die die Geschichte längst hinweggegangen sei und in der derjenige, der dies nicht zur Kenntnis nehmen wolle, der gerechten Strafe entgegensehe, nämlich den Verlust seiner eigenen Identität zu erleiden oder, wie Carl Schmitt es formulierte: ein Volk, das nicht mehr in der Lage sei, die politische Entscheidung, also die »Unterscheidung von Freund und Feind«[3] zu treffen, entferne nicht Politik aus der Welt; vielmehr vergehe mit ihm eben ein zur Politik in diesem Sinne unfähiges Volk[4].
Dieser Denkansatz Carl Schmitts war in den letzten Jahren schon längst wieder aus den Kreisen kleiner Zirkel mitten in die politische Kultur der Bundesrepublik hineingestoßen. Er hatte sich bereits in verschiedenen anderen Politikbereichen hinlänglich artikuliert, zum Beispiel in den Angriffen gegen die Politik des Ausgleichs mit dem kommunistischen »Feind« oder in der ideologischen Überhöhung des Aspektes der streitbaren Demokratie zu der Frage, ob ein Staat auch nach innen Feindbestimmungen vornehmen dürfe.
Dieser Ansatz tritt nun wenigstens in zwei Varianten an die Öffentlichkeit: in einer völkisch-nationalen und einer demokratisch-nationalen. In der völkisch-nationalen Variante wird argumentiert, daß es ganz und gar an der Realität eines Volkes oder einer Nation vorbeigehe, auf Dauer in einer Form der Multikulturalität zu bestehen. Die historische Realität zeige, daß Staaten, die nicht in der Lage gewesen seien, dem »Ernstfall«, nämlich der Bedrohung ihrer Identität, zu widerstehen, auslaufende Modelle seien. Die angeblich oft Härte und Grausamkeit nun mal erfor-

dernden Entscheidungen, die eigene Identität zu wahren, seien aber immer solchen Kollektiven weitaus leichter gefallen, die sich auf eine Homogenität hätten abstützen können, die relativ unangezweifelt war. Homogenität aus Blutsverwandtheit gilt hier als in gleicher Weise stabile Voraussetzung wie eine Homogenität aus historischen, traditions- oder sprachbezogenen, also insgesamt kulturellen Gründen. Selbstverständlich könnten von den Mitgliedern eines Kollektivs solche an sich stabilisierenden Faktoren verraten werden, das Kollektiv aber habe dann die Aufgabe, sich entschieden gegen solche Verräter zu wenden beziehungsweise solche Feinde, die ja Carl Schmitt ausdrücklich als gegen die Existenz des Kollektivs gerichtete Menschen oder Gruppierungen ansieht, zu identifizieren und zu eliminieren. Erst wenn dieser grundsätzliche politische Schritt, diese grundsätzliche politische Entscheidung getroffen sei, lasse sich über Fragen von Details oder über pragmatische Regelungen mit Aussicht auf Einigung oder »vertretbaren Kompromiß« debattieren.

Zweifellos ist in der Frage der Zuwanderung die Frage nach dem Selbstverständnis der bundesrepublikanischen Gesellschaft mit angesprochen.[5] Aber eine an Carl Schmitt orientierte Position muß dieses schwierige Problem auf eine (zu) einfache Alternative verkürzen, weil sie vom »Ernstfall«, vom Kampf auf Leben und Tod her denkt: Entweder man gehe vom prinzipiellen homogenen Kollektiv aus und sei dann in der Lage, das Asylproblem entsprechend zu lösen, oder man verkenne die Realität und verrenne sich daher in ein nicht lösbares Dauerproblem, über dem das eben nicht entscheidungsfähige Kollektiv früher oder später zerbrechen müsse. In dieser Frage sei eben nicht Ausgleich, Kompromiß oder Abwarten, denunziert als »Entscheidung durch Aussitzen«, angesagt, sondern eine eindeutige und nicht mehr revozierbare Bekräftigung der »Realität« eines »homogenen Nationalstaats Deutschland«. Sonst drohen eben unwiderrufliche Selbstaufgabe, Preisgabe der eigenen Geschichte und Kultur, Verrat am deutschen Volk.

Das »Asylproblem« war für diese erste Position also nicht ein Problem, das auf der Agenda politischer Entscheidungen wegen seiner Dringlichkeit ganz oben stand, sondern vielmehr Mittel zum Zweck, Bewährungsprobe historisch eher zufälliger Art für das immerwährende politische Problem, nämlich die Freund-Feind-Unterscheidung und die damit immer fällige kollektive Identitätsstiftung. Damit konnte sie an die von der Neuen Rechten ähnlich fundamentalistisch geführten Debatten über den »Werteverfall« durch die 68er oder für ein »unverkrampftes Verhältnis zur deutschen Geschichte« angeschlossen werden.

Die zweite, die demokratisch-nationale Position, ist in ihrer grundsätzlichen Orientierung auf die Homogenität eines Kollektivs, beziehungsweise in ihrer Ablehnung der Multikulturalität, der völkisch-nationalen recht ähnlich. Sie unterscheidet sich jedoch von ihr darin, wie dieser Akt der Selbstkonstitution vollzogen werden soll. Gegenüber der autoritär-fundamentalistischen ersten Position, die aus der unverfälschten Einsicht in Geschichte und Wirklichkeit der politischen und sozialen Welt den einzig richtigen, weil »wirklichen« Standort kennt und ihn deshalb auch legitimerweise durchsetzen könne, argumentiert die zweite Position vom Begriff der »Volkssouveränität« her. Es müsse letztlich dem deutschen Volk selbst überlassen bleiben, wie es sich in dieser Sachfrage, nämlich der Frage der Multikulturalität beziehungsweise der *damit* zusammenhängenden Asylproblematik entscheiden wolle. Vertreter dieser Position plädierten also dafür, diese Frage eben nicht aus dem Wahlkampf herauszuhalten, sondern sie im Gegenteil zum zentralen Punkt aller demokratischen Wahlen auf Bundes- und Landesebene zu machen: Wenn demokratische Wahlen überhaupt noch einen Sinn machten und nicht nur zur alle vier Jahre fälligen Pflichtübung degenerieren sollten, wo die Bevölkerung nach Art von Konsumentscheidungen über den schönsten, den am besten vermarkteten Kandidaten entscheide, dann müßten eben jene Fragen dem Volke zur Abstimmung vorgelegt werden, die seine Gegenwart und seine Zukunft am intensivsten bestimmten; und bei diesen Fragen nehme zweifellos das »Asylproblem« eine Spitzenposition ein. Hier ist also das »Asylproblem« nicht ein Problem sui generis, also völlig eigenständiger Art, sondern es wird zu einem Zentralproblem, weil sich die Bevölkerung dagegen zu wehren beginnt. Derartige Entwicklungen müßten ernst genommen werden.

Mit dieser Begründungsstrategie werden nun aber Positionen vertreten, die sich in dem Ausmaß unterscheiden, in dem reflektiert wird, wie weit bestimmte Kriterien der Wahrnehmung, der Selbstdefinition und der Fremdeinschätzung die Karriere des »Asylproblems« beeinflussen. Sie reichen von der scheinbar soften Formulierung, daß es zwar moralisch nicht ohne weiteres vertretbar sei, andere, die gar nichts hätten, dennoch nicht an dem eigenen ungeheuren Wohlstand teilnehmen zu lassen, bis zur Aussage, daß solche moralischen Argumentationen aber hinter der demokratisch gefällten Entscheidung des Volkes zurückzustehen hätten. Mit der schärfsten Variante, wonach in der Asylproblematik die Entscheidung eines Volkes gegen die Aufnahme von Fremden ja nichts anderes bedeute, als legitimerweise den eigenen »Volkstod« zu verhindern, geraten wir bereits in die Nähe zur obengenannten fundamentalistischen, völkisch-nationalen Position.

Die schärfsten Gegner der demokratisch-nationalen, auf »Volkssouveränität« zielenden Position vertreten, wie etwa Heiner Geißler, eine republikanisch-liberale Konzeption. Die Vertreter dieser dritten Position verweisen darauf, daß das demokratische Prinzip zwar ein fundamentales, selbstverständlich zu berücksichtigendes Prinzip sei, das aber nur im Gesamtrahmen aller anderen Staatsziele des Artikel 20 GG anzuwenden sei. Diese Argumentation verläuft ähnlich wie im Falle der in regelmäßigen Abständen immer wieder auftauchenden Diskussion um die Einführung der Todesstrafe. Es wird darauf verwiesen, daß es dafür sicher eine große demokratische Mehrheit geben würde, daß aber andererseits den ebenso wichtigen Gedanken der Menschenwürde Respekt gezollt werden müßte, der durch die Anwendung der Todesstrafe prinzipiell tangiert werde. Die Bundesrepublik Deutschland habe sich in ihrem Republikprinzip eine menschenrechtsorientierte, weltbürgerliche Ausrichtung gegeben, die ebenso wie die anderen Staatsprinzipien nicht aufgegeben werden dürfe – es sei denn, man wolle die bisherige Bundesrepublik in ihrer Verfassung und in ihrem bisherigen Konsens kippen. Es könne also nicht um die einfache Formel gehen: demokratische Entscheidung ja oder nein, sondern um die komplexere und gleichzeitig kompliziertere Fragestellung, wie bei grundsätzlicher Wahrung der Menschenwürde aller dennoch eine demokratische Entscheidung in den Sachfragen der Asylproblematik zustande kommen könnte. Hier müsse es dann darum gehen, die Bevölkerung durch Aufklärung über Sachverhalte in den Stand zu versetzen, eine *alle* grundsätzlichen Fragen einbeziehende komplexe Entscheidung zu treffen, die selbstverständlich immer nur Kompromißcharakter haben könnte. Durch die Orientierung an dem Prinzip der offenen Republik war man bei dieser Gegenposition selbstverständlich verpflichtet, in die Gesamtargumentation etwa Fragen sozialer und ökonomischer Gerechtigkeit auf der Ebene der Weltpolitik ebenso ernst zu nehmen wie auf der nationalen Ebene. Probleme der ökologisch bedingten Flüchtlingsströme mußten hier ebenso Eingang in die Überlegungen finden wie Fragen der Bevölkerungsexplosion und andere – und zwar prinzipiell unabhängig davon, ob nun die westliche Welt und dabei wieder insbesondere die Bundesrepublik in nachweisbaren und erheblichen Teilen Schuld an der Misere trugen.

Genau hier ist der entscheidende Unterschied zur demokratisch-nationalen Position zu erkennen: Wer im Existenzkampf der Völker untereinander jedem einzelnen einen nationalen Egoismus zugesteht, der zum Überleben notwendig sei, wird keinen Gedanken darauf verschwenden müssen, ob und in welchem Umfange die eigene Nation Schuld an der Weltmisere trage. Wer aber darauf besteht, der demokratischen Entscheidung die Prinzipien der gegenseitigen Verantwortlichkeit, der Gerechtigkeit, Gleichheit und Solidarität quasi als moralische Regulative des als natürlicher Faktor verstandenen Egoismus voranzustellen, wird sich folgerichtig schon intensiver mit der Frage auseinandersetzen müssen, inwieweit etwa die Bundesrepublik durch ihre Wirtschaftsweise die Lebenschancen insbesondere der Dritten und Vierten Welt beeinträchtigt oder nicht. Welche Höhe des Lebensstandards etwa das deutsche Volk anstreben, beziehungsweise welche Einbußen es hinzunehmen bereit sei, müsse man zwar einer demokratischen Entscheidung vorbehalten und nicht von außen oder oben vorschreiben. Doch müsse man mit guten Gründen für eine verantwortliche Position zu überzeugen suchen.

Etwa an dieser Stelle setzt der Vorwurf an Geißler an, er betreibe eine Art »Herz-Jesu-Marxismus«, also eine Art Besserwisserei mit avantgardistischem Anspruch, gestützt auf eine fraglos humanistische, ja gegebenenfalls sogar sympathische, jedoch angesichts der Realitäten gefährlich idealistische Position. Gefährlich sei sie deshalb, weil sie ein moralisch überfordertes Volk in die Arme rechter Bauernfänger treiben könne, vor allem auch

dann, wenn in dieser moralischen Argumentation die deutschen NS-Verbrechen immer wieder als Argument eingesetzt würden.
Die Gegenposition zur ersten fundamentalistischen Position konnte realistischerweise gar nicht in einer sachlichen Auseinandersetzung über Ausmaß, Gründe, Steuerung der Asylbewerberströme bestehen, wenn sie sich nicht in eine Situation von Hase oder Igel begeben wollte, in der der fundamentalistische Igel den sich redlich in der differenzierten Argumentation bemühten Hasen schon immer abgefangen hatte. Die Gegenposition zu diesem Fundamentalismus kann demgegenüber nur darin bestehen, auf die intellektuelle Erschleichung der Grundprinzipien und ihrer autoritären Festnagelung zu verweisen und die Prinzipien der bundesrepublikanischen Verfassung mit dem zentralen Stellenwert des Artikels 1 GG, der die Würde des Menschen behandelt, und des Artikels 20 GG, der alle fünf Staatsprinzipien in einer *Gesamt*schau hervorhebt, mit aller demokratisch verfügbaren Macht zu verteidigen. Es hatte hier wenig Sinn, sich auf Details der Sachfrage einzulassen (natürlich konnte es nicht schaden, zur Untermauerung der Position auch solche Argumente mitzuführen), vielmehr mußte man zur Kenntnis nehmen, daß sich hier letztlich die Machtfrage bei dem Streit um die kulturelle Hegemonie stellt.
Die vierte Position, die egalitär-multikulturalistische, sei hier nur kurz erwähnt: Hier überwiegt das Argument, nach Deutschland könnten gar nicht genug Ausländer einwandern, um den Deutschen den militaristisch-nationalistischen Geist endlich auszutreiben. Mit dieser Position wurden, wie wir bei der Analyse der Medien sahen, oft Vertreter der dritten Position in polemischer Absicht identifiziert.
Wir werden im folgenden sehen, daß per saldo die demokratisch-

nationale Position, die oben genannte 2. Position, im wesentlichen die Diskussion um das Asylproblem bestimmte, und zwar auf mehrfache Weise:

Zum einen bestimmte sie, welche Position in der Debatte die Beweislast zu tragen hätte – zum Beispiel legte sie fest, daß der Ausgangspunkt der Diskussion selbstverständlich nur das Wohl und Wehe des deutschen Nationalstaats sein könne. Allenfalls war hier auch noch eine Einbeziehung der anderen europäischen Nationalstaaten möglich, oder man sprach von Europa quasi als einer Art »Nation Europa«.

Zum zweiten bestimmte sie, welche sachlichen Aspekte eine Rolle spielen sollten, also welches Gewicht zum Beispiel die Kostenfrage, die Mißbrauchsfrage, die Kriminalitätsproblematik, die Quantitätsfrage haben sollten.

Zum dritten war sie dominant in der Bestimmung der Kriterien, die bei der Bewertung der Einzelprobleme oder bei der Gesamtbewertung angewendet werden sollten. Ihr Hauptargument für diesen Dominanzanspruch lag immer wieder darin, daß sie vorgab, nach dem Willen und dabei im Verein mit der Mehrheit der Bevölkerung zu argumentieren. Man habe nicht nur das Ohr an den deutschen Stammtischen, sondern gab auch unumwunden zu, daß man dort die Lufthoheit zu erringen suche, beziehungsweise bereits errungen habe. Der republikanisch-liberalen Position dagegen warf man vor, von weltfremden Idealen her zu argumentieren. Bestenfalls gestand man dem Bundespräsidenten Richard von Weizsäcker zu, aus seiner Rolle des über allen Parteien stehenden Staatsoberhauptes auch solche Normen zu artikulieren, von denen man zwar wisse, daß sie nicht zu realisieren seien, von denen es aber auch andererseits nicht schaden könne, wenn sie gleichsam als Ausdruck des guten deutschen Gewissens hochgehalten würden. Erst als Richard von Weizsäcker zeigte, daß er mit dieser Alibifunktion nicht zu identifizieren sei, sondern alle Anstalten machte, dafür zu kämpfen, daß diese Normen, zum Beispiel der offenen Bürgerrepublik, zur handlungsleitenden Maxime deutscher Politik würden, geriet er in besonderer Weise ins Visier harter Attacken. Der Beifall, der seinem von Helmut Kohl anfangs favorisierten Nachfolgekandidaten gerade auch von dieser Seite entgegenschlug, hat eben darin seinen besonderen Grund, daß sie in Steffen Heitmann einen Exponenten genau jener vorgeblichen Volksmeinung sahen, beziehungsweise ihn dazu stilisierten.

Die Diskussion um das Asylproblem kristallisiert sich nun vor dem Hintergrund der genannten prinzipiellen Positionen besonders um folgende drei Hauptstreitpunkte:

Der erste Streitpunkt geht darum, ob man ein Recht habe oder nicht, sich gegen Asylbewerber überhaupt zu wehren. Dabei spielt noch einmal eine Rolle, ob man in Asylbewerbern eher »Feinde«, eher »bedauernswerte« Menschen oder gar eine »Bereicherung für Deutschland« sieht.

Eine zweiter Streitpunkt liegt darin, ob die Regelung, die das Asylproblem auf jeden Fall verlange, hier und sofort möglichst intensiv und abschließend greifen müsse, oder ob eher pragmatische Fall-zu-Fall- Lösungen geboten wären.

Im dritten Streitpunkt diskutiert man, welche Veränderung Deutschland bei der Lösung des Asylproblems durchmachen müsse, könne und solle. Befürchteten die einen, daß nach der Asylregelung Deutschland Abschied von der alten Bundesrepublik genommen haben werde, befürworteten die anderen genau eine solche fundamentale Veränderung. Meinten einige, eine Grundgesetzänderung sei nicht zu umgehen, ändere aber im übrigen am gesamten Geist der Verfassung nichts, befürchteten andere wiederum, daß jede Änderung des Individualrechts auf

Asyl die fundamentale Bedeutung der im Grundgesetz verbürgten Grund- und Menschenrechte schleichend aushöhle.
Bei der folgenden Analyse einiger zentraler Argumentationsfelder innerhalb der Asyldiskussion gilt es, die bisher angebotenen Strukturierungen dieses Disputs zu berücksichtigen. Es gilt beispielsweise, sensibel dafür zu sein, daß für den einen ein Argument eher strategische Bedeutung hatte, als daß es in erster Linie darum ging, die Triftigkeit dieses Argumentes zu überprüfen. In diesem Zusammenhang ist manchmal nicht deutlich, ob einem Argument nur deswegen große Aufmerksamkeit zukommt, weil es sich populistisch gut verkaufen läßt. Des weiteren gilt es zu berücksichtigen, daß manche Argumentationsketten in der sozialen und politischen Wirklichkeit eine neue soziale Realität schufen, die es so vorher nicht gegeben hatte. Im gesamten Diskussionsfeld geht es ja um ein geradezu klassisches Beispiel der im ersten Kapitel ausführlicher behandelten gesellschaftlichen Konstruktion von Wirklichkeit. Die gesamte Asylproblematik ist schließlich – und dies dürfte wohl unbezweifelbar sein – von einer solchen Komplexität und Dynamik, daß es geradezu als naiv angesehen werden muß, wenn jemand behauptete, er überblicke das Feld in hinlänglicher Deutlichkeit. Es sollte also von daher nicht verwundern, wenn wir feststellen, daß gerade bei diesem Problemfeld die Frage danach, wer hier die Konstruktion von »Wirklichkeit« am meisten beeinflußen kann, von besonderer Bedeutung ist.

Neurechte Mathematik:
5 + 5 = 9 oder 10 oder 45 ...

Das Quantitätsargument

»Das Boot ist voll« ist nach wie vor für die einen ein Satz, der schlicht die »Realität« widerspiegelt, während er für andere eine unerträgliche, unanständige und manipulative Wirklichkeitsverzerrung darstellt. Es ist ganz erstaunlich, daß trotz oder vielleicht gerade wegen der fundamentalen Bedeutung, die in unserem so statistikgläubigen und -verwöhnten Land die schiere Zahl von Fremden in Deutschland im Laufe der Asyldebatte bekommen hat, ein Überblick über die aktuelle Lage und ihre Entwicklung erst nach und nach möglich wird. Diese Unsicherheit hängt hauptsächlich damit zusammen, daß nach wie vor keine Einigung darüber in Sicht zu sein scheint, wie denn überhaupt der Berechnungsmodus aussehen soll und an welcher Frage man interessiert ist.

Um nur ein paar Fragen zu nennen: Sollen Aussiedler mit in die Zahl der »Ausländer« aufgenommen werden, gegebenenfalls alle Aussiedler, oder nur jene, die, ohne die geringste Bindung an beispielsweise Kultur und Sprache außer dem Nachweis einer deutschen Großmutter, der gleichen Integrationsleistung bedürfen wie etwa ein Kriegsflüchtling aus dem ehemaligen Jugoslawien? Sollen alle Menschen ohne deutschen Paß, die aber schon seit zehn und mehr Jahren in Deutschland wohnen und in einer vergleichbaren Situation in Frankreich längst eingebürgert worden wären, als Ausländer zählen, auch wenn sie längst integriert sind und nicht unwesentlich zum deutschen Sozialprodukt beitragen? Was ist mit jener offenbar nicht unbeträchtlichen Zahl von Menschen, die jährlich Deutschland wieder verlassen, ohne daß

es wahrgenommen wird, oder die aus anderen Gründen statistisch nicht erfaßt werden? Wie soll man mit solchen Kindern von Ausländern verfahren, die, weil hier geboren, nach dem Staatsbürgerschaftsrecht vieler anderer Staaten nie etwas anderes als Deutsche gewesen wären? Dort wird weitgehend die Staatsbürgerschaft nach dem Territorialprinzip (ius soli) vergeben. Das bedeutet, daß jedem, der seit einer gewissen Zeit auf dem Boden eines Landes wohnt oder dort geboren ist, dessen Sprache spricht und die Verfassung anerkennt, eingebürgert werden kann. In Deutschland wird hingegen nach wie vor in Fragen der Staatsangehörigkeit auf der Grundlage von Artikel 116 und dem deutschnational geprägten Staatsbürgerschaftsgesetz von 1913 nach dem Geblütsprinzip (ius sanguinis) verfahren.
Es ist klar erkennbar, daß gerade bei dieser Zahlenakrobatik jene am höchsten sprangen, die nicht aufhörten, die Überfüllung des deutschen Bootes zu beklagen, und die deshalb für drastische Reduzierung plädierten. Insgesamt aber, so läßt sich bei genauerem Hinsehen erkennen, gewinnt das Zahlenspiel erst dann seine wahre Brisanz, wenn es mit anderen Problembereichen kombiniert wird.

Das Kostenargument

Das Kostenargument hat im Laufe der Asyldebatte eine ganz zentrale Rolle gespielt. Denn wenn man hätte nachweisen können, daß der deutsche Steuerzahler einen außerordentlich hohen Beitrag für die Ausländer zahlen müßte, dann wäre dies natürlich um so weniger verständlich, ja sogar empörend und forderte zur Gegenwehr auf, wenn es gelänge, darzustellen, daß es sich dabei um Fremde handelte, die letztlich ohnehin nur hierhergekommen seien, um Deutschland als Feinde zu schaden. Gerade diejenigen, die in einem möglichst homogenen Volk die notwendige Voraussetzung dafür sehen, überhaupt noch in einer turbulenten Welt überleben zu können, die voller Schwierigkeiten stecke und die die Nationen untereinander notwendig zu Feinden mache, werden sich dagegen wehren, die eigenen, zur Bestandserhaltung des eigenen Lebens und des Lebens des eigenen Volkes dringend benötigten Kapazitäten an eben jene zu verschwenden, von denen sie sich ohnehin nur bedroht sehen.

Deshalb wird das Kostenargument meist mit zwei weiteren Strategien verbunden: Zum einen wird der Nutzen, den Ausländer für das Gemeinwesen erbringen, ignoriert. Zum anderen werden die Kosten erheblich dramatisiert, um den »Ernstfall« oder den »Staatsnotstand« ausrufen zu können. So hat ein gewisser Jan Werner bereits im Titel seines Buches von der »Invasion der Armen«[6] geprochen, gegen die »Notwehr … nicht unmoralisch« sei. Nur dann, wenn dieser Gedanke um sich greife, seien die Aussichten auf Rettung nicht hoffnungslos – »vorausgesetzt«, so fährt er fort, »man macht sich von Illusionen frei, nimmt die Welt so wie sie ist, und vor allem: zieht daraus die richtigen Konsequenzen, auch wenn sie hart sind, ja unmenschlich und auf den ersten Blick grausam erscheinen. Aber Kriege sind nun mal unmenschlich und grausam. Wenn sie uns aufgezwungen werden, wird Europa sich zu wehren wissen, genauso wie wir es zu Zeiten des Kalten Krieges notfalls getan hätten.« Leicht erkennt man die Kriegsmetapher aus dem Hause Hobbes & Schmitt, im Vertrieb des neurechten Handelsvertreters Werner?

Den Hauptgrund für diese »Invasion der Armen« nach Europa sieht Werner in der Überbevölkerung vor allem der Länder der Dritten Welt. Weit ab von dem Gedanken, daß Überbevölkerung noch etwas mit den historisch und politisch bedingten Gegebenheiten eines Landes zu tun haben könnten, sieht er China als Vorbild: »In diesem streng regierten, gut durchorganisierten

Land mit seiner disziplinierten Bevölkerung war es fast gelungen, die Ein-Kind-Familie durchzusetzen.« Europa ist nun deswegen für diesen Autor das Ziel der Bevölkerung aus jenen offenbar schlecht organisierten und undisziplinierten Ländern, weil sie sich hier in diesem ebenfalls schlecht organisierten und undisziplinierten, aber darüber hinaus auch noch liberalisierten Land all jenes holen können, wozu sie selbst nicht fähig sind. Für Werner ist angesichts dieser Sachlage klar: »Verteidigung heißt die Devise.« Diese Verteidigung soll auf zweierlei Weise geschehen: »Die erste ist, die Grenzen Europas müssen so gesichert werden, daß sie undurchdringlich werden, was nicht zu schwierig ist, wenn es nur ernsthaft gewollt und konsequent durchgeführt wird. Diese Grenzen werden nicht nur Angreifer aufhalten, sondern auch verhindern müssen, daß ›friedliche‹ Trecks aus der Dritten Welt nach Europa kommen.« Ergänzt werden muß diese Strategie dadurch, »daß sich der Norden darauf einstellt, jede Bedrohung im Ansatz zu eliminieren«, die aus der Dritten Welt für ihn entstehen könnte. Werner schließt sein Buch mit dem Hinweis darauf, daß es »zu fürchterlichen Kämpfen um Lebensmittel, Trinkwasser und einer Bleibe kommen« werde, also zu Kriegen. »Wenn Europa darin nicht untergehen will, werden wir uns wappnen und einigeln müssen. Wir müssen endlich einsehen, daß wir die Probleme der ganzen Welt nicht lösen können. Es geht nur noch darum, sie von Europa, von uns und vor allem unseren Kindern so gut wie nur möglich fernzuhalten.«

Hinter dem Autorennamen Jan Werner verbirgt sich, wie man bereits auf der Rückseite des Buches lesen kann, Hans-Werner Müller, der in der sozialliberalen Ära acht Jahre die innenpolitische Abteilung des Presse- und Informationsamtes der Bundesregierung leitete, zuletzt im Range eines Ministerialdirektors. Müller ist seit Juni 1992 Landesvorsitzender der REPs in Berlin.[7]

Wenn nicht alles täuscht, hat diese Argumentationsweise während der Asyldebatte großen Einfluß gewonnen. Während aber Werner alias Müller noch von Europa als einer aufzubauenden Festung spricht, hat der Justizminister von Mecklenburg-Vorpommern, Herbert Helmrich (CDU), bereits die »Festung Deutschland« im Auge. So forderte er »eine konsequente Abgrenzung Deutschlands gegen Zuwanderungen aus Südosteuropa«, und feinfühlig für ehemalige DDR-Ohren formulierte der Wessi-Minister, man müsse »im *übertragenen Sinne* eine Mauer ziehen, um die Festung dichtzumachen«[8].

Was sich an dieser Argumentation deutlich machen läßt, ist folgendes: Europa beziehungsweise Deutschland ist von Feinden in einer derartigen Weise bedroht, daß eine endgültige und scharfe Regelung des Problems greifen muß: die möglichst totale Abschottung nach außen. Ob sich bei der Umwandlung eines Staates in eine Festung beziehungsweise Wagenburg eine grundsätzliche Veränderung dieser politischen Einheit ergeben wird, wird entweder gar nicht gefragt, oder, wie Werner alias Müller dies mit seinem China-Beispiel wenigstens indirekt andeutet, zustimmend zur Kenntnis genommen. Die innergesellschaftlichen Konsequenzen, die ein Festungsstaat mit sich bringt, erörtert »Werner« nicht weiter. Seine Darstellung Chinas als »gut organisiert« legt aber wohl nahe, das Vorbild im Fernen Osten und der dortigen Minderheitenpolitik beispielsweise gegenüber Tibet zu suchen.

Während in der bisher vorgestellten Argumentation die Kostenfrage bereits dadurch beantwortet ist, daß eben für Deutschland eine absolut unzumutbare Höhe postuliert wird, gibt es schon auch relativierende Bemerkungen. Heinrich Lummer etwa, Rechtsaußen in der CDU, ohnehin kein Freund einer multikulturellen Gesellschaft, zu zitieren mit dem Satz, daß sich »eine homogene Staatsbevölkerung leichter regieren« lasse, beziehungsweise daß sie »eine größere Gewähr für die Bewahrung des inneren Friedens«[9] biete, sieht die Kostenfrage für Asylbewerber in Relation zu der Kostenfrage der deutschen Einheit und folgert: »Daß angesichts eines Jahrhundertvorhabens wie der Wiedervereinigung die Wohltätigkeit gegenüber ausländischen Besuchern eingeschränkt werden muß.«

Wie zentral das Kostenargument in der gesamten Diskussion gewesen ist und wie abenteuerlich hier zum Teil mit einer selbstkonstruierten Wirklichkeit hantiert wurde, zeigt das folgende Beispiel, das, wäre es nicht so folgenreich gewesen, schon fast kabarettreif genannt werden kann: In der *Welt am Sonntag* vom 18. Oktober 1992 hatte der Pforzheimer Oberbürgermeister Dr. Joachim Becker (SPD) die Kosten für Asylbewerber mit mindestens 35 Milliarden DM pro Jahr angegeben. Darauf gab es eine Anfrage des Bundestagsabgeordneten Wolfgang Schulhoff (CDU/CSU) an den Bundesinnenminister, ob diese Zahl den Tatsachen entspreche. Die Antwort des Parlamentarischen Staatssekretärs Dr. Horst Waffenschmidt vom 2. 11. 92 lautet wie folgt: Die Bundesregierung könne diese Aussage »nicht bestätigen. Die Aufwendungen, die Bund, Länder und Gemeinden pro Asylbewerber und Jahr entstehen, betragen nach den der Bundesregierung vorliegenden Erkenntnissen durchschnittlich rund 15 500 DM. Davon entfallen etwa 8500 DM auf die Kosten der Sozialhilfe und 7000 DM auf die Kosten der behördlichen Infrastruktur und auf Aufwendungen nach dem Wohngeldgesetz; im Einzelfall können die Kosten wesentlich darüber hinausgehen. Die Bundesregierung geht davon aus, daß im Jahre 1991 rund 350 000 Asylbewerber voll alimentiert worden sind, so daß die Gesamtkosten etwa 5,4 Mrd. DM betragen haben.«[10]

Die Antwort der Bundesregierung ist deshalb besonders interessant, weil mit keinem einzigen Wort auf die – offenbar als lächerlich gering empfundene – Differenz zu der Zahlenkonstruktion Beckers von knapp 30 Milliarden DM entsprechend 555 Prozent eingegangen wird; und dies immerhin bei einem Thema, das gerade zu diesem Zeitpunkt in voller Emotionalität in der Öffentlichkeit diskutiert wurde. Wollte man einen jener vielzitierten sozialdemokratischen Bürgermeister, die aus der Situation vor Ort und aus dem Wissen um die »Stimmung an der Basis« heraus den damals gerade zur Wende in der Asylfrage entschlossenen SPD-Vorsitzenden Björn Engholm schon in die rechte Richtung treiben würden, nicht unnötig brüskieren? In der Tat, man konnte ja schlecht jemandem vorwerfen, durch nicht mehr nachvollziehbare Berechnungen in unverantwortlicher Weise Panik zu verbreiten, den man dringend im selben Boot benötigte, um endlich Kurs auf die damals noch geplante völlige Abschaffung des Individualgrundrechts auf Asyl nehmen zu können. Nun wollte man aber offenbar in der Antwort dem Oberbürgermeister doch ein wenig zur Seite springen, und so formulierte man flugs einen scharfsinnigen Vorschlag für eine neue Interpretation statistischer Durchschnittsberechnungen: Danach sind Mittelwerte nicht mehr so zu deuten, daß Abweichungen nach oben durch solche nach unten ausgeglichen werden. Vielmehr gilt bei politischer Opportunität: »Im Einzelfall können die Kosten wesentlich darüber hinausgehen.« Ein bravouröser Beitrag zur Gemeinsamkeit der Demokraten ...

Der Bundestagsabgeordnete der CSU Michael Glos nahm in der entscheidenden Asyldebatte vom 11.6.1993 dankbar das Zahlenangebot des kenntnisreichen Oberbürgermeisters an und wertete diese 35 Milliarden DM kurz und entschlossen als »Kosten, die die Wirtschaftsflüchtlinge dem deutschen Steuerzahler letztendlich verursachen«[11]. Da mußten die REPs in ihrem neuesten

Programmentwurf von 1993 nur noch unwesentlich zulegen, um dort von Schätzungen von »über 40 Milliarden DM«[12] auszugehen. Zur Abrundung finden sich dann auch noch die Behauptungen, daß sowohl die Arbeitslosigkeit als auch die Wohnungsnot wesentlich auf die Ausländer zurückzuführen seien.[13] Im Zusammenhang mit Schätzungen von über 35 Milliarden DM, die aus politischen Strömungen herrühren, die ansonsten höchst unterschiedliche Ausrichtung haben, mutet es schon etwas eigenartig an, wenn im Bayerischen Verfassungsschutzbericht 1992 der DVU folgende Aussage angekreidet wird: »Das deutsche Volk sei nicht bereit, die ›galoppierende Invasion vor allem von Zigeunern‹ sowie die mit ›Scheinasylantentum‹ verbundenen Lasten von jährlich ›mehr als 15 Milliarden Mark‹ hinzunehmen. *Diese massive fremdenfeindliche Agitation* (Hervorhebung durch W. G.) steht im Gegensatz zur verbalen Distanzierung der Partei von Gewaltaktionen gegen Ausländer und erweckt den Eindruck, fremdländische Zuwanderer seien fast alle – mit Ausnahme der Aussiedler – Asylbetrüger, Kriminelle und Schmarotzer.«[14] Da stellt sich doch die Frage: Ab welcher Preislage wird man Verfassungsfeind?
Wie weit die suggestive und ausdrückliche Übertreibung von Kosten und Nachteilen, die Asylbewerber für die Deutschen verursachen, verbreitet war, mag noch ein anderes Beipiel zeigen. Heribert Prantl hat dies in der *Süddeutschen Zeitung* vom 25. 5. 1993 in bezug auf den damaligen Münchner Oberbürgermeister Kronawitter auf den Punkt gebracht, der ja ebenfalls in der SPD für die Grundgesetzänderung zu Lasten eines individuellen Grundrechts auf Asyl warb: »6800 Menschen – die Zahl der Asylbewerber in München – sollen also zum Beispiel schuld sein an der Wohnungsmisere der Millionenstadt.«

Wer auch solche Kosten noch in Kauf nehmen wollte, sollte durch die Mißbrauchsdiskussion bearbeitet werden. Deren Ziel war es, ausländische Empfänger von staatlichen Hilfsleistungen, vor allem Asylbewerber und Flüchtlinge, pauschal als Betrüger zu denunzieren.

Denn zur Argumentation, daß Asylbewerber in Deutschland horrende Kosten inklusive Arbeitslosigkeit und Wohnungsnot verursachen, paßte die Diskussion darüber, daß von Asylbewerbern staatliche Zuwendungen teilweise doppelt beziehungsweise mehrfach kassiert würden, nur zu gut. Rein faktisch stellten sich dann später bei Stichproben die ermittelten Mißbrauchsfälle als viel geringer heraus, als angenommen wurde.[15]

Die These paßte aber genau in jenes Gesamtbild, daß es sich bei Asylbewerbern eben nicht um bedauernswerte Menschen handle, die zum großen Teil aus unverschuldeter Not geflohen seien, sondern daß hier Feinde die Deutschen um das hart verdiente Brot bringen wollten. Gegenüber dieser gesamten Debatte, die kurz vor der endgültigen Asylentscheidung im Deutschen Bundestag von einem Höhepunkt zum anderen raste, mußten Berechnungen wie etwa des Rheinisch-Westfälischen Instituts für Wirtschaftsforschung damit leben, so gut wie nicht zur Kenntnis genommen zu werden. Sie paßten eben nicht in jenes Bild, denn dort war berechnet worden, daß alle Ausländer in Deutschland einen Beitrag an Steuern und Sozialversicherungsbeiträgen leisten, der bei etwa 30 Milliarden Mark liege, während die Kosten für alle Ausländer an Sozialhilfe, Arbeitslosen-, Kinder- oder Wohngeld schätzungsweise 16 Milliarden Mark betrügen, für die öffentliche Hand 1991 also etwa ein »Gewinn« von 14 Milliarden DM verzeichnet werden könne. Diese Mitteilung, in der *Frankfurter*

Rundschau vom 8. 9. 92 veröffentlicht, findet sich beispielsweise auch wieder in der *Süddeutschen Zeitung* vom 24. 12. 92 – es gab also schon genügend Möglichkeiten, auch hier zu solideren Grundlagen zu gelangen und sein Wunschbild von »Realität« entsprechend zu korrigieren.

Wir haben hier ein hervorragendes, wenngleich makabres Beispiel dafür, wie das Reden über Wirklichkeit, selbst wenn es nachprüfbar falsches und sogar öffentlich widerlegtes Reden ist, dennoch eine eigenständige Realität wird, die von keiner Kritik mehr tangiert werden kann. Auch diejenigen, die sich damals, als die Fama vom Mond aus grünem Käse aufgebracht wurde, gegen diese künstlich erzeugte Mehrheitsmeinung wandten, hatten so gut wie keine Chance, für ihre Sicht der Dinge Gehör zu finden. Würde man die bundesrepublikanische Diskussion um die Asylbewerberkosten des Jahres 1992 unter dem Aspekt einer rationalen Auseinandersetzung um ein schwieriges Detailproblem einschätzen, dürfte das Urteil für die an der Diskussion Beteiligten per saldo nicht sehr positiv ausfallen. Offenbar aber ging es eben gar nicht um dieses Detailproblem. Vielmehr hatte in den herrschenden Kreisen der politischen Klasse eine grundsätzlich neue Situationsdefinition stattgefunden, in der letztlich die Homogenität des deutschen Volkes als »Realität« angesehen wurde, die es zu erhalten und weiter auszubauen galt, wobei ein möglicher Irrtum bei einem Detailproblem nicht sonderlich ernst genommen werden mußte.

Das Kriminalitätsargument

Doch das Bild, das da mit Hilfe überhöhter Zahlen über Zuwanderer und über die von ihnen angeblich verursachten finanziellen und sozialen Kosten gemalt wurde, war noch längst nicht vollständig. Es bedurfte noch weiterer Farbtupfer, um die Massen von seiner Qualität zu überzeugen: Schwarz in schwarz wurde eine angeblich bedrohlich hohe Ausländerkriminalität aufgetragen. Inzwischen scheint sich allerdings im Gegensatz zur Kostenfrage hier eine gelassenere Art der Diskussion abzuzeichnen. Gleichzeitig hat aber der Verlauf dieser Debatte gezeigt, daß unser Wissen bislang nur sehr vorläufig und rudimentär ist. Dies beginnt bei der Frage des Verhältnisses von Tatverdächtigen zu Verurteilten, wo zum einen behauptet wird, daß dieses Verhältnis ungleich ungünstiger bei Ausländern als bei Deutschen sei, was demnach bedeuten würde, daß sehr viel mehr Ausländer einer Tat verdächtigt als später deswegen verurteilt werden. Bei Deutschen scheint dagegen die Anzahl der Tatverdächtigen und Verurteilten sehr viel näher beieinanderzuliegen.[16] Dies könnte aber bloß bedeuten, daß Ausländer schneller unbegründet angezeigt und verdächtigt werden als Deutsche. Andere wieder sagen, daß diese Frage aus verschiedenen Gründen zumindest heutzutage noch gar nicht abgeklärt werden könne.[17] Die Unsicherheit in unserer Kenntnis setzt sich weiter fort bei der Frage, ob wir überhaupt sinnvolle Vergleiche zwischen Deutschen und Ausländern hinsichtlich ihrer Kriminalität vornehmen können, weil wir von ganz ungleichen sozialen Voraussetzungen und soziostrukturellen Merkmalen wie etwa dem überdurchschnittlichen Anteil besonders anfälliger Gruppen an der Gesamtheit (etwa junge Männer und sozial Schwache) ausgehen müßten.[18] Schließlich wissen wir noch weniger darüber, wie die Stigmatisierung von Ausländern als abgelehnte Minderheiten auf deren Sozialverhalten gegenüber der Mehrheit wirkt.[19] Aus der Minderheitenforschung jedenfalls wissen wir, daß Minoritäten dazu neigen können, auf Dauer immer mehr jenem Bild zu entsprechen, das sich die Mehrheit von ihnen macht.[20] Solche Prozesse sind als »sich selbst erfüllende Prophezeiungen« in den Humanwissenschaften bestens be-

kannt. Jedoch ist es auf der anderen Seite außerordentlich schwer, sie präzise zu belegen.
Wer von der Zielvorstellung einer möglichst homogenen Bevölkerung ausgeht, der kann Ausländerkriminalität als taktisches Argument einsetzen: Weil Ausländer häufiger als Deutsche in Tatverdacht geraten, wird dies als einer der zentralen Gründe herangezogen, die Anzahl der Ausländer, insbesondere der Asylbewerber, drastisch zu reduzieren. Die durch diese Abschottungshaltung miterzeugte Gegen-Abschottung der Ausländer – und das heißt ja nichts anderes als die zunehmende gegenseitige Einschätzung als Feind – wird dann als Beleg dafür gesehen, daß dies immer schon so gewesen, und Abschottung daher um so notwendiger sei. Aus einer – möglicherweise falschen – Realitätssicht kann so tatsächlich Realität werden.
Eine Orientierung dagegen, die sich den in der Welt faktisch vorhandenen Migrationsströmungen nicht einfach durch Festungsbau zu entziehen versucht, wird gerade an detaillierten und auf längerfristige Entwicklungen neugierigen Untersuchungen dieses Problemes interessiert sein. Selbstverständlich kann auch eine weltbürgerlich orientierte Demokratie nicht an der Kriminalität der Nichtdeutschen einfach vorbeisehen, sie muß aber ebenso detailliert deren Wurzeln nachgehen, wie sie das auch bei der einheimischen Bevölkerung zu tun gewohnt ist. Nur so kann ein sorgfältiger Umgang mit dem Problem erreicht werden, ohne sofort das Kind mit dem Bade auszuschütten. »Was die Häufigkeit von Straftaten (ohne Verkehrsdelikte), errechnet auf hunderttausend Einwohner angeht, weist Frankfurt fast die zweifache Belastung von Darmstadt auf. Wie würden die Frankfurter wohl reagieren, wenn sie nun amtlich bescheinigt bekämen, sie seien krimineller als die Darmstädter?«[21]
Heinrich Lummer hat recht, wenn er moniert, daß die Ausländer-

kriminalität nicht zu einem Tabu gemacht werden dürfe – auch wenn dies natürlich nur der übliche rhetorische Vorlauf ist, um dann die »Wirklichkeit« sprechen zu lassen. So fordert er denn, daß »eine offene und sachliche Diskussion über dieses Thema«[22] begonnen werden müsse, um seine These anzuschließen, daß Zuwanderer aus Kulturen, »die der unseren nahestehen«, von sich aus, also ohne daß das immer prekäre Minderheiten-Mehrheiten-Verhältnis berücksichtigt wird, weniger kriminell seien. Inwieweit sich diese Aussage mehr seiner oben schon erwähnten Homogenitäts-Philosophie verdankt, als daß sie empirisch in jedem Fall gerechtfertigt ist, harrt freilich noch der Klärung. Schließlich steht es jedem frei, sich Gruppen, die weniger kriminell sind, »kulturell näher« zu fühlen.

Selbstverständlich kann es nicht darum gehen, ganze Völker in Deutschland aufzunehmen. Eine solch absurde Vorstellung resultiert nur aus einem unverantwortlichen Fundamentalismus. Gegenüber den Behauptungen, die Integrationskraft der Deutschen sei längst erschöpft, und auch die Integrationswilligkeit der zu uns »strömenden« Ausländer nehme ab, ist darauf verwiesen worden, daß unterhalb der Schwelle der Totalamputation des Asylrechts die vielfältigen Möglichkeiten pragmatischer Lösungen mit viel geringerer Eingriffsintensität noch längst nicht ausgereizt seien. Diese Vorschläge mittlerer Ebene werden natürlich genau jene nicht befriedigen, auf deren Hausaltar eine möglichst homogene Nation einen unverrückbaren Stellplatz hat.

Im übrigen darf man bei der ganzen Asyldiskussion nicht vergessen, daß die Hauptargumente, nämlich Kosten, Mißbrauch und Kriminalität, seit geraumer Zeit auch gegenüber den Deutschen selbst im Zusammenhang mit der Frage der Unregierbarkeit der Bundesrepublik diskutiert werden: Mißbrauch der Sozialleistungen, Verfall der Werte, steigende Kriminalität etc. sind Dauerbrenner der konservativen Unregierbarkeitsdebatte. Sicherlich werden auch hier, wie in der Ausländerfrage, nicht nur Scheinprobleme attackiert, sondern reale Wirklichkeitsausschnitte. Die spannungsreichen und hitzigen Diskussionen um den Sozialstaat und die rechtsstaatliche Demokratie, die ja durchwegs eine Reihe von Ergebnissen gebracht haben, die Deutschland im Kreis stabiler Demokratien einen festen Platz gesichert haben, zeigen, daß eine von der Zielsetzung her komplexe, gleichzeitig aber praktisch orientierte und detailgenaue Analyse die notwendige Voraussetzung für eine einigermaßen erfolgreiche Politik ist.

Neurechte Strategien: Ein bißchen Dramatisierung kann nicht schaden

Wie sehr die Diskussionen über das Asylproblem genau gegen diesen pragmatischen Kurs verstießen und statt dessen den Gesetzen der Dramatisierung unterlagen, läßt sich besonders gut an jener Zeitspanne aufzeigen, in der insbesondere die CSU die Abschaffung des Individualrechts auf Asyl forderte. Pragmatische und fundamentalistische Argumentationen wechseln sich in dieser Zeit ab, aber nur letztere scheinen in der Öffentlichkeit intensiv wahrgenommen zu werden.
Kurz zur Erinnerung: Ende August hatte der damalige SPD-Chef Björn Engholm auf dem Petersberg bei Bonn seiner Partei eine Kröte angeboten, die sie nun endlich zu schlucken hätte: die Mitwirkung an einer Änderung des Grundgesetzartikels 16. Dieser Petersberger Beschluß schien die SPD für kurze Zeit fast in eine Spaltung zu treiben. Insofern mußten sich die Koalitionsparteien, zumindest der christliche Teil davon, schon etwas einfallen lassen, um die SPD als ganze nicht wieder vom Petersberger Weg ab-

kommen zu lassen. Nach parlamentarischem Gebrauch wäre zu erwarten gewesen, daß die Regierung zu Zugeständnissen an die Opposition in der Sache bereit ist oder ihr in einer anderen Frage entgegenkommt. Hier wurde aber ein völlig anderer Weg gewählt.

Ein erster markanter Schritt läßt die Öffentlichkeit aufhorchen: Aus dem Bundeskanzleramt werden Überlegungen gestreut, daß sich Helmut Kohl Gedanken mache »für den Fall X, wenn die SPD sich einer ›vernünftigen Lösung‹ verweigere« (*Frankfurter Rundschau* v. 3. 11. 1992). Dabei fällt der Begriff »Staatsnotstand«, der sofort helle Empörung auslöst. Graf Lambsdorff läßt verlauten: »Einen Verfassungsbruch macht die FDP nicht mit.« Das Asylproblem müsse gelöst werden, »aber mit verfassungsgemäßen Mitteln«. Der SPD-Fraktionsvorsitzende Klose sieht schon deutlicher und nennt die Diskussion um einen sogenannten *Staatsnotstand* »unanständig, unerträglich, unangemessen und gefährlich«; so schüre man eine »Sündenbock-Argumentation gegen Ausländer«. Und zum Zwecke der Abwiegelung macht Kanzleramtsminister Bohl ganz deutlich, daß Helmut Kohl »Staatsnotstand« eben nicht juristisch, sondern »politisch« verstehe. Ist diese Bohlsche Interpretation wirklich beruhigender? Sie heißt doch nichts anderes, als daß hier ein politischer Rahmen für die Asyldebatte geschaffen werden soll, in dem dann der Verfassung hart zu Leibe gerückt werden kann. Und genau diese Strategie, schon vorher geübt, wird nun noch weiter intensiviert.

Insbesondere die CSU ist dazu auserkoren, ihren Beitrag zu dieser Strategie abzuliefern. Für sie ist es schon seit langem klar, daß sie sich nicht mit einem, wie oft geäußert wird, kosmetischen »Herumdoktern« am Artikel 16 GG zufriedengeben wolle. Sie fordert vielmehr die völlige Abschaffung des individuellen Grundrechts auf Asyl und möchte statt dessen eine staatliche Garantieerklärung bieten. Der juristische Unterschied zwischen diesen beiden

Versionen liegt im Kern darin, daß der Asylbewerber dann in Deutschland nicht mehr wie bislang Grundrechtsträger ist, sondern letztlich im besten Fall bloßer Empfänger eines staatlichen Gnadenaktes und – so war von den findigen Parteijuristen sofort zu Recht hinzugefügt worden – insofern nur noch pures Objekt staatlicher Entscheidungen, weil damit für diese Gruppe von Menschen auch die Rechtswegegarantie nach Artikel 19, 4 GG konsequenterweise entfallen würde. Für diese Position hatten die CSU-Politiker weiß Gott schon lange genug gefochten. Im Sommer 1992 aber verstärkten sie zusätzlich ihre Agitation.

Auffällig pikant ist beispielsweise ein Artikel des damaligen Innenministers und heutigen Ministerpräsidenten von Bayern, Edmund Stoiber (CSU), in der Parteizeitung *Bayernkurier* vom 12. 9. 1992. Nachdem er die bisher verfehlte Asylpolitik und »die drängenden Fragen des Asylmißbrauchs« als »mitverantwortlich für den Anstieg des Rechtsradikalismus in Deutschland« bezeichnet hat, wendet er sich den Politikern aus SPD und FDP zu, die eine effiziente Asylpolitik bislang verhindert hätten. Besonders aber hat es ihm unter seinen Gegnern der stellvertretende CDU/CSU-Fraktionsvorsitzende Heiner Geißler, »zum Glück ein Außenseiter in der CDU«, angetan: Die »leichtfertigen und unverantwortlichen« Reden vom »Einwanderungsland Deutschland« seien »Steilvorlagen für eine Rechtsaußenpartei. Wer den Asylmißbrauch nicht beendet und – wie Geißler – statt dessen bekundet, Deutschland müsse sich zur multikulturellen Gesellschaft entwickeln und darauf einstellen, mit wesentlich mehr Ausländern als bisher dauerhaft zusammenzuleben, der schafft den Boden, auf dem Ausländerhaß wirklich gedeiht ... Ich kann nur eindringlich davor warnen, den Irrweg in die multikulturelle Gesellschaft zu gehen. Deutschland ist kein Einwanderungsland ... Deutschland hat sich in seiner Geschichte nie als ein Einwan-

derungsland verstanden, hat bisher nie eine Einwanderungspolitik betrieben und sieht sich auch heute nicht als Einwanderungsland.« Wovon Stoiber hier spricht, hat mit der historischen Realität genausoviel gemein, als wenn sich ein Zwerg für einen Riesen hielte. Denn rein faktisch hat sich in Deutschland immer, aber meistens in Wellenbewegungen, starke Migration abgespielt.[23]
Es ist richtig, daß Deutschland diesbezüglich sehr oft wegen seiner geographischen Mittellage Probleme hatte, die es mit dem Staatsangehörigkeitsgesetz von 1913 nur unzulänglich beheben konnte. Ob sich etwa um die Jahrhundertwende »Deutschland« als Einwanderungsland verstand oder nicht, bleibe dahingestellt. Daß die nationalen und später die nationalistischen Kräfte, die sich dann auch machtpolitisch in dem erwähnten Gesetz von 1913 durchsetzen konnten,[24] ihr Deutschland »nie als ein Einwanderungsland verstanden«, das mag Stoiber gefallen, er muß jedoch ebenfalls zur Kenntnis nehmen, daß damals die Sozialdemokratie, die 1913 bei der Abstimmung knapp unterlag, auch einen Teil Deutschlands repräsentierte, es sei denn, er hält sie alle immer noch für »vaterlandslose Gesellen«.
In einer bestimmten Weise ist diese ideologische Spannung des Endkaiserreiches bis heute vorfindbar. Das Gesetz von 1913 mit seiner deutsch-national motivierten Festlegung der Staatsangehörigkeit durch Abstammung gilt auch heute noch. Gleichzeitig aber versteht sich die Bundesrepublik seit 1949 in ihrem Artikel 20 GG auch als eine menschenrechtsorientierte, weltoffene Republik. Daß es nach dem Verständnis von Stoiber und seiner CSU genau um deren Abschaffung geht, darüber spricht er nicht. Er spricht nicht davon, daß Zuwanderern in Deutschland nicht mehr alle Menschenrechte zustehen sollen, sondern nur davon, daß sich hier inzwischen eine Realität aufgebaut habe, die von der Bevölkerung nicht mehr hingenommen werde und deshalb »eine grund-

legende Reform des Asylrechts« vorgenommen werden müsse. Nur verschweigt er dabei, daß auch letztlich der Geist der Verfassung zur Disposition gestellt werden könnte. Per Gesetz soll so der Zwerg zum Riesen gemacht werden.

Markanter und volksnäher als Stoiber drückte dies ein anderer CSU-Mann aus. Auf dem Nürnberger CSU-Parteitag am 6./7. 11. 1992 bezog er sich auf das Grundgesetz von 1949, als er ungeniert erklärte: »Ich bin Kfz-Händler und kann auch kein 49er Modell mehr unter die Leute bringen.«[25]

Es verging in der Folgezeit kaum ein Tag, an dem nicht diejenigen Politiker, die der CSU-Lösung (noch) nicht zustimmen wollten, dafür verantwortlich gemacht wurden, daß die gereizte Stimmung in der Bevölkerung zunähme. Daß die Hoffnung auf die Radikallösung den Blick für pragmatische Regelungen bei der Aufnahme und Unterbringung der Asylbewerber, der Entscheidung über ihre Anträge und bei der Abarbeitung der immer größer werdenden Menge sogenannter Altfälle trübte, wurde von der CSU schon gar nicht bemerkt, stand aber auch in der Öffentlichkeit überhaupt nicht mehr zur Debatte. Das Denken kreiste mit zunehmender Umdrehungszahl um eine »Realität«, die inzwischen so konstruiert worden war, daß sie eben tatsächlich dem Notstand glich und radikale Lösungen erforderte. Daß man diese Realität selbst mitgeschaffen hatte und ihr wohl bald auch selbst erlag, gehört mit zu den spannendsten Erkenntnissen bei der Betrachtung dieser ansonsten traurigen Geschichte.

Aber genau zu dieser Zeit ertönten bereits warnende Stimmen genug, die sich auch mit dem nötigen Nachdruck zu Worte meldeten. Als die FDP-Justizministerin auf ein Gutachten verwies, das das Heidelberger Max-Planck-Institut in ihrem Auftrag verfaßt hatte und das zu dem Ergebnis gekommen war, daß die Bundesrepublik sehr wohl am individuellen Grundrecht auf Asyl

festhalten, sich aber dennoch gegen möglichen Mißbrauch wehren könne, nannte Stoiber diese Auffassung »unmöglich und fahrlässig«. *Der Spiegel* berichtete darüber am 5. 10. 1992 wie folgt: »Über soviel Demagogie können sich Deutschlands höchste Richter nur noch wundern. ›Das Bundesverfassungsgericht‹, so dessen Präsident Roman Herzog in schlichter Klarheit, ›hat seit 40 Jahren immer wieder zum Ausdruck gebracht, daß der Artikel 19 Absatz 4 dem Bürger, auch dem Ausländer natürlich, eine Rechts- und Tatsacheninstanz garantiert‹, nicht weniger, aber auch nicht mehr: ›Von Rechtsmitteln oder gar von einem drei- und vierzügigen Instanzenzug ist dort nicht die Rede.‹ Unbegreiflich findet es Herzog, warum das Grundrecht abgeschafft werden soll. Entgegen der sonst üblichen richterlichen Zurückhaltung gab er den deutschen Asylstrategen einen deutlichen Hinweis – mit einem Wortungetüm: ›Das heißt, man könnte noch sehr viel mehr zur Abschlankung des Rechtsweges tun, als das bisher der Fall ist.‹ Wie der konservative Herzog halten auch die meisten seiner liberalen Kollegen eine Kanalisierung des Ausländerzustroms für durchaus möglich. Mit ›Sammellagern, genügend Entscheidern des Bundesamtes und, für den Einspruch, Einzelrichtern am Ort‹, so ein Richter, dürfe es eigentlich nicht schwierig sein, beispielsweise Bewerber aus Nichtverfolgerländern ›innerhalb kürzester Frist abzuweisen‹ – unter Beachtung des Individualrechts und der Rechtsweggarantie.«
Diese längere Passage mag verdeutlichen, daß keine Not gewesen wäre, sich wieder auf eine pragmatische Diskussion einzulassen, gab es doch genügend Sachverständige, die sich jetzt gegen ihre sonstige Zurückhaltung dringlich zu Wort meldeten. Aber der selbstinszenierte Notstand ließ eine rationale Argumentation nicht mehr zu. Voller Stolz warfen sich deshalb die CSU-Delegierten des Parteitages am 6./7. 11. 1992 in Nürnberg in die Brust,

als sie sich, wie von vielen Korrespondenten nicht ohne einen Anflug von Bewunderung berichtet, ohne Gegenstimme für die Abschaffung des individuellen Grundrechtes auf Asyl ausgesprochen hatten. Zwar sprach dort niemand mehr von der Gefahr der Durchrassung der deutschen Gesellschaft, aber der Inhalt der Nürnberger Botschaft war klar: Die Deutschen wollen unter sich bleiben, die prinzipielle Solidarität mit Menschen, die aus welchen Gründen auch immer nach Deutschland kommen, soll einem prinzipiellen Mißtrauen weichen. Deutschland soll sich als ein Nationalstaat verstehen lernen, in dem Homogenität oberster Wert sein soll. Natürlich wählte man nicht eben diese Begriffe, sondern wußte es in gefälligere Worte zu kleiden, aber wer hören wollte, der konnte hören.

Besonders deutliche Worte dazu fand in diesem Zusammenhang der Richter am Ersten Senat des Bundesverfassungsgerichts, Jürgen Kühling, in einem geradezu fulminanten Interview nur wenige Tage nach dem CSU-Parteitag. Da Kühling schon früher am Bundesverwaltungsgericht Berlin zeitweilig verantwortlich für Asylrechtsfragen war, besaß er einerseits das nötige Wissen und die Erfahrung mit Asylproblemen, und da er jetzt jenem Senat des Verfassungsgerichts angehört, der nicht für Asylfragen zuständig ist, konnte er sich andererseits öffentlich äußern.

Die zentrale Aussage Kühlings: »Artikel 16 hängt sehr eng mit dem obersten Verfassungsgrundsatz der Unantastbarkeit der Menschenwürde nach Artikel 1 des Grundgesetzes zusammen. Und soweit das Asylrecht in dem Prinzip der Menschenwürde wurzelt, kann auch mit einer verfassungsändernden Mehrheit daran nichts geändert werden. Eine individuelle Anhörung und objektive Prüfung durch eine unabhängige Instanz gehören nach meiner Überzeugung zum unveränderbaren Kern.«[26]

Was der Bundesverfassungsrichter hier äußert, bedeutet politisch nichts anderes, als daß die Absicht der CSU, das Individualrecht auf Asyl aus der Verfassung zu verbannen, einem Kippen des bisherigen Verfassungsverständnisses gleichkäme. In gleicher Weise wäre eine Einschränkung der Rechtsschutzgarantie des Artikels 19, 4 GG ebenfalls nicht mit dem Grundgesetz vereinbar: »Die Rechtsschutzgarantie ist Ausdruck des in Artikel 1 verankerten Prinzips der Menschenwürde. Dieser Grundsatz ist unverrückbar ... Zum Kern der garantierten Menschenwürde gehört, daß niemand bloßes Objekt eines Verfahrens sein darf. Er muß zu Wort kommen, wenn es um seine Rechte geht. Auch diese Garantie kann nicht abgeschafft werden.« Neben diesen sehr grundsätzlichen juristischen Auskünften verweist aber Kühling auch an verschiedenen Stellen darauf, daß nach seiner Kenntnis und Einschätzung der Rechtspraxis nicht in erster Linie die Gesetze oder gar das Grundgesetz daran schuld seien, daß sich in der Tat nicht zu übersehende praktische Schwierigkeiten bei der Behandlung der Asylfragen ergeben hätten, sondern hauptsächlich schlecht durchdachte und organisierte Verfahrensabläufe. So könnte beispielsweise ein Asylbewerber, der schwere Straftaten begangen hätte, schon »nach dem geltenden Ausländergesetz abgeschoben werden, unter Umständen sogar, wenn er als Asylberechtigter anerkannt ist«. Gerade die Behauptung, daß dies unmöglich sei, war nicht nur von den Rechtsaußenparteien, sondern in zunehmendem Maße auch von Abgeordneten aus den großen Parteien immer wieder aufgestellt und als in den Augen der Öffentlichkeit völlig unverständlich dargestellt worden. Sei es aus Unkenntnis, Schlamperei oder mit voller Absicht: Indem man dem demokratischen Rechtsstaat unterstellt, er begünstige Kriminelle und Schwerverbrecher, ramponiert man dessen Rückhalt in der Bevölkerung und fördert den Ruf nach dem starken Mann als Retter in der Not.

Nachdem Kühling sich gleich zu Beginn des Interviews gegen das Wort vom »Staatsnotstand« gewandt hatte und darauf verwies, daß trotz aller »in der Tat ernsten Probleme einer unkontrollierten Zuwanderung« eine Dramatisierung dieser Schwierigkeiten »schädlich« sei, weil die Bevölkerung, immer stärker verunsichert, Asylsuchende »dann als lästige Eindringlinge, die unser Recht und unsere sozialen Einrichtungen mißbrauchen« ansähe, folgert er: »So kann Ausländerhaß in Furcht umschlagen.« Zum Schluß ermahnt der Verfassungsrichter die Bundesregierung und die Parteien wieder zu praktisch-politischem Handeln und macht selbst einige Vorschläge. Dann warnt er sie nochmals vor weiterem ideologischem Vorgehen: »Insgesamt hätten Koalition und Bundesregierung schon viel machen können – auch ohne das unverantwortliche Gerede vom Staatsnotstand und ohne frivole Versuche, die Verfassung zu durchlöchern.«

Dieses Interview saß! Ein Verfassungsrichter hatte Politikern die gelb-rote Karte gezeigt. Offenbar nicht eigene Einsicht, sondern die Standpauke eines Bundesverfassungsrichters und anderer, in ähnlicher Weise argumentierender Juristen, wie zum Beispiel der Bundesverwaltungsrichter Ralf Rothkegel, verhinderten fürs erste, daß mit dem Anfang Dezember zwischen den Parteien vereinbarten Asylkompromiß die Bundesrepublik kippte.

Schon vorher hatten die Hauptakteure dieses Kippversuches in den großen Parteien angefangen, die ihnen anvertrauten Mittel des Staates einzusetzen, um eine homogene deutsche Nation zu erstellen. Im Vorfeld hatten sie alles probiert, eine Situation als »real« darzustellen, die dann rechtfertigen sollte, daß quasi unter Notstandsgesichtspunkten die Verfassung in ihrem Kern verändert worden wäre. Gerade das, was das Grundgesetz in seiner Substanz auszeichnet, nämlich die eindeutige Vorrangigkeit des Individuums vor dem Staat, wäre durchlöchert worden. Die Neue

Rechte war kurz davor, nach etwa zwanzigjährigem Hineinwirken in den konservativen Raum einen triumphalen Sieg zu erringen. So wäre kulturelle Hegemonie in politische übergegangen. Gleichzeitig aber, und das zeigt noch einmal von einer ganz anderen Seite her die Eiligkeit, Unausgereiftheit und Borniertheit der bisherigen Asyldebatte, bescheinigte sich das Parlament ganz im Gegensatz zur hier zumindest in Kauf genommenen Verleugnung der Menschenrechtsorientierung, daß man an dieser Wegmarke in einem anderen Falle durchweg festhalten wollte: Der Deutsche Bundestag beschloß am 17. 6. 1993 härtere Strafen für den »sexuellen Mißbrauch von Kindern im Ausland. Dabei gelten das deutsche Strafrecht und ein Strafmaß wie beim sexuellen Mißbrauch von Kindern in Deutschland.« Der Deutsche Bundestag gibt damit zu erkennen, daß für ihn auch Menschenrechtsverletzungen von Bedeutung sein können, wenn sie an Nichtdeutschen und außerhalb Deutschlands verübt werden. In der Politik sind auch solche Inkonsequenzen manchmal möglich.

Kaum war die Einigung zwischen den Parteien im Dezember 1992 erreicht, da überraschte der Bundeskanzler in seiner Neujahrsansprache am 31. 12. 1992 mit einigen Bemerkungen zum Ausländerproblem, die man eigentlich nur noch als einen Flurschaden für die politische Kultur Deutschlands bezeichnen kann, die aber interessanterweise in der veröffentlichen Meinung so gut wie keine Resonanz fanden. In dieser Neujahrsrede wandte er sich »an unsere ausländischen Mitbürgerinnen und Mitbürger. Sie können unserer Solidarität gewiß sein. Wir haben sie hierher gerufen, um unseren Wohlstand mitzuerarbeiten. Sie sind und bleiben uns in Deutschland willkommen. Wir wollen gute Nachbarschaft, wir wollen Freundschaft.«[27] Man traut seinen Ohren und Augen nicht: Nur diejenigen können also unserer Solidarität gewiß sein, die wir »hierher gerufen« haben, »um unseren Wohl-

stand mitzuerarbeiten«? Und was ist mit den anderen? Was ist mit den Bürgerkriegsflüchtlingen, den nach Artikel 16 GG politisch Verfolgten, den de-facto-Flüchtlingen? Hat hier jene Form von Wohlstands-Chauvinismus – den wir nach empirischen Befunden wohl abtrennen müssen von der Gewaltbereitschaft sozial Deklassierter gegenüber noch schwächeren Minderheiten, und der sich nur sorgt um das je eigene Wohlstandsniveau – bereits Wirkung gezeigt? Von wem wir also keine Bedrohung verspüren beziehungsweise wer unseren Wohlstand miterarbeitet, der ist hier gerne gesehen. Es kann aber wohl nicht wahr sein, daß die Berater und Redenschreiber Kohls und endlich er selbst nicht gemerkt haben sollten, daß die bewußte Erwähnung nur einer einzigen Gruppe von hier lebenden Ausländern faktisch, das heißt im Kontext der deutschen Diskussion um die »Ausländerfrage«, die anderen zu personae ingratae stempelt, sie ausgrenzt.
Aber auch in der Asyldebatte läßt die Katze das Mausen nicht. Schon kurz nach dem Inkrafttreten des sogenannten Asylkompromisses begannen neuerliche Versuche, diesen sofort weiter zu verschärfen. Kritische Kenner und Kennerinnen, wie etwa Ursula Münch, sehen aber schon im verabschiedeten Artikel 16a GG einen durchweg problematischen Kompromiß. Zwar heiße es in dessen Absatz 1 wie bisher: »Politisch Verfolgte genießen Asylrecht.« Weil aber weiter alle Regelungen in den folgenden Absätzen des Artikels Eingang gefunden hätten, die von den Parteien im Rahmen des Asylkompromisses vereinbart worden seien, »wird der de jure noch bestehende Individualanspruch de facto weitestgehend eingeschränkt«[28]. Artikel 16a Absatz 2 GG verweigert nämlich jenem das Asylrecht, »wer aus einem Mitgliedsstaat der Europäischen Gemeinschaft oder einem anderen Drittstaat einreist, in dem die Anwendung der Genfer Flüchtlingskonvention und der Europäischen Menschenrechtskonvention sichergestellt

ist. Die Staaten außerhalb der Europäischen Gemeinschaft, auf die die Voraussetzungen von Satz 1 zutreffen, werden durch Gesetz, das der Zustimmung des Bundesrates bedarf, bestimmt.«
Ursula Münch sieht in der Anweisung, daß die betroffenen Ausländer »an der Grenze zurückgewiesen beziehungsweise unverzüglich in den sicheren Drittstaat zurückgebracht« werden sollen, von wo sie gegebenenfalls gegen ihre Ablehnung klagen können, »eine Option, die in Anbetracht der damit verbundenen praktischen Schwierigkeiten (anwaltliche Vertretung, Dolmetscher, Verfahrenskosten) als höchst unwahrscheinschlich gelten dürfte«.
Nachdem das Bundesverfassungsgericht bereits in etlichen Abschiebefällen die Urteile der Verwaltungsgerichte aufgehoben hat, weil die Abschiebung faktisch nicht in sichere Drittstaaten erfolgen würde, vernimmt man inzwischen schon wieder deutlich die Forderung nach endgültiger Abschaffung des Individualanspruchs auf Asyl. Ist zu erwarten, daß dann nochmal ein Bundesverfassungsrichter seine mahnende Stimme erhebt oder gar das Bundesverfassungsgericht eine solche Neuregelung als verfassungswidrig zurückweisen würde, oder wäre dann die neuerliche Veränderung nur noch das letzte Scheibchen einer schon vorher fast aufgegessenen Salami? Verfassungsdemontage in Zeitlupe? Kippt die Republik also doch noch?
Zu dieser Aussicht paßt ganz gut, daß die CSU, um die letzten Stützpfeiler des alten Asylrechts endgültig einzureißen, nach Verlautbarungen aus der Parteispitze daran denkt, im Superwahljahr 1994 die »Angst vor Überfremdung« und die Frage der nationalen Identität zu den »harten Themen« (*Süddeutsche Zeitung* v. 6. 12. 1993) im Wahlkampf zu machen.
Wie man aus den Flüchtlingshilfen landauf landab hört, wird seit der Neufassung des Asylrechts jetzt offenbar die Abschiebung stramm exekutiert. Wenngleich sicher in vielen Fällen die Flücht-

linge ohnehin mit ihrer Ausweisung rechnen mögen, liegt auch hier der Teufel mitunter im Detail. Im Zweifelsfall sollte es sich eine menschenrechtsorientierte, weltoffene und nach wie vor zu den reichsten Ländern der Welt zählende Bundesrepublik leisten, sich an die menschlichen Tugenden der Menschlichkeit und Barmherzigkeit zu erinnern – sofern man im Flüchtling eben nicht sofort den Feind, sondern zuerst den Mitmenschen sieht.
In einem Bescheid vom Ende November 1993 des Bundesamtes für die Anerkennung ausländischer Flüchtlinge liest man folgende »Entscheidung«:

»1. Der Antrag auf Anerkennung als Asylberechtigter wird **abgelehnt.**
2. Die Voraussetzungen des § 51 Abs.1 des Ausländergesetzes **liegen nicht vor.**
3. Abschiebungshindernisse nach § 53 des Ausländergesetzes **liegen nicht vor.**
4. Der Antragsteller wird aufgefordert, die Bundesrepublik Deutschland innerhalb eines Monats nach Bekanntgabe dieser Entscheidung zu verlassen; im Falle einer Klageerhebung endet die Ausreisefrist einen Monat nach dem unanfechtbaren Abschluß des Asylverfahrens. Sollte der Antragsteller die Ausreisefrist nicht einhalten, wird er nach Jugoslawien abgeschoben. Der Antragsteller kann auch in einen anderen Staat abgeschoben werden, in den er einreisen darf oder der zu seiner Rückübernahme verpflichtet ist.« (Hervorhebungen im Original, W. G.)

Dieser Bescheid erging an ein am 20. 8. 1993 in einer westfälischen Stadt geborenes Baby, dessen Eltern ebenfalls ausgewiesen werden sollen. Der Vater wird mit Sicherheit nach der Rückkehr

in seine »Heimat« sofort zur Armee eingezogen. Die Mutter mit ihren drei Kindern weiß nicht, wo sie in ihrem »Vaterland« bleiben und wovon sie leben soll.
Wie viele Urteile dieser oder ähnlicher Art kann sich Deutschland leisten beziehungsweise wie viele solcher Urteile auszufertigen kann Deutschland seinen Asylrichtern zumuten, ohne diese in ihrer moralischen Integrität auf Dauer empfindlich zu verletzen und damit sich selbst nachhaltig zu schaden?

Kapitel 8

Die Chancen der Bundesrepublik als »offene Bürgergesellschaft« *oder:* Ist die Zukunft der Neuen Rechten die Vergangenheit?*

Das Konzept der »offenen Bürgergesellschaft«

Zu Beginn des »Superwahljahres« 1994 gibt Deutschland ein widersprüchliches Bild ab: Seit der Einigung gibt es zwar eine offizielle Verfassungsdiskussion, die aber kaum in der Öffentlichkeit wahrgenommen und in die diese nur wenig einbezogen wird. Im besten Fall läßt sich dieses Desinteresse dadurch erklären, daß eigentlich alle das Grundgesetz möglichst wenig verändern wollen, weil man von seiner Güte überzeugt ist. Auf der anderen Seite stecken einem doch die Hektik, die Panikmache und die Unverfrorenheit in den Knochen, mit denen ganze Scharen von Politikern und Medienleuten in der Asyldiskussion der letzten Monate der Bevölkerung weismachen wollten, daß nicht nur eine normale Gesetzesänderung, sondern unbedingt eine tiefgreifende Änderung im Grundrechtsteil des Grundgesetzes vorgenommen werden müßte, wenn Deutschland noch zu retten sein sollte. Es muß einem schon zu denken geben, daß die öffentliche Meinung so hochgeputscht werden konnte, daß es nicht mehr möglich war, denjenigen einfach für verrückt zu halten, der einen Arm amputieren wollte, um einen lädierten Fingernagel zu »retten«.

* Von Peter Henning Feindt, Helmut Fröchling und Wolfgang Gessenharter.

Man könnte fast glauben, daß diese Erfahrungen aus der Asyldebatte denen Recht geben, die schon immer wußten, daß die breite Masse des Volkes leicht manipulierbar sei. Und es scheint, daß sich viele Politiker immer mehr eines solchen instrumentellen Verhältnisses zu »den Menschen draußen im Lande« erfreuen – hierin liegt doch der Zweck des Spruches, man müsse um die »Lufthoheit über den Stammtischen« kämpfen. Gleichzeitig aber zeigen diese kampfesmutigen Heroen ganz alltägliches biedermännisches Gehabe: Gehalts-, »Schubladen«-, »Amigo«- und sonstige Skandale und Affären. Politik-, Politiker- und Parteienverdrossenheit werden dadurch erklärbarer.
Auf der anderen Seite wird aber auch deutlich, was für ein Vorteil darin liegt, daß alle diese negativen Phänomene an die Öffentlichkeit geraten und eben nicht zugedeckt werden, wie dies in der Stasi-DDR an der Tagesordnung war: Stichwort Prominentensiedlung Wandlitz. Manchmal ächzt und knarrt es recht heftig im Gebälk der Bundesrepublik, aber es wird wahrgenommen und darüber wenigstens geredet; und trotz allem scheint es nicht, als ob die Stimmung völlig am Nullpunkt wäre. Nicht weil die Berufsoptimisten ihr Handwerk besonders gut verstünden, läuft es in der Bundesrepublik trotz allem leidlich gut, auch nicht deshalb, weil die Freude über die wiedererstarkende Deutsche Nation für manche Anlaß zum Hurra-Patriotismus ist, vielleicht liegt ein Grund darin, daß zwischen dem, was durch die Medien schnell und grell ins öffentliche Licht gerückt wird und dem, worüber sich Bürgerinnen und Bürger eher privat, aber dennoch – sich gegenseitig realitätsversichernd – täglich unterhalten, manchmal im wahrsten Sinne des Wortes »Welten« liegen. Gegen das öffentliche Spektakel, gegen die Möchtegern-Helden auf der politischen »Bonner Bühne« (oder wo auch immer zwischen Magdeburg und München), deren Sprüche man satt hat, stünde

vielleicht doch eine viel größere Bereitschaft, sich um jene Dinge zu kümmern, die einen angehen. Wenn man denn eine Möglichkeit dazu hätte.

Themen, die die Menschen heute bewegen, gibt es genug – vom Weltbevölkerungs- und Ernährungsproblem, dem globalen Klimawandel mit daraus folgenden kontinentübergreifenden Migrationsbewegungen, drohenden Verteilungskämpfen, über Rohstoffe und Energie bis hin zur wachsenden Arbeitslosigkeit, materiellen Ungleicheit oder Perspektivenlosigkeit und Gewalt vor allem unter Jugendlichen.

Und sieht man genau in die Gesellschaft hinein, bemerkt man die vielfältigen Anstrengungen, die sich ganz praktisch mit diesen Problemen befassen, oft fernab von jedem Rampenlicht, aber nichtsdestoweniger mit jener Mischung aus Erfolg und Mißerfolg, die allen solchen »unprominenten« Initiativen eigentümlich ist. Es gibt Flüchtlingshilfen, Arbeitsloseninitiativen, da werden Demonstrationen und Streiks, Lichterketten und Spendensammlungen, Kirchenasyle und »multikulturelle« Feste veranstaltet, da finden sich die ganz privaten Hausaufgabenhilfen für ausländische Kinder und die schon jahrelangen intensiven Engagements von Kirchengemeinden für afrikanische Partnergemeinden.

Aber es gibt auch die andere Seite: die beifallklatschenden Menschen bei den Rostocker Krawallen, das geflissentliche Wegsehen bei Gewalttaten und Pöbeleien gegen Ausländer und Minderheiten, das Aufhetzen von Menschen gegen Mitmenschen – vom neonazistischen Aufmarsch mit Fahnen und Trommeln bis hin zur beredten Suada preisgekrönter Theoretiker, umworbener Journalisten und Schriftsteller.

Von letzteren war hier in diesem Buch viel die Rede, von ihren Versuchen, sich selbst und was sie noch für würdig erachten, vor dem vermeintlichen Untergang zu retten, im Zweifelsfall auch auf Kosten der Lebenschancen vieler anderer Menschen, von ihren Anstrengungen, dafür die Legitimation zu erarbeiten – und von ihren Erfolgen. In der Tat – es war über manche Siege zu berichten und von manchen Ereignissen, die Siege werden können, Pyrrhus-Siege freilich für jenes Deutschland, in dessen angeblichem Interesse sie erfochten wurden: Der Versuch, Deutschland in eine hierarchische, homogene Nation zurückzudenken, ist ein höchst dissonanter »Rückruf in die Geschichte«. Er würde bedeuten, eine differenzierte Gesellschaft in einen weit weniger differenzierten Zustand zurückzuführen, mit viel menschlichem Leid, Gewalt und Opfern an gesellschaftlicher Kreativität und Handlungsfähigkeit. Kann sich diese differenzierte Gesellschaft gegen solche Anschläge (noch) wehren? Wie könnte eine Politik aussehen, die dem Streben der Neuen Rechten nach Entdifferenzierung den Boden entzieht und zugleich der Gesellschaft bessere Möglichkeiten eröffnet, ihre bedrängenden Probleme zu bewältigen?

Seit einigen Jahren findet nicht nur in Deutschland, sondern auch international eine breite Diskussion darüber statt, wie die Anliegen der Demokratie und der Menschenwürde in modernen Großgesellschaften angesichts des ungeheuren Drucks sozialer und ökologischer Probleme bewahrt und weitergetragen werden können. Zum zentralen Begriff wurde dabei die »Bürgergesellschaft«, ursprünglich englisch »civil society«. Dieser bis ins 17. Jahrhundert zurückgehende Terminus wurde durch die friedlichen Revolutionen in Osteuropa wieder in den Blickpunkt gerückt. Deren Vorkämpfer, wie der jetzige Präsident der Tschechischen Republik, Vaclav Havel, oder der Schriftsteller und Friedenspreisträger des deutschen Buchhandels, Györgi Konrad, suchten Quellen gewaltfreier Politik, die sie den autoritären realsozialistischen Regimen entgegensetzen konnten. Zu deren Herrschaftstechnik gehörte es bekanntlich, möglichst alle Vereinigungen und sozialen Gruppen unter ihre Kontrolle zu bringen oder zu zerstören, um damit den Menschen jede Möglichkeit zu nehmen, sich ungezwungen und ohne Überwachung im Gespräch auszutauschen. So sollte verhindert werden, daß sich neben der offiziellen Lehre andere Formen des sozialen Wissens behaupten konnten. Wer anders dachte, sollte nur unter erheblichem Risiko überprüfen können, ob dies auch seinen Mitmenschen so ging, und sollte so nicht mehr jene Reziprozität der Perspektiven herstellen können, die eine Voraussetzung für gemeinsames Handeln ist.[1]

Um die Herrschaft zu sichern, glaubte man also, die Menschen mundtot und damit handlungsunfähig machen zu müssen. Selbst dort, wo nicht massiv in die Privatsphäre eingegriffen wurde, wie zum Beispiel durch Abhöranlagen, Spitzel oder gynäkologische Zwangsuntersuchungen, sollte doch jede Form von Öffentlichkeit zerstört werden.

Havel und andere Dissidenten setzten gegen dieses Mißtrauen das Vertrauen, daß Menschen in der Lage sind, ihre Angelegenheiten friedlich und gedeihlich zu regeln, wenn man sie nur läßt. Natürlich sahen sie zur Genüge, in welchem Maße Gedankenlosigkeit, Unselbständigkeit und Gleichgültigkeit die Menschen prägen. Aber sie lehnten es ab, daraus den Schluß zu ziehen, sie nun alle für politisch nicht zurechnungsfähig zu erklären und damit zu entmündigen. Vielmehr sahen sie die Ursache für politische Apathie und Autoritätshörigkeit in dem Verbot und der Unmöglichkeit, frei über diese Dinge zu reden. Dem setzten sie die Zielvorstellung entgegen, daß die Menschen ihre Angelegenheiten selbst am besten regeln können, wenn sie die Gelegenheit haben, Eigenständigkeit zu erlernen. Eigenständigkeit erlernt man aber nicht durch staatliche Bevormundung, sondern normalerweise, indem man langsam in sie hineinwächst. Wo anders konnte dies geschehen, als in den täglichen Lebenszusammenhängen? Die Dissidenten bestanden daher auf der Eigenständigkeit der Gesellschaft gegenüber dem Staat, ja auf ihrer Vorrangigkeit. Der Staat – so folgt daraus – soll der Gesellschaft dienen. Eine solche Gesellschaft würde sich nicht zum »Krieg aller gegen alle« entwickeln, weil die Menschen die Fähigkeit besitzen, ihre Gedanken gegenseitig auszutauschen, und weil sie im Laufe der Geschichte die Erfahrung gemacht haben, daß sie besser damit fahren, sich zu verständigen, als sich zu bekriegen.

Selbst der sprichwörtlich betrügerische Gebrauchtwagenhändler lebt ja von der verbreiteten Erwartung, daß man zunächst einmal miteinander übereinkommen will. Erst wenn diese Erwartung vollständig aufgebraucht wäre, würden die Menschen einander wie Wölfe begegnen. Die Geschichte zeigt, daß eine solche Entwicklung historisch durchaus auftreten kann (Dreißigjähriger Krieg, derzeitige Situation in Ex-Jugoslawien), aber längst nicht den Normalfall darstellt.

Damit wird an eine Schule politischen Denkens angeschlossen, für die der Begriff der »civil society« zentral ist. Dem *Staat* wird ausdrücklich nicht nur die Privatsphäre entgegengesetzt, in der isolierte Individuen ihren je vereinzelten Vorlieben frönen, sondern auch eine Gesellschaft von Bürgern, die *Bürgergesellschaft*. Ralf Dahrendorf, einer der Vordenker für einen intelligenten Liberalismus, deutsch-englischer Doppelstaatsbürger und kürzlich ins englische Oberhaus geadelt, betont, daß der Bürger der Bürgergesellschaft nicht nur der Staatsbürger ist, der pflichtschuldig zur Wahl geht, Steuern zahlt und den Gesetzen genüge tut. Bei ihm kommt eine weitere Dimension hinzu: Zum Staatsbürgerstatus tritt der »Bürgerstatus«, der »unabhängig von den – nicht gegen die – Institutionen des Staates … entstanden ist«.[2] Er definiert sich durch rechtliche, politische und soziale Anrechte, die Lebenschancen offerieren und in der Bürgergesellschaft allgemein und allen zugänglich sind. Nimmt der Bürger seine politischen Anrechte wahr, dann mischt er sich ein und kümmert sich aktiv um die öffentlichen Angelegenheiten. Hier deutet sich ein Verständnis von Politik an, das vor allem auf Mitwirkung und Beteiligung zielt, oder zumindest auf die Chance dazu.

Dabei geht es zunächst scheinbar um Werthaltungen und Einstellungen: Man muß sich beteiligen wollen und können. Woher bezieht der Bürger der Bürgergesellschaft solche Werte, und wie und wo setzt er sie um? Hier besitzt die Bürgergesellschaft eine dritte Sphäre zwischen Staat und Privatsphäre, nämlich die *Öffentlichkeit.* Diese gehört nicht zum Staat, aber in ihr kann staatliches Handeln zum Thema werden. Sie gehört zur gesellschaftlichen gegenüber der staatlichen Sphäre, aber sie ist nicht privat im strengen individualistischen Sinne. Denn die Individuen handeln hier zwar frei, aber nicht als einzelne, sondern in bezug auf andere und in Auseinandersetzung mit ihnen.

Die Existenz von Öffentlichkeit beeinflußt einerseits die Werte und Einstellungen der Individuen. Hier werden ihnen Themen und Standpunkte angeboten, mit denen sie sich identifizieren oder über die sie sich ärgern, besorgen oder begeistern können. Hier können sie hören und sehen, wie man sich ausdrückt oder wie besser nicht, und sich das eine oder andere abgucken. Andererseits bietet die Öffentlichkeit auch ein Forum, wo man für seine Auffassungen eintreten kann, indem man für ihre Verwirklichung streitet und andere zu überzeugen sucht.

Zugleich bedeutet Existenz von Öffentlichkeit für den einzelnen aber auch einen Freiheitsgewinn. Denn er kann hier von Erfahrungen hören, die ihm in seinem unmittelbaren Lebensumfeld, der Familie, im Freundeskreis und am Arbeitsplatz nicht zugänglich wären. Er kann erfahren, daß alles auch ein bißchen anders sein könnte. Mit der Chance auf Freiheit wächst aber durch Öffentlichkeit auch die Chance auf Pluralität. Im Wort »Öffentlichkeit« steckt ja das Wörtchen »offen«, und das soll heißen, offen für Themen und offen für Personen.

Offenheit für Themen heißt, daß es keine Tabus geben darf, sondern allenfalls Grenzen dessen, was die Teilnehmer für akzeptabel halten. Dies könnten beispielsweise intolerante Auffassungen sein, die Infragestellung der Menschenrechte und der Würde des Menschen oder Aufrufe zur Gewalt. Offen für Personen heißt, daß niemandem das Recht auf Meinungsäußerung bestritten werden darf, solange er/sie sich an allgemein akzeptierte Regeln hält. Solche Regeln müssen dann aber der Aufrechterhaltung der Gesprächssituation dienen. Wenn etwa ein Gast in einer Talk-Show das Gespräch in einen Monolog verwandelt, könnte eine solche Regelverletzung vorliegen.

Um hervorzuheben, daß für die Entstehung und Pflege einer Bürgergesellschaft das Prinzip der Offenheit[3] der Dreh- und Angelpunkt ist, sprechen wir von der *»offenen Bürgergesellschaft«*.[4] In ihr sollen die Menschen nicht durch äußeren Druck beisammengehalten werden. Denn wer nur aus Zwang friedlich mit anderen zusammenlebt, wird bei erster Gelegenheit seinerseits andere zu bezwingen suchen – ein Problem, das in vielen nachtotalitären Gesellschaften derzeit deutlich wird. Die offene Bürgergesellschaft will hingegen von sich überzeugen. Sie geht davon aus, daß ein gemeinsames Handeln üblicherweise nicht durch Gewalt oder deren Androhung zustande kommt, sondern durch Argumente oder einfach durch zwanglose gemeinsame Tätigkeit. Eine solche Erfahrung einer gemeinsamen sozialen Praxis ist demnach sogar die Voraussetzung dafür, Menschen heranzubilden, die aus freien Stücken friedlich miteinander leben.

Die Bürgergesellschaft setzt sich also in gewisser Weise selbst voraus. Aber das gilt nur eingeschränkt, denn wie gesagt: Sie kann im gemeinsamen Handeln erlernt werden. Sie ist also ein andauernder Prozeß gegenseitiger Bildung.

Dem Prinzip der Offenheit widerspricht es nicht, nach kultureller Hegemonie zu streben. Aber es kommt darauf an, wie man dies tut. Um eine offene Bürgergesellschaft zu erhalten, dürfen sich die Kontrahenten nicht als »Feinde« begegnen. Eine Argumentation ist nur möglich, wenn man sich gegenseitig unterstellen kann, irgendwo noch an Verständigung interessiert zu sein. Um dies dem Gegenüber zu ermöglichen, muß man sich von bestimmten Regeln leiten lassen, die sich als »Prinzipien der Anerkennung«[5] formulieren lassen. Diese verbieten es, dem anderen intolerant zu begegnen oder den Respekt zu versagen. Opportunismus sollte man ebenso vermeiden wie inkonsistentes Verhalten. Schließlich sollte man nicht versuchen, relevante Umstände zu unterdrücken. Natürlich ist es nur menschlich, wenn man gelegentlich der Versuchung nachgibt, durch versteckte Abweichungen kleine Punktgewinne zu erzielen. Aber beispielsweise die Taktik vieler neurechter Publizisten geht eindeutig zu weit, wird hier doch geradezu die Regelverletzung zur Regel erhoben:

Wer, wie Weissmann, eine Mimikry je nach Auditorium empfiehlt oder politische Argumentation »modisch« formuliert, um seine knallharten Aussagen einer Weichspüler-Behandlung zu unterziehen, huldigt damit nicht nur dem Opportunismus, sondern ist auch nur in Maßen konsistent (siehe Kapitel 4). Dem aufmerksamen Betrachter enthüllt er damit mangelnde argumentative Zurechenbarkeit. Wer, aller faktischen Pluralität zum Trotz, eine homogene Gemeinschaft behauptet, die es so nie gegeben hat, der läßt nicht nur relevante Umstände außer acht, er verweigert auch Menschen, die anders sind, den Respekt. Wer

Leuten mit anderer Auffassung unterstellt, sie seien eben Produkte einer »Umerziehung«, verweigert ihnen auf jeden Fall den Respekt, in manchen Fällen wird sogar implizit eine »Rückerziehung« angedroht. Die in solchen Äußerungen nur mäßig versteckte Intoleranz liegt auf der Hand. Es ist schon grotesk, wenn die gleichen Leute, die gegen alle Regeln eines verständigungsorientierten Dialogs verstoßen, der liberalen Öffentlichkeit, die durch Einhaltung dieser Regeln in ihrem Bestand geschützt werden soll, »Zügellosigkeit« vorwerfen.

Wer so argumentiert wie die Neue Rechte, sucht nicht die öffentliche Auseinandersetzung, sondern er instrumentalisiert öffentliche Foren, um Ziele zu erreichen, die er nicht präzise offenlegt. Wer auf *diese* Weise eine »kulturelle Hegemonie« erlangen will, zielt auf die Zerstörung von Öffentlichkeit und reduziert sie zu einem Forum der Agitation und Irreführung. Die »Prinzipien der Anerkennung« hingegen beschreiben nicht nur eine Haltung, die sich zwei oder mehrere Gegenüber notwendigerweise wohlwollend und gegenseitig – reziprok – unterstellen müssen, wenn sie sich als offene Bürger verständigen wollen; die Bürgergesellschaft erfordert also einen gegenseitigen Vertrauensvorschuß unter Gleichen statt einer Freund/Feind-Unterscheidung.

Die »Prinzipien der Anerkennung« lassen sich somit auch als Konkretisierung des Begriffs der Menschenwürde aus Artikel 1 Grundgesetz verstehen. Anerkennung und Respekt fördern nicht nur die Würde des anderen, sie sind deren unabdingbare Voraussetzung.

Denn nur, indem ich die Person des anderen – soweit er nicht gegen die Regeln verstößt – anerkenne, ermögliche ich ihm, so zu leben, wie dies für ihn am besten ist, und dies nicht nur im stillen Kämmerlein, sondern öffentlich zusammen mit anderen.

Offensichtlich liegt der Schwerpunkt der Idee der offenen Bürgergesellschaft also im kulturell-symbolischen Bereich öffentlicher Diskurse, aber darin erschöpft sie sich nicht. Denn eine so verstandene Öffentlichkeit ist, wie gesagt, fragil und gefährdet und bedarf der institutionellen Absicherung. In der Tat läßt sich das Grundgesetz in wesentlichen Zügen so begreifen, daß es die Formen bereitstellt, in denen sich eine offene Bürgergesellschaft entwickeln kann. Denn sie geben dem Bürger die Chance, aktiv zu werden, wenn und soweit er das will, und zwar allen Bürgern, nicht nur der heroischen, geformten Persönlichkeit, wie sie Armin Mohler gefällt.

Dies ist offenbar die Gesellschaftsform, die dem Menschenbild des Grundgesetzes am besten entspricht. Dessen Mütter und Väter hatten den Menschen nicht als isoliertes Einzelindividuum, sondern als soziales Wesen betrachtet. Von daher ist es nur konsequent, in den Artikeln 8 und 9 das Recht zu verbriefen, sich öffentlich zu versammeln und sich zu Vereinigungen zusammenzuschließen.

Der Verfassungsrechtler Konrad Hesse betont die Komplementärfunktion beider Artikel zu Artikel 5 GG, der die Meinungsfreiheit schützt: »Meinungsbildung oder ›Vorformung des politischen Willens‹ setzen eine Kommunikation voraus, die sich zu einem wesentlichen Teil in Versammlungen vollzieht.« Und: »Der Zusammenschluß zu Vereinigungen ist ein unentbehrliches Mittel, Meinungen zu bilden, zu pflegen und zu verbreiten.«[6]

Die *success-story* der Bundesrepublik ist, in diesem Lichte betrachtet, auch darin zu sehen, daß es gelungen ist, vor dem Hintergrund einer wirkmächtigen Tradition autoritären politischen Denkens eine leidlich funktionierende liberale Öffentlichkeit wachsen zu lassen, die immerhin die Präsidentschaftskandidatur eines Favoriten des Bundeskanzlers verhinderte, indem sie dessen Position einfach öffentlich vorstellte und auf Konsensfähigkeit prüfte.

Das Grundgesetz hat sich also wegen seines hervorragenden normativen Gehalts im großen und ganzen als institutioneller Rahmen der existierenden Bürgergesellschaft bewährt. Gibt es auch nur einen stichhaltigen Grund, diesen Rahmen nach 1989 aufzugeben, zum Beispiel weil man jetzt wieder eine Nation sei? Dennoch besteht kein Anlaß, sich jetzt beruhigt zurückzulehnen. Denn Meinungs-, Versammlungs- und Vereinigungsfreiheit haben nicht zum Ziel, daß die Bürger beschaulich und folgenlos in ihren Zirkeln vor sich hin räsonieren. Die in öffentlichen Diskursen und Vereinigungen gebildeten Meinungen sollten schon politisch wirksam werden. Dem staatlichen Handeln sollen hier die Vorgaben und Orientierungen formuliert werden. Woher sonst sollen die staatlichen Institutionen und Akteure ihre Themen bekommen, wer sonst soll sie über kommende Probleme informieren, wer den Erfolg oder Mißerfolg ihrer Programme beurteilen?

Wenn das Grundgesetz bestimmt: » Alle Staatsgewalt geht vom Volke aus ...«, dann ist es zu kurz gegriffen, den Bürger auf den Wahlbürger zu reduzieren. Vielmehr ist gemeint, daß Macht nur dann legitim ist, wenn die Folgebereitschaft der Bürger aus ihrer freien Zustimmung erwächst, und nicht aus Gewaltandrohung, Ausnutzung von sozialen Abhängigkeiten oder Lockung mit wirtschaftlichen Vorteilen. Jürgen Habermas spricht daher im Anschluß an Hannah Arendt von »kommunikativer Macht«.[7] Das »Volk« ist dann keine unentrinnbare Schicksalsgemeinschaft, sondern es ist die Öffentlichkeit, genauer: das Geflecht von Teilöffentlichkeiten, in dem sich die Bürger im Schutz der Meinungs-, Versammlungs- und Vereinigungsfreiheit über ihr Selbstverständnis und ihre Ziele verständigen. Und staatliches Handeln ist nur dann wirklich gerechtfertigt, wenn es seine Begründungen aus einem in der bürgergesellschaftlichen Öffentlichkeit erreichten Konsens ableiten kann. Ein nicht unbedeutender Nebeneffekt ist, daß in einer offenen Gesellschaft, wo Zweifel und Skepsis nicht unterdrückt werden, auf Dauer nur solche politischen Handlungsweisen erfolgreich sein werden, die ihre Anhänger durch gute Gründe zur Unterstützung motivieren können. Die Politik wird damit rationaler. Soweit die Zielvorstellungen des Grundgesetzes.

Die Wirklichkeit sieht vermutlich etwas anders aus. Zunächst darf nicht übersehen werden, daß die Öffentlichkeit zu wesentlichen Teilen über Medien organisiert ist, die zum Beispiel auch auf die Erringung von Marktanteilen existentiell angewiesen sind und sich dementsprechend opportunistisch verhalten müssen. Wie sehr die Annahme, es gebe eine bedeutende Nachfrage nach Requisiten aus dem nationalstaatlichen Kontor, die veröffentlichte Meinung prägen kann, haben wir im Kapitel über die Medien gesehen.

Etwas anderes hat nicht zuletzt Richard von Weizsäcker mit seiner Kritik am »Parteienstaat« ins öffentliche Bewußtsein gehoben.[8] Demnach haben die Parteien die Funktion von Schleusenwärtern übernommen, von denen abhängt, wann die Wellen der öffentlichen Empörung auch zu einem Movens für staatliches Handeln werden. Die Reaktion der Bürger ist »Politikverdrossenheit«. Dazu von Weizsäcker in seiner Rede zur Verleihung des Geschwister-Scholl-Preises 1993:

»Im vergangenen Jahr wurde Politikverdrossenheit zum Wort des Jahres erklärt. Aber das ist in Wahrheit ein Unwort, entstanden aus alten Mißverständnissen und derzeitigen Schwächen. Es reißt auseinander, was zusammengehört: die einen machen die Politik, die anderen begnügen sich mit Verdrossenheit. Es versteht die Politik als Monopol der gewählten Akteure, der Berufspolitiker und Parteien. Und die Verdrossenheit wird von den Laien, den

Bürgern beansprucht, mit der sie sich resigniert und privatisiert zurückziehen. Verdrossen gegen wen? Wer Grund hat, sich zu ärgern über das Verhalten von Personen, Parteien und Organisationen, denen es um die Macht geht, der soll sich der Politik zuwenden, anstatt ihr verdrossen den Rücken zu kehren. Jens Reich, einer der aktiven Vorkämpfer der Wende in der ehemaligen DDR, spricht in seiner Kritik an der politischen Klasse von seiner Verdrossenheit gegen sich selbst. Darum geht es in einer Demokratie.« Und weiter: »Jeder ist verantwortlich für das, was er tut, und für das, was er geschehen läßt. Das eigentlich Politische ist die Selbstverpflichtung.« Dies ist das Programm der Bürgergesellschaft in nuce.

Nun weist Ralf Dahrendorf[9] darauf hin, daß die Bürgergesellschaft auch (nicht im engeren Sinne staatliche) »Zwischeninstitutionen« braucht, die sie stützen und ermutigen. Er selbst denkt an Universitäten und unabhängige, selbstbewußte Medien wie in Großbritannien die BBC. Wir sollten dabei aber nicht nur an solche »klassischen« Träger von Öffentlichkeit denken, sondern auch überlegen, wie der Staat selbst transparenter und demokratischer gemacht werden kann. Es fällt auf, eine wie geringe Rolle dies in der Diskussion über die neue Verfassung des vereinten Deutschland spielt. Dabei würde ein Ausbau von Angeboten und Möglichkeiten, sich bei der Vorbereitung staatlichen Handelns zu beteiligen, ein wichtiger Schritt bei der weiteren Verwirklichung der Verfassung im Geiste von Artikel 1 sein. Denn seit Aristoteles, der den Menschen sogar als zoon politikon, als »politisches Wesen«, definierte, wird im politischen Denken Europas immer wieder hervorgehoben, daß die Verwehrung politischer Teilnahmerechte als Erniedrigung empfunden wird, politische Beteiligung jedoch, unabhängig vom Ergebnis, große Befriedigung gewähren kann.

Dies läßt etwa die »Runden Tische« so attraktiv erscheinen. Diese werden jedoch von aktiven Bürgern sofort abgelehnt, wenn sie manipuliert werden. Wenn Teilnehmer feststellen, daß am Runden Tisch ein Stuhl höher als die anderen installiert und auch noch mit dem einzigen Mikrophon ausgestattet wird, durchschauen die Bürger natürlich, daß dieser Runde Tisch bestenfalls oval ist. Es kann nicht genug betont werden, daß das Scheitern vieler Runder Tische darauf zurückzuführen ist, daß Versuche, sie zur bloßen Statisterie für die (alten) Protagonisten zu degradieren, natürlich nicht unbemerkt bleiben und am Versprechen echter Beteiligung gemessen werden. Dies spricht aber weder gegen die Idee noch gegen deren Umsetzbarkeit. Wenn es in der offenen Bürgergesellschaft jedem nicht nur freisteht, aktiv zu werden, sondern auch passiv zu bleiben, muß es nicht verwundern, daß manipulierte Runde Tische bald unbesetzt bleiben.

Unsere Erfahrungen mit einem empirischen Beratungsprojekt in einer norddeutschen Kleinstadt zeigen das gleiche. Ihm liegt ebenso wie ernst gemeinten runden Tischen die Überlegung zugrunde, daß die offene Bürgergesellschaft letztlich das Versprechen beinhaltet, den Bürgern auch die Chance zu ständiger Beteiligung zu geben. An diese Zielvorstellung gilt es sich anzunähern. Staatliches Handeln soll flexibler und offener für Probleme und Anliegen der Bürger werden. Zugleich schafft die Möglichkeit zur unkomplizierten Beteiligung einen Raum, wo die Menschen Politik als gemeinsames Anliegen erleben können. Beteiligung, und schon die Möglichkeit dazu, stiftet ein Gefühl von Zugehörigkeit und Gemeinsamkeit. Die politische Sphäre bleibt dann nicht der entfernte Ort, an dem kaum nachvollziehbare Kompromisse geschlossen werden, sondern wird zum »überlappenden Berührungspunkt« in einer pluralistischen Gesellschaft[10], in der die Menschen sich selbst und einander in der

Rolle als Bürger begegnen und anerkennen. Nicht wenige Bürger fordern dies, für viele ist es bereits selbstverständlich, für andere müssen nur die Zugangsschwellen noch gesenkt werden.
Die gelebte Verfassung kann die Zustimmung der Bürger gewinnen, die mit dem Begriff des »Verfassungspatriotismus« (Dolf Sternberger) bezeichnet wird. Die Gesellschaft wird dann durch die begründete und durch Erleben bestärkte Überzeugung zusammengehalten, daß der Staat offen ist für gesellschaftliche Anliegen und als Instrument der Gesellschaft zur Korrektur von Fehlentwicklungen funktioniert; daß aber die Gesellschaft selbst und in öffentlicher Auseinandersetzung darüber entscheiden kann und jeden, der die bestandsnotwendigen »Prinzipien der Anerkennung« akzeptiert, zur Mitarbeit einlädt. Die offene Bürgergesellschaft zwingt ihre Mitglieder nicht, wie autoritäre Staaten nach dem Geschmack von Schmitt & Konsorten dies tun, ihr privates und ihr öffentliches Leben zu trennen, so daß man beim Autowaschen nicht wagen dürfte, über »Amigos« zu reden. Sie schützt mit den Mitteln des demokratischen Rechtsstaats die Privatsphäre, aber sie dringt nicht in die Privatheit. Sie verwehrt keinem hier lebenden Menschen wegen seiner Hautfarbe, seiner kulturellen Herkunft oder seiner Staatsangehörigkeit den Zugang zur Teilhabe an allen Formen des öffentlichen Lebens. Vielmehr ist es ihr Ziel, den Bürgern Möglichkeiten zu eröffnen, ihre eigenen Erfahrungen in die Politik ein- und somit beides zusammenzubringen.
Von der Position der Bürgergesellschaft aus läßt sich dann auch der Sozialstaat so begründen und präzisieren, daß er die Funktion hat, den Bürgern die materielle Grundlage zu garantieren, die für die Wahrnehmung ihrer Bürgerrechte unabdingbar ist. Damit wird das Solidaritätsgefühl gestärkt und eine nicht erzwungene Integration des Staates gewährleistet.

Dennoch ist die offene Bürgergesellschaft keine Kuschelveranstaltung. Vielmehr ist sie Konfliktdemokratie. Denn durch ihre Offenheit erkennt sie an, daß legitime Interessengegensätze überall auftreten, wo Menschen zusammenleben, und daß deshalb Wege zu ihrer Beilegung gefunden werden müssen. Der Ethnopluralismus der Neuen Rechten hingegen, wie er sich in Sätzen à la: »Andere Völker achten wir, Deutschland aber lieben wir« ausdrückt, erkennt Interessengegensätze nur zwischen Kollektiven als legitim an. Im Innern hat dagegen einträchtige Ruhe zu herrschen, andernfalls ist der Störenfried auszumachen und zu bekämpfen.

Die offene Bürgergesellschaft braucht dagegen keine mystifizierte Grundlage des Gemeinwesens. Sie braucht keine Blutnation, weil die Ahnenreihe Privatsache ist, und sie braucht keine »Kulturnation«, weil ihre Kultur das lebendige Zusammenleben ist, in dem die Tradition laufend in der Praxis angeeignet und weitergeführt wird. Wer darüber hinaus Brauchtum pflegen möchte, mag dies tun und sich in Vereinen treffen.

Das Konzept der offenen Bürgergesellschaft nimmt zur Kenntnis, daß Gesellschaften heute nur noch auf der Basis von freiwilliger Zustimmung gewaltfrei zusammengehalten werden können.[11] Im Sinne einer offenen Republik bestimmen die Bürger selbst, wie sie leben und was sie sein wollen.

Wer dies nicht akzeptiert und der Gesellschaft fundamentale »Identitäten« aufzwingen will, der will die Republik kippen.

Ein Versuch, »offene Bürgergesellschaft« zu gestalten: Erfahrungen vor Ort

Die zur Zeit vieldiskutierte Parteien-, Politik- und Demokratieverdrossenheit in der Bundesrepublik hat sicher ein ganzes Bündel von Ursachen. Zentraler Komplex darin dürfte vermutlich sein, daß die Bürgerinnen und Bürger das Bild, das ihnen tagtäglich vom Verhalten der politischen Klasse über die Medien ins Haus geliefert wird, immer weniger mit ihren eigenen Wertorientierungen und ihren Vorstellungen davon, wie Politik gemacht werden sollte, in Einklang bringen können. Auch ihre Nutzenerwartungen, die sie an den Staat und die Verwaltung als Daseinsvorsorge- und Dienstleistungsorganisation richten, werden immer häufiger enttäuscht. Gleichzeitig aber nehmen die Menschen wahr, daß Politiker und Medien oft ein ziemlich optimistisches Bild davon zeichnen, wie groß die Handlungsspielräume und Steuerungsmöglichkeiten in der Politik tatsächlich sind. Die Folge davon ist, daß die Bürger unverhältnismäßig hohe Erwartungen an die Politiker richten, die von ihnen als dringend empfundenen sozialen, ökonomischen und ökologischen Probleme zügig zu lösen. Da die Herrschenden aber tatsächlich über weit weniger Steuerungsmöglichkeiten verfügen als sie vorgeben zu besitzen, weichen sie unter dem Druck weitgehend selbsterzeugter Erwartungen zunehmend darauf aus, mit Hilfe der Medien mehr oder minder sorgfältig Akte lediglich symbolischer Politik zu inszenieren. Dies hat wiederum die Folge, daß sich dic Schere zwischen Problemlösungserwartungen und Problemdruck einerseits und den tatsächlichen Problemen, die ja faktisch weitgehend ungelöst bleiben, andererseits, ständig weiter öffnet – eine verhängnisvolle Konstellation.

Ein Ausweg könnte sein, vor Ort, das heißt bei den Fundamenten

und im Erdgeschoß des Gebäudes »parlamentarische Demokratie«, auf der Ebene der Gemeinden und Städte, dafür zu sorgen, daß in einer offenen Bürgergesellschaft Politiker, Verwaltung, Bürgerinnen und Bürger einander darüber informieren, wie sie die Probleme sehen, welche Erwartungen und Erfahrungen sie haben und welche Lösungswünsche sie hegen. Sie könnten dann in einem von allen getragenen Entscheidungsprozeß ihre gemeinsame Verantwortung erfahren. Durch die Möglichkeit zur aktiven Mitsprache würden sowohl das Selbstwertgefühl der Bürger wie auch ihre Kenntnisse über den politischen Prozeß gefördert werden. Ein Verfahren, das den Sachverstand und die Kreativität der Bürger für den politischen Entscheidungsprozeß hervorlockte, würde die Effizienz und die Sozialverträglichkeit von Politik vermutlich erhöhen. Akzeptanz, Legitimität und Krisenstabilität des politschen Systems würden gestärkt werden.
Ein Beispiel für ein sinnvolles Instrument, einen solchen Prozeß anzustoßen, ist ein Forschungsprojekt, das wir im Jahr 1993 in der Stadt Buxtehude vor den Toren Hamburgs im Auftrag von Rat, Bürgermeister und Stadtdirektor durchgeführt haben.[12] Bei diesem Projekt wendeten wir ein Instrumentarium an, das wir unter der Bezeichnung »dialogisch-praktische Beratungsforschung« bereits in einem anderen Themenbereich angewendet hatten[13] und dessen gesellschaftlich-politische Zielvorstellung an eben dem Modell einer »offenen Bürgergesellschaft« orientiert ist.
Im Gegensatz zur üblichen Umfrageforschung, bei der die Befragten eher als Untersuchungs*objekte* behandelt werden, nehmen dialogische Verfahren die Befragten als handelnde *Subjekte* ernst, indem ihnen die Möglichkeit gegeben wird, gegenüber dem Forschungsteam bei der Entstehung einer Reziprozität der Perspektiven aktiv mitzuwirken, statt nur Antwortvorgaben hinneh-

men zu müssen. Dies geschieht bei *Interviews* so, daß der Gesprächsverlauf nur durch einen Interviewleitfaden mit offenen Fragen vorstrukturiert wird. So bleibt reichlich Zeit für detaillierte Antworten. Außerdem hat der Befragte jederzeit die Möglichkeit, Fragen zurückzuweisen, frühere Antworten zu korrigieren oder das Interview abzubrechen. Die Interviews werden exakt protokolliert und die Befragten um die Erlaubnis eines Tonbandmitschnitts gebeten. Unsere bisherigen Erfahrungen zeigen, daß nur in Ausnahmefällen diese Erlaubnis verweigert wird. Wir fassen dies als ein Indiz dafür auf, daß die Interviewten sich im Gespräch in einer Situation fühlen, die sie als nicht manipulativ und repressiv empfinden, sondern in der sie selbstbewußt auftreten können. Diese Prinzipien gelten in gleicher Weise auch für die Moderatorenrunden. Hierbei handelt es sich jeweils um ein Gruppengespräch zwischen etwa 15 Personen, das von einem speziell ausgebildeten Moderator begleitet wird. In einer Planungszelle[14] erarbeitet eine Gruppe von etwa 25 Personen in mehreren Tagen unter wissenschaftlicher Begleitung ein Bürgergutachten. Dabei fließen die Ergebnisse aus den Interviews und den Moderatorenrunden in die Beratungen ein und bilden die Grundlage für einen Katalog an wohlbegründeten, praktischen und durchsetzbaren Maßnahmen zur Lösung der vor Ort auftretenden Probleme. Alle drei Instrumente bilden dem Ziel der Bürgergesellschaft entsprechende Kommunikationssituationen.

Auf dem Höhepunkt der »Asyldebatte« in der Bundesrepublik hatte es auch in dem malerischen und friedlichen 33 000-Einwohner-Städtchen einige Turbulenzen und Aufregungen gegeben. Die regelmäßig in den Medien unter der Metapher »Springflut von Scheinasylanten überspült bereits volles Boot« bekanntgegebenen und dramatisch kommentierten Zuwanderungen hatten auch Buxtehude erreicht – sowohl als bedrohliche, frei Haus gelieferte Wirklichkeitskonstruktion als auch in Form von etwa 350 real existierenden Asylsuchenden, die der Stadt zur Unterbringung zugewiesen wurden. Obwohl der Anteil der nichtdeutschen Mitbürgerinnen und Mitbürger an der Wohnbevölkerung mit 5,1 Prozent (= 1705 Personen) deutlich unter dem Bundesdurchschnitt liegt, hatte auch hier das »Asylantenproblem« die Gemüter beträchtlich erhitzt: Bürgerinitiativen, die sich gegen die Unterbringung der Flüchtlinge in Holzhüttensiedlungen engagierten – es sei denn, diese würden ganz am Rande der Stadt erbaut; mehrere Brandanschläge gegen die noch unbewohnten Unterkünfte; Proteste in der Bevölkerung, vor allem gegen die teilweise durchaus unbürgerlichen Sitten und Gebräuche einiger Roma-Familien; die Drohung des Stadtdirektors, das zentral gelegene Fußballstadion zu sperren, um dort eine Zeltstadt für Asylsuchende zu errichten; Unmut in der Geschäftswelt über ansteigende Ladendiebstähle. Zusätzlich war das Klima durch einen schrecklichen Mord angeheizt worden: Ein Skinhead hatte am hellichten Nachmittag einen arbeitslosen Kapitän erschlagen, nur weil dieser Hitler einen der größten Verbrecher Deutschlands genannt hatte.

In dieser angespannten Situation fragten sich Bürgermeister und Stadtdirektor, »ob Rat und Verwaltung allein den Bürgerinnen und Bürgern zu diesem Thema noch die richtigen Antworten geben beziehungsweise die richtigen Entscheidungen treffen könnten. Wir sind zu dem Ergebnis gekommen, daß wir uns mit vielen Menschen zusammensetzen und auch auseinandersetzen sollten, um für Buxtehude möglichst gute Lösungen erarbeiten zu können.« Diese Formulierungen stehen nicht etwa in einem vertraulichen Ratsprotokoll, sondern in dem quasi öffentlichen Einladungsschreiben (vom 23. 3. 1993), mit dem die beiden Stadtoberen 300 per Zufallsstichprobe ausgewählte BuxtehuderInnen zur Teilnahme an der ersten Phase des Projektes »Zusammenleben mit Ausländern in Buxtehude« gebeten haben.

In seinem Ablauf sah dieses Projekt drei aufeinanderfolgende Phasen vor: Dialogische Interviews mit etwa 70 Buxtehuder Bürgerinnen und Bürgern; sieben Moderatorenrunden mit ausgewählten Gruppen aus der Bevölkerung sowie zum Schluß eine Planungszelle. Deren Bürgergutachten dient den Politikern und der Verwaltung der Stadt als verbindliche Entscheidungsvorlage.

In diesem Projekt gehen wir von der Annahme aus, daß es auch in Zukunft weiterhin eine bedeutsame Zuwanderung von Flüchtlingen und Asylsuchenden nach Deutschland geben wird – und zwar unabhängig davon, ob Politiker versuchen, eine »Festung Europa« gegen die weltweite Migration zu errichten und die nationalen Grenzen abzuschotten. Zuwanderer werden auch künftig die Städte und Gemeinden, die eigentliche Lebenswelt der Menschen, erreichen. Sie werden die dort lebenden Bürger, die örtlichen Politiker und Verwaltungen vor die Aufgabe stellen, Menschen nichtdeutscher Staatsangehörigkeit aus den unterschiedlichsten Kulturkreisen menschenwürdig aufzunehmen – und zwar nicht nur die neu hinzukommenden Personen, sondern auch diejenigen Ausländer, die bereits länger in der Stadt leben und als Angehörige von Minderheiten begriffen und oft dementsprechend behandelt werden, zu integrieren. Es dürfte offenkundig sein, daß die politische, soziale und ideologische Sprengkraft des »Ausländer«- und Minderheitenproblems bereits jetzt nicht mehr ohne weiteres mit politischen und administrativen Routinehandlungen und -lösungen abzuarbeiten ist. Die Probleme lassen sich wegen ihrer Vielschichtigkeit nicht von Rat und Verwaltung einer Kommune allein, sondern wohl nur mit Hilfe der Kreativität und der aktiven Mitwirkung möglichst zahlreicher Mitglieder einer »offenen Bürgergesellschaft« gemeinsam bewältigen.

Eine erste, noch nicht endgültig abgeschlossene Analyse und Interpretation unserer empirischen Daten zeigt bereits recht deutlich, daß erstens manche der Behauptungen, die in der Öffentlichkeit über die Bürger existieren, eher den Wunschvorstellungen von Politikern und Medien entsprechen als der Wirklichkeit, und zweitens viele Annahmen der Neuen Rechten – und insbesondere ihre zentralen – in der bundesrepublikanischen Realität nur geringe Entsprechungen haben.
Wir fragten einleitend die Interviewpartner, warum sie sich denn für das Interview zur Verfügung gestellt hätten. Mehr als die Hälfte begründete ihr Kommen damit, daß man bei diesem Problem seine Mithilfe anbieten möchte. Nicht ganz zu erwarten war, daß trotz der häufigen Panikmache in der Öffentlichkeit nur etwa 20 Prozent aus Befürchtungen heraus gekommen waren, die Ausländerfrage könnte uns über den Kopf wachsen.
Auf die Frage, aus welchen Gründen denn Ausländer nach Deutschland kommen, wurden die auch in der Öffentlichkeit üblichen Erklärungen angegeben, also etwa Verfolgung, wirtschaftliche Not, Verbesserung des Lebensstandards usw. So sind etwa 40 Prozent der Befragten davon überzeugt, daß die Flüchtlinge überwiegend deshalb nach Deutschland kommen, weil ihr Leben in ihren Heimatländern durch Krieg und politische Verfolgung bedroht ist. Sehr viel weniger dagegen glauben, daß die Asylsuchenden in erster Linie aus rein wirtschaftlichen Gründen zu uns kommen. Interessant ist aber, daß – ohne daß wir dazu eine Aufforderung gegeben hätten – knapp ein Viertel diese Gründe eher negativ bewertete, aber doppelt so viele sie positiv einschätzten und akzeptierten. Für uns erstaunlich war, daß sich unter den Gründen nicht Überbevölkerung und Naturkatastrophen fanden, vielleicht ein Hinweis darauf, daß unsere Befragten die Zuwanderungssituation in Deutschland sehr realistisch einschätzten.

Erstaunlich auch, daß für praktisch alle Befragten wir Deutschen zumindest mitverantwortlich für die meisten der genannten Gründe sind, warum sich Ausländer nach Deutschland begeben.
Zu diesem bisher geschilderten, eher undramatischen Bild, das die befragten Buxtehuder Bürgerinnen und Bürger von der Ausländersituation in ihrer Stadt haben, paßt auch, daß die Befragten mehrheitlich offenbar wenig Probleme im Zusammenleben mit Ausländern sahen. Das Thema »Asyl« brannte ihnen keineswegs so auf den Nägeln, wie dies Politiker und Medien sonst gerne suggerieren. So gibt es auch keine dramatische Einschätzung dahingehend, daß das Ausländerproblem »sofort, auf der Stelle« gelöst werden müsse. Immer wieder wird von den Interviewpartnern darauf verwiesen, es sei sehr komplex und kompliziert, deshalb müsse man mit Vernunft und Überlegung darangehen. Auch diese Antworten überraschen vor dem Hintergrund der mancherorts geübten Panikmache, denn auf die Frage nach künftigen Migrationstendenzen nach Deutschland rechnen gut drei Viertel der Befragten mit »mehr oder sehr viel mehr« Zuwanderern hierher, nur vier Prozent mit »weniger« und zirka 15 Prozent mit »gleich vielen« Migranten wie bisher.
Auf unsere Frage, was einen Deutschen von einem Ausländer unterscheide, nannten, bei möglichen Mehrfachantworten ohne Vorgabe, etwa zwei Drittel der Befragten die formaljuristischen Kriterien der Staatsbürgerschaft oder des Passes, etwas mehr als die Hälfte bezog sich auf Merkmale der »Kulturnation« wie Sprache und Kultur, ein gutes Drittel hob auf ethnisch-biologische Kriterien wie Abstammung oder Hautfarbe ab, für 30 Prozent waren Geburtsort oder Aufenthaltsdauer in einem Land entscheidend.
Wir fragten unsere Interviewpartner auch, ob sie sich als Deutsche fühlten. Ausdrücklich als Deutsche fühlten sich etwas mehr

als die Hälfte, ausdrücklich nicht immerhin etwas weniger als ein Drittel. Nur für ein knappes Viertel ist es wichtig, »sich als Deutscher zu fühlen«, für etwas mehr als die Hälfte spielt dies gar keine Rolle.

Eine andere Frage lautete, ob ein Türke auch Deutscher sein könne. Für 60 Prozent ist dies ohne weiteres möglich. Etwa 10 Prozent verneinen dies, und ebenso viele lehnen die Beantwortung der Frage mehr oder weniger deutlich ab. Wir nehmen an, daß diese zusammen 20 Prozent der Auffassung nahestehen, daß es, wie es in neurechter Sprache wohl hieße, substantielle, unveränderbare und unübersteigbare Unterschiede zwischen den Nationen gebe und es von daher Unsinn wäre, den Begriff »Menschheit« im inhaltlichen Sinne zu verwenden.

Besonders interessant waren die Antworten darauf, was denn die zukünftigen Entwicklungen in der Ausländermigration nach Deutschland bedeuteten. Wir baten die Befragten, dies abzuschätzen, und zwar für Deutschland insgesamt, für ihre Stadt Buxtehude und für sie persönlich beziehungsweise ihre Familie. Für den Nahbereich, also die persönliche Sphäre und die Stadt, wurde die Entwicklung von mehr als der Hälfte der Befragten als weder positiv noch negativ gesehen, als ausdrücklich negativ von gut einem Viertel und als ausdrücklich positiv von zehn Prozent für den persönlichen Bereich und von 15 Prozent für den Wohnort. Gegenüber diesen vergleichsweise recht ähnlichen Einschätzungsprofilen weicht jenes für Deutschland entscheidend ab. 41 Prozent der Befragten schätzen die Entwicklung für Deutschland negativ ein und jeweils etwas mehr als ein Viertel positiv oder indifferent. Kann man aus diesem Ergebnis ableiten, daß im unmittelbaren Erfahrungsraum, also in der Familie oder am Wohnort, eine eher gelassene Einschätzung vorgenommen wird, in jenem Bereich aber, den man weitestgehend über die veröffentlichte Meinung wahrnimmt, das dramatische Einschätzungsprofil dieser »erzeugten Wirklichkeit« sich dann in den Antworten niederschlägt?

Zum Schluß eines jeden Interviews erbaten wir von den Befragten Vorschläge für mögliche Maßnahmen, um mit dem Ausländerproblem fertig zu werden, beziehungsweise besser umgehen zu können. Es zeigte sich eine hohe Kreativität bei allen Befragten. Insgesamt wurden 131 verschiedene Maßnahmen genannt. Zusammenfassend kann man sagen, daß mit großem Abstand kooperative Maßnahmen wie etwa Hilfeleistungen, Integrationsbemühungen und dergleichen dominieren vor eher autoritären Vorschlägen wie: »Grenzen dicht machen« oder »Ausländer zwingen, sich hier anzupassen«.

Auch eine erste Auswertung der detaillierten Ergebnisse der sechs Moderatorenrunden zeigt, daß sich die Trends aus den dialogischen Interviews im wesentlichen bestätigt haben: Es werden von den TeilnehmerInnen in Buxtehude im Zusammenleben zwischen deutschen und nichtdeutschen BürgerInnen durchaus eine Reihe von Problemen gesehen, darunter recht gravierende. Diese werden recht präzise und in der Gruppendiskussion auch erstaunlich offen benannt.

Insgesamt überwiegt jedoch auch hier und in eklatantem Gegensatz zur veröffentlichten Meinung und der offiziellen Politik etwa auf der Bundesebene eine unaufgeregte und pragmatisch-kooperative Sichtweise dieser Probleme, deren Dramatisierung in den Jahren 1990 bis Mitte 1993 eindeutig als ein zweckorientiertes, wissenschaftlich formuliert, »soziales Konstrukt von Wirklichkeit« erkannt wird. Als Konstrukteure werden recht präzise bestimmte Bundespolitiker und Medien benannt und bewertet. Was die konkreten Maßnahmen zur Lösung der Probleme betrifft, so erstaunt auch hier wieder die Fülle der Vorschläge, ihr Innovationsgehalt, ihre Praxisnähe und die realistische Einschätzung ihrer Umsetzbarkeit durch die Befragten selbst, durch Politik und Verwaltung.

Dabei war es keineswegs so, daß sich nur BürgerInnen aus dem linksliberalen oder »grünen« politischen Spektrum, also primär »ausländerfreundliche«, multikulturell orientierte, weltoffene Menschen für die Mitarbeit am Projekt zur Verfügung gestellt haben. Nahezu alle denkbaren in der bundesrepublikanischen Gesellschaft vorkommenden politisch-weltanschaulichen Positionen wurden vertreten. Auch knallhart neurechte und rechtsextreme Meinungen und Einstellungen wurden beispielsweise in den dialogischen Interviews offen geäußert und zum Teil recht detailliert begründet.

Eine solche Offenheit ist in alltäglichen Gesprächen unter vertrauten Menschen durchaus üblich. Sie ist eine wichtige Voraussetzung auch für einen funktionsfähigen politischen Willensbildungs- und Entscheidungsprozeß und für eine stabile und zugleich lebendige politische Kultur. Sicher war die selbstverständlich zugesicherte strikte Anonymität dabei eine notwendige Voraussetzung dieser Offenheit. Durchweg gaben die befragten BürgerInnen ihre persönlichen und politischen Auffassungen ausgesprochen selbstbewußt zu Protokoll.

Vor allem aber war es wohl das Bewußtsein, daß die Stadtoberen sie persönlich zur Mitwirkung eingeladen hatten, also offenbar auf ihre Ideen und Bewertungen Wert legen, ja sich sogar verpflichtet haben, diese bei den fälligen politischen Entscheidungen auch tatsächlich zu berücksichtigen – und daß Rat, Bürgermeister und Stadtdirektor offensichtlich nicht nur so eine Art demokratische Spielwiese ohne erkennbare Folgen inszeniert haben. Kann man daraus schließen, daß immer dann, wenn ähnliche Bedingungen, wie sie hier modellhaft während der Mitwirkung am Forschungsprojekt erlebt wurden, auch im politischen Alltag gegeben sind, BürgerInnen sich offen und selbstbewußt in die Gestaltung der öffentlichen Belange einmischen, eine »offene Bürgergesellschaft« also eine reale Chance hätte? Einiges spricht durchaus dafür.

Zahlreiche Mitwirkende in einzelnen Phasen des Forschungsprojektes erklärten unaufgefordert, die Teilnahme sei für sie persönlich von beträchtlichem Gewinn gewesen. Sie hätten viel gelernt und vorher selten so intensiv über die Zusammenhänge der Thematik nachgedacht. Viele von ihnen waren sofort bereit, auch in den nachfolgenden Phasen mitzumachen und sich darüber hinaus künftig stärker vor Ort um das Zusammenleben mit Ausländern zu kümmern.

Insgesamt gesehen läßt der Verlauf des Buxtehuder Forschungsprojektes erkennen, daß die Zielvorstellung von der bundesrepublikanischen Gesellschaft als einer »offenen Bürgergesellschaft« durchaus keine Utopie sein muß. Der Idealtypus eines Bürgers, der alle Merkmale einer Orientierung an diesem Gesellschaftsmodell erkennen läßt, ist uns in den Berichten aus der alltäglichen Realität einer norddeutschen Kleinstadt durchaus begegnet, wenngleich, wie erwartbar, eher in kleiner Anzahl. Die Analyse erfolgreich betriebener politisch-gesellschaftlicher Willensbildungs- und Entscheidungsprozesse etwa zeigt, daß es ohnehin meist wenige, aber motivierte, engagierte und partizipationswillige und -fähige Menschen sind, die das öffentliche Leben in ihrem Sinne mitgestalten.

Wichtiger scheint uns aber im Zusammenhang mit der Frage nach den Funktionsbedingungen einer offenen Bürgergesellschaft zu sein, daß es offensichtlich einiger elementar wichtiger Voraussetzungen bedarf, damit sie tatsächlich zum Tragen kommen kann. Dieses Forschungsprojekt zeigt, daß es auf die richtigen Rahmen-

bedingungen ankommt, um das bei zahlreichen Bürgerinnen und Bürgern vorhandene Potential an Erfahrungen, Kreativität, bürgerlichem Selbstbewußtsein und Mitgestaltungswillen zu heben und zur Geltung zu bringen. Praktische Sozialforschung kann offenbar einen Anstoß dazu geben, Bürgerinnen und Bürger, Politiker und Verwaltung unter überprüfbaren Bedingungen dazu zu bringen, die anstehenden Probleme *gemeinsam* anzupacken. Zugegeben, dies ist ein hohes Ziel, aber in Maßen und schrittweise realisierbar.
Die Bürgergesellschaft lebt! Mit ihren Bürgern kann sie verteidigt werden gegen die Versuche von rechtsaußen, der Bundesrepublik Deutschland das Fundament zu zerstören. Solche Angriffe auf den im Grundgesetz formulierten Konsens der Bürger müssen im Ansatz aufgedeckt und bekämpft werden. Sagten wir *bekämpft?*

»Und wenn man Ihnen sagt, Ihre Handlung sei intolerant?

Umberto Eco: Dann antworte ich: Um tolerant zu sein, muß man die Grenzen dessen, was nicht tolerierbar ist, festlegen.

Muß man, um diese Grenzen festzulegen, nicht im Besitz der Wahrheit sein?

Umberto Eco: Nein, das hat nichts damit zu tun. Ich will das Wort ›wahr‹ nicht gebrauchen. Es gibt nur Meinungen, die anderen vorzuziehen sind. Aber deswegen darf man nicht sagen: ›Ach, wenn die eine nur vorzuziehen ist, kann es mir ja egal sein!‹ Von dem Unterschied kann unser Leben und das der anderen abhängen. Man kann auch wegen einer Meinung sterben.

Welchen Unterschied macht es, für die Wahrheit zu kämpfen oder für das zu kämpfen, was man für richtig hält, ohne sicher zu sein, das Wahre getroffen zu haben?

Umberto Eco: Wenn man glaubt, für das Wahre zu kämpfen, kommt man manchmal in Versuchung, seine Feinde zu töten. Beim Kampf für das Richtige kann man das nicht Tolerierbare ablehnen und zugleich tolerant sein.«[15]

Anmerkungen

Kapitel 1

1 Thomas Luckmann/Peter L. Berger, Die gesellschaftliche Konstruktion der Wirklichkeit. Eine Theorie der Wissenssoziologie, Frankfurt/Main 1982: 24.

2 Luckmann/Berger, a.a.O.: 117.

Kapitel 2

1 Die Zeit, Nr. 18 vom 28. 4. 1978: 37.

2 Hans Maier u. a., Die NPD, München 1968: 41.

3 Franz Greß/Hans-Gerd Jaschke/Klaus Schönekäs, Neue Rechte und Rechtsextremismus in Europa, Bundesrepublik, Frankreich, Großbritannien, Opladen 1990: 352.

4 Süddeutsche Zeitung vom 2. 11. 1979, zit. nach Peter Dudek/Hans-Gerd Jaschke, Entstehung und Entwicklung des Rechtsextremismus in der Bundesrepublik Deutschland, 2 Bde., Opladen 1984, Bd. 1: 291.

5 Dudek/Jaschke, a.a.O.: 291.

6 Frankfurter Rundschau vom 2. 11. 1970, zit. nach Dudek/Jaschke, a.a.O.: 292.

7 Astrid Lange, Was die Rechten lesen, München 1993: 114.

8 So das Urteil von Dudek/Jaschke, a.a.O.: 295. S. auch Franz Greß u. a., a.a.O.: 314 f., zu Eichberg.

9 Greß u. a., a.a.O.: 244.

10 Greß u. a., a.a.O.: 244.

11 VerfSchB 1982: 132, und 1983: 159. Über weitere Details der frühen Entwicklung dessen, was sich mit dem Begriff »Neue Rechte«

selbst etikettiert, siehe Margret Feit, »Die Neue Rechte« in der Bundesrepublik, Frankfurt/Main, New York 1987.

12 Siehe Marie-Luise Christadler, Die Nouvelle Droite in Frankreich, in: Iring Felscher (Hrsg.), Neokonservative und »Neue Rechte«, München 1983, 163–260.

13 Dudek/Jaschke, a.a.O., Bd. 1: 159.

14 Wolfgang Gessenharter, Die »Neue Rechte« als Scharnier zwischen Neokonservatismus und Rechtsextremismus in der Bundesrepublik, in: Rainer Eisfeld/Ingo Müller (Hrsg.), Gegen Barbarei. Essays Robert M. W. Kempner zu Ehren, Frankfurt 1989: 424–452.

Kapitel 3

1 Armin Mohler, Konservativ, in: H. J. Schoeps/C. Dannenmann (Hrsg.), Formeln deutscher Politik, München/Esslingen 1969: 95; zitiert in dem kurzen, aber informativen Aufsatz von Jürgen Bolten, Zum Umgang mit dem Begriff *konservativ* in der politischen Diskussion der Bundesrepublik, in: Josef Klein, Hrsg., Politische Semantik, Opladen 1989: 277–296.

2 Wolfgang Gessenharter, Die »Neue Rechte« als Scharnier, a.a.O.: 424–452.

3 So Martin Dietzsch, Zwischen Konkurrenz und Kooperation, in: Siegfried Jöger (Hrsg.), Rechtsdruck, Berlin/Bonn 1988: 35.

4 Konrad Hesse, Grundzüge des Verfassungsrechts der Bundesrepublik Deutschland, Heidelberg ^{18}1991.

5 Helmut Rumpf, Vergangenheitsbewältigung und Nationalbewußtsein, in: Criticón Nr. 93 (1986): 17–22.

6 Hesse, a.a.O.: 49.

7 Hesse, a.a.O.: 49.

8 Reinhard Mehring, Carl Schmitt zur Einführung, Hamburg 1992: 13.

9 Mehring, a.a.O., 1992: 13.

10 Carl Schmitt, Die geistesgeschichtliche Lage des heutigen Parlamentarismus, Berlin ^{4}1969: 15.

11 Carl Schmitt, a.a.O.: 13 f.

12 Zit. nach Ernst Vollrath, Wie ist Carl Schmitt an seinen Begriff des Politischen gekommen?, in: Zeitschrift für Politik 2/1989: 167.

13 Carl Schmitt, a.a.O.: 26.

14 Carl Schmitt, Der Begriff des Politischen. Text von 1932 mit einem Vorwort und drei Korollarien, Berlin 1963: 54.

15 Bernard Willms, Volk, Staat, Nation und Gesellschaft, Tübingen, Zürich und Paris, 1987: 23.

16 Carl Schmitt, Der Begriff des Politischen: 65.

17 So Dieter Oberndörfer, in: Dieter Oberndörfer/Wolfgang Jäger (Hrsg.), Klassiker der Staatsphilosophie, Bd. II, Stuttgart 1971: 272.

18 Carl Schmitt, Begriff des Politischen: 61.

19 Carl Schmitt, Begriff des Politischen: 53.

20 Protego ergo obligo: »Ich schütze, also verpflichte ich«, das heißt »verlange ich auch Gehorsam«; Cogito ergo sum: »Ich denke, also bin ich.« Dieser Satz des Descartes (1596–1650) gilt als der Ausgangspunkt seiner Philosophie, denn dieser Satz sei nicht mehr zu bezweifeln, wenn man sich überhaupt als Mensch versteht.

21 So Ernst Vollrath, a.a.O.: 151–168.

22 Vgl. Christoph Müller, Das Freund/Feind-Theorem Carl Schmitts: Fortwirkungen im Verfassungsdenken der Bundesrepublik Deutschland, in: Rainer Eisfeld/Ingo Müller (Hrsg.), Gegen Barbarei, a.a.O., 153–178: 154.

23 Siehe Christoph Müller, Freund/Feind-Theorem: 169.

24 Zit. Christoph Müller, Freund/Feind-Theorem: 169.

25 Vgl. dazu das Zitat von Ulrich Scheuner aus dem Jahre 1939; in: Christoph Müller, Freund/Feind-Theorem: 178.

26 Zit. nach: Ernst Vollrath, a.a.O.: 166.

27 Vgl. Carl Schmitt, Politische Theologie, Berlin (West) ^{4}1985: 71.

28 Carl Schmitt, Begriff des Politischen: 54f.; auch zum folgenden.

29 Siehe Junge Freiheit 10/1992: 17.

30 Zit. in: Herfried Münkler, Carl Schmitt in der Diskussion, in: NPL 2/1990, 289–300: 289.

31 Hans-Dietrich Sander, Der nationale Imperativ. Ideengänge und

Werkstudie zur Wiederherstellung Deutschlands, Krefeld 1980: 148–153.

32 Hans-Dietrich Sander, Die Rückkehr des nationalen Elements in die Politik, Göttingen 1983: 17.

33 Criticón, Nr. 96, Juli/August 1986: 180 ff.

34 Günther Krauss, in: Criticón, Nr. 95 (1986): 127 ff., und Nr. 96 (1986): 180–183.

35 Vgl. Christoph Müller, Freund/Feind-Theorem a.a.O.: 154. Zusammenfassend vgl. auch Henning Ottmann, Carl Schmitt, in: Karl Graf Ballestrem/Henning Ottmann (Hrsg.), Politische Philosophie des 20. Jahrhunderts, München 1990: 61–87.

36 Christoph Müller, Das Freund-Feind-Theorem: 165.

37 So Ingo Müller, Furchtbare Juristen. Die unbewältigte Vergangenheit unserer Justiz, München 1987: 53.

38 Christoph Müller, Freund/Feind-Theorem: 173, Anm. 14.

39 Carl Schmitt, Die geistesgeschichtliche Lage des heutigen Parlamentarismus, S. 13 ff.

40 Criticón 115 (1989): 207.

41 Langendorf, Jean-Jacques, »Laterna magica der Gegenrevolution. 1789–1799«, in: Criticón 115, (1989): 217–221.

42 So z. B. Hans-Christof Krauss, Habermas in der Defensive, in: Criticón 98, (1986): 268–270.

43 BVerWGE, Bd. 61: 194 ff., 198 f.

44 Criticón 114, (1989): 165–167. Wie soll man in diesem Zusammenhang interpretieren, daß Hans-Peter Schwarz in seiner Laudatio auf Ernst Jünger, in: MUT Nr. 310 v. Juni 1993: S. 24–32, S. 28, erwähnt, daß Jünger, »bedeutendster deutscher Gegenwartsautor«, »die aufdringliche Sclbstflagellation, in der die Deutschen seit 1945 exzellieren, … verächtlich« findet.

45 Nation und Europa, Editorial März/April 1990: 4.

46 Band 17, Freiburg 1977: 11.

47 Band 17: 11.

48 Max Weber, Wirtschaft und Gesellschaft (Studienausgabe), Tübingen ^{5}1972: 237.

49 Armin Mohler, Tendenzwende für Fortgeschrittene, München 1978: 193.

50 Armin Mohler, Wider die All-Gemeinheiten, Krefeld 1981: 29.

51 Armin Mohler, Tendenzwende für Fortgeschrittene: 199.

52 Vgl. Karl R. Popper, Die offene Gesellschaft und ihre Feinde, 2 Bde., München ^{4}1975.

53 Armin Mohler, Tendenzwende: 199 und 199–202 für das folgende.

53a Armin Mohler, Tendenzwende: 200.

54 Vgl. dazu Margret Feit, Die »Neue Rechte« in der Bundesrepublik, Frankfurt/New York 1987: 93 ff., und Thomas Assheuer/ Hans Sarkowicz, Rechtsradikale in Deutschland, München ^{2}1992: 191 ff. mit jeweils vielen weiteren Beispielen.

55 Gerd-Klaus Kaltenbrunner, Elite. Erziehung für den Ernstfall, Asendorf 1984, ^{2}1990.

56 Kaltenbrunner, Elite: 21.

57 Vgl. MUT Nr. 205 (1984): 6.

58 Criticón Nr. 100 (1987): 73–76.

59 Kurt Sontheimer, Antidemokratisches Denken in der Weimarer Republik, München 1968. Stefan Breuer, Anatomie der konservativen Revolution, Darmstadt 1993.

60 Norbert Elias, Studien über die Deutschen. Machtkämpfe und Habitusentwicklung im 19. und 20. Jahrhundert, Frankfurt/M. 1992.

61 Elias, Studien: 210.

62 Elias, Studien: 210.

63 Elias, Studien: 207.

64 Elias, Studien: 210.

65 Vgl. Dieter Oberndörfer, Die offene Republik. Zur Zukunft Deutschlands und Europas, Freiburg/Br. 1991, und ders., Der Wahn des Nationalen. Die Alternative der offenen Republik, Freiburg/Br. 1993; dazu Lutz Hoffmann, Die unvollendete Republik. Zwischen Einwanderungsland und deutschem Nationalstaat, Köln ^{2}1992.

66 Bundesverfassungsgerichtsentscheidung vom 14. 05. 1985.

67 Bundesverfassungsgerichtsentscheidung vom 31. 10. 1990.

68 Oberndörfer, Der Wahn des Nationalen: 33–47.

69 In: Frankfurter Rundschau vom 20. 11. 1993: 10. Kritisch zu dem Geraune in der SPD über »Nation« und »Vaterland« vgl. die Streitschrift von Stefan Berger, Die Angst der Sozialdemokraten vor einer unpatriotischen Haltung, in: Frankfurter Rundschau vom 13. 11. 1993: 10.

70 Vgl. dazu Martin Greiffenhagen, Konservatismus, in: Axel Görlitz/ Rainer Prätorius (Hrsg.), Handbuch Politikwissenschaft, Reinbek 1987: 233–238.

71 Jürgen Habermas, Eine Art Schadensabwicklung. Kleine Politische Schriften VI, Frankfurt/M. 1987.

72 Armin Mohler, Der Nasenring, Essen ^{2}1989: 252.

73 So Thomas Assheuer/Hans Sarkowicz, Rechtsradikale in Deutschland, München ^{2}1992: 185.

74 Siehe Armin Mohler, Vergangenheitsbewältigung, Krefeld ^{3}1981: 11.

75 Armin Mohler, Der Nasenring: 251.

76 Mohler, Der Nasenring: 251. Der Herausgeber von Criticón, Caspar v. Schrenck-Notzing, läßt Ende 1993 ein Taschenbuch im Ullstein-Verlag erscheinen: Charakterwäsche – Die amerikanische Besatzung in Deutschland und ihre Folgen.

77 Mohler, Der Nasenring: 226–228.

Kapitel 4

1 So das Urteil von Martin Dietzsch, Zwischen Konkurrenz und Kooperation, a.a.O.: 34.

2 Matthias v. Hellfeld, Die Nation erwacht, Köln 1993. Armin Pfahl-Traughber, Rechtsextremismus, Bonn 1993. Bernd Siegler u. a., Der Pakt, Göttingen 1993. Tobias Assheuer/Hans Sarkowicz, Rechtsradikale in Deutschland, München ^{2}1992. Franz Greß/Hans-Gerd Jaschke/Klaus Schönekäs, Neue Rechte und Rechtsextremismus, a.a.O.; Margret Feit, Die »Neue Rechte« in der Bundesrepublik, a.a.O.; Astrid Lange, Was die Rechten lesen, München 1993;

Rolf Schmidt-Holtz (Hrsg.), Un-Heil über Deutschland, Hamburg 1993.

3 Wolfgang Strauss, Waldgang à la Kaltenbrunner, in: Junges Forum 5, 6/1982: 16–18, zit. nach Assheuer/Sarkowicz, a.a.O.: 202 f.

4 Vgl. MUT Nr. 200 (1984): Interview mit Kaltenbrunner (Gesprächspartner: Wolfgang Strauss).

5 Das Zitat findet sich in: Sarkowicz, Hans, Die alte Rechte auf neuen Wegen, in: Die Zeit vom 9. 1. 1987: 39 f.

6 Zitiert in: Siegfried Jäger, a.a.O.: 172; Strauss schrieb auch für die Illustrierte »Bunte«, vgl. z. B. die Angabe in: MUT, Nr. 174 (1982): 33.

7 Robert Hepp, Staatsgeheimnisse der Unterwelt. Auszug aus einem Interview mit Machiavelli, in: Criticón 100/101 (1987): 96.

8 Robert Hepp, in: Criticón 100/101 (1987): 97.

9 So Kay Herrmann/Franziska Hundseder, »Wir wollen Eliten gewinnen«, in: Rolf Schmidt-Holtz (Hrsg.), Un-Heil über Deutschland, Hamburg 1993: 102.

10 Vgl. Deutschland in Geschichte und Gegenwart 4 (1981): 34.

11 Zum Thule-Seminar vgl. Arbeitskreis Neue Rechte (Hrsg.), Thule-Seminar. Spinne im Netz der Neuen Rechten, Kassel o.J. (1993).

12 Vgl. Arbeitskreis Neue Rechte (Hrsg.), a.a.O.: 20; Kopie eines Schreibens von P. Krebs.

13 So Hermann Gilbhardt/Holger Goblirsch, Rückkehr des Rassenwahns? in: Wolfgang Benz, Hrsg., Rechtsextremismus in der Bundesrepublik, Frankfurt/Main 1989: 213–231.

14 Arbeitskreis Neue Rechte (Hrsg.), a.a.O.: 24.

15 a.a.O.: 21.

16 Gilbhardt/Goblirsch, a.a.O.: 220.

17 Vgl. Arbeitskreis Neue Rechte, a.a.O.: 14 (unter Verweis auf den Pressedienst »Blick nach rechts« vom 19. 6. 1989).

18 Gilbhardt/Goblirsch, a.a.O.: 215.

19 S. dazu auch die Erfahrungen in a.a.O.: 223, und Arbeitskreis Neue Rechte, a.a.O.: 59.

20 MUT, März 1985.

21 Vgl. Matthias von Hellfeld, Die Nation erwacht, Köln 1993: 27–29, und Anton Mägerle, Das »Studienzentrum Weikersheim«, in: Der Rechte Rand Nr. 23, Juni/Juli 1993: 7. Erst jüngst wieder hatte Sander einen Auftritt im Studienzentrum Weikersheim: Als er aber über die »mangelnde Putschfähigkeit« der Bundeswehr lamentierte, gab es sogar dort »erhebliche Unruhe unter den Teilnehmern«, wie die Junge Freiheit (11/1993: 4) zu berichten wußte.

22 v. Hellfeld, a.a.O.: 26.

23 Vgl. Pressedienstmitteilung der HBV.

24 So Klaus Schönekäs, in: Greß u. a., a.a.O.: 265 und 300, unter Rückgriff auf den von Jürgen Habermas geprägten Begriff.

25 Vgl. Schönekäs, a. a. O: 300.

26 Vgl. den Aufsatz »Interessenpolitik und Nationalstaat« von Ludwig Watzal, Redakteur der von der Bundeszentrale für Politische Bildung herausgegebenen Beilage der Zeitschrift »Das Parlament«: »Aus Politik und Zeitgeschichte«, in: »Die Welt« vom 30. 11. 1993 unter der Rubrik »Die andere Meinung«.

27 In der Tageszeitung vom 27. 11. 1993.

28 Karlheinz Weissmann, Neo-Konservatismus in der Bundesrepublik, in: Criticón Nr. 96 (1986): 61 ff.

29 Zitiert nach Martin Dietzsch, Zwischen Konkurrenz und Kooperation, a.a.O.: 31–80.

30 Rezension von Ansgar Graw, in: MUT, Nr. 302 (1992): 22 f.

31 Rezension von Ludwig Watzal, in: Das Parlament, Nr. 33 vom 13. 8. 93.

32 Karlheinz Weissmann, Neo-Konservatismus in der Bundesrepublik, in: Criticón Nr. 96 (1986): 62.

33 Karlheinz Weissmann, Rückruf in die Geschichte, Berlin, Frankfurt/M. 1992: 57.

34 Frankfurter Rundschau vom 23. 3. 1993, Wer hat Angst vor deutschen Dämonen?

35 In: Criticón Nr. 138 (1993): 173–176.

36 Weissmann, a.a.O.: 175.

37 Rainer Zitelmann, Karlheinz Weissmann, Michael Großhain, (Hrsg.), Westbindung. Chancen und Risiken für Deutschland, Frankfurt 1993.
38 So seine Rezension dieses Buches in: Criticón Nr. 138 (1993): 179.
39 Helmut Schmidt, Handeln für Deutschland, Berlin 1993.
40 Vgl. Aufruf zur Wachsamkeit, in: Frankfurter Rundschau vom 23. 7. 1993.

Kapitel 5

1 Dieser Aufruf ist unter anderem abgedruckt in: MUT Nr. 198 (1984): 181.
2 Siehe Hans-Gerd Jaschke, Die »Republikaner«, Bonn ^{2}1993: 118.
3 Vgl. dazu Jaschke a.a.O.: 76.
4 Vgl. Jaschke, a.a.O.: 49.
5 Vgl. Jaschke a.a.O.: 49ff.
6 Vgl. Frankfurter Rundschau v. 19. 2. 1990. Hier zitiert nach Jaschke, a.a.O.: 83.
7 Jaschke, a.a.O.: 90.
8 Vgl. Gessenharter, Die »Neue Rechte« als Scharnier ..., a.a.O.: 440 und dortige Belege.
9 zitiert nach Jaschke, a.a.O.: 81.
10 Schomers, Michael, Deutschland ganz rechts. Sieben Monate als Republikaner in BRD & DDR, Köln 1990.
11 Junge Freiheit 10/92: 2.
12 siehe dazu und zum folgenden auch Gessenharter, Die Parteiprogramme der Rechtsparteien, in: Sozialwissenschaftliche Informationen, Seelze-Velber, Jhg. 20, Heft 4/91: 227–233.
13 Gemeint ist Johann Mühlberger, der einen Kommentar zu den REP-Programmen (1992 in zweiter Auflage) herausgebracht hat.
14 Brief vom 13. Dezember 1992 an den Verfasser.
15 Vgl. Wolfgang Gessenharter, Die Parteiprogramme der Rechtsparteien, a.a.O.: 227–240.
16 Bernard Willms, Volk, Staat, Nation und Gesellschaft, in: ders.,

(Hrsg.), Handbuch zur Deutschen Nation, Bd. 2, Tübingen 1987: 11–34.

17 Richard Stöss, Die »Republikaner«, Köln [2]1990: 75 f.

18 BVerWGE. Bd. 61: 194 ff., 198 f.

19 »Rechts – gedacht« Modell Ethnopluralismus, Hamm o. J., jedoch nach Mai 1992.

20 a.a.O.: 8.

21 Frankfurter Rundschau v. 27. 9. 93.

22 Jaschke, Die »Republikaner«, a.a.O.: 143.

23 Vgl. hierzu Hans-Gerd Jaschke, Streitbare Demokratie und innere Sicherheit, Opladen 1991; Eckhard Jesse/Uwe Backes, Politischer Extremismus in der Bundesrepublik Deutschland, Berlin 1993.

24 Vgl. Vorwort des Bundesministers des Innern zum Verfassungsschutzbericht 1990: 3.

25 Jaschke, Streitbare Demokratie ..., a.a.O.: 118 ff, insbes. 135–141.

25a In dieser Entscheidung wird den Verfassungsschutzberichten bestätigt, daß sie zu dieser Auseinandersetzung ohne verfassungsrechtliche Bedenken ihren Beitrag leisten. Vgl. dazu Jaschke, a.a.O.: 136f.

26 Verfassungsschutzbericht 1991: 107–109.

27 Niedersächsischer Verfassungsschutzbericht 1988: 48 ff.

28 Erwin Teufel, Sie kennen nur ein Thema, in: Die Zeit Nr. 46 vom 12. November 1993: 183.

Kapitel 6

1 Vgl. JF 3/93: 3.

2 Vgl. dazu Bernd Siegler, »Junge Freiheit«, in: Der Rechte Rand, Juli/August 1992: 4–7, bei dem noch weitere Namen und Äußerungen zu finden sind. Ebenfalls wird die Mittlerrolle der JF auch bei Armin Pfahl-Traughber, Die Junge Freiheit, in: Die Neue Gesellschaft/Frankfurter Hefte 1/1993: 44–49, herausgestellt.

3 Pfahl-Traughber, a.a.O.: 48.

4 Vgl. Der Testfall Hamburg, in: JF, 10/1993: 2.

5 Dr. Rudolf Krause (Bonese), MdB, Denkschrift zu nationalen deutschen Fragen Ende 1992, Bonn 23. 11. 1992, in einer veränderten Fassung wieder vorgelegt am 1. 1. 1993 – ders., Deutschlandpolitische Gedanken vom 18. März 1993.

6 Karl W. Deutsch, Nationenbildung – Nationalstaat – Integration, Düsseldorf 1972: 204.

7 Otto Köhler, FAZ-Deutsche, in: Blätter für deutsche und internationale Politik 1/93, S. 13–16.

Kapitel 7

1 Herbert Wehner in einer Sitzung des SPD-Parteivorstandes am 15. 2. 1982, zit. nach »Das Parlament«, Nr. 24 v. 11. 6. 1993: 2.

2 Vgl. Gerd-Klaus Kaltenbrunner, Was ist Deutsch? Die Unvermeidlichkeit, eine Nation zu sein, Freiburg im Breisgau 1980: 22.

3 Carl Schmitt, Der Begriff des Politischen, Berlin 1963: 26.

4 Vgl. Wolfgang Gessenharter, Das Freund-Feind-Denken der Neuen Rechten, in: Christoph Butterwegge/Horst Isola (Hrsg.), Rechtsextremismus im vereinten Deutschland, Bremen ^{3}1991: 62–70.

5 Vgl. Jürgen Habermas, Die Festung Europa und das neue Deutschland, in: Die Zeit Nr. 22 vom 28. 5. 1993.

6 Jan Werner, Die Invasion der Armen, Mainz 1991.

7 Vgl. Die Welt v. 22. 6. 1992.

8 Frankfurter Rundschau v. 5. 9. 1992: 1 (Hervorhebung durch W. G.).

9 Heinrich Lummer, Humanität und Verantwortung, in: MUT Nr. 246, Febr. 1988: 52.

10 Drucksache des Deutschen Bundestages Nr. 12/3657.

11 Das Parlament Nr. 24 v. 11. 6. 1993: 6.

12 Entwurf für das Parteiprogramm v. 9. 5. 1993, Kap. 4: 18.

13 a.a.O.: 49, 51.

14 Bayerischer Verfassungsschutzbericht 1992: 26.

15 Vgl. Charlotte Wiedemann, Das Asylrecht bleibt erhalten. Oder?, in: Rolf Schmidt-Holtz (Hrsg.), Un-Heil über Deutschland, Hamburg 1993: 200–211.

16 Vgl. Rainer Geißler/Norbert Marißen, Kriminalität und Kriminalisierung junger Ausländer. Die tickende soziale Zeitbombe – ein Artefakt der Kriminalstatistik, in: Kölner Zeitschrift für Soziologie und Sozialpsychologie, Nr. 4, 1990: 663–687.

17 Vgl. Norbert Kostede, Der Ausländer als Verbrecher, in: Die Zeit v. 19. 6. 1992: 8.

18 Vgl. Uwe Dörmann/ Christian Dreyer, Ausländer in der Kriminalstatistik – Bundesgebiet und Hessen, in: Claudia Koch-Arzberger u.a. (Hrsg.), Einwanderungsland Hessen?, Opladen 1993.

19 Vgl. »Ausländerkriminalität« oder »kriminelle Ausländer«, hrsg. von der Beauftragten der Bundesregierung für die Belange der Ausländer, Bonn 1993.

20 Vgl. Wolfgang Gessenharter/Helmut Fröchling, Vom Umgang mit Minderheiten – ein soziostrukturelles Problem in der politischen Kontroverse, in: dies., Minderheiten – Störpotential oder Chance für eine friedliche Gesellschaft?, Baden-Baden 1991: 15–52.

21 So Norbert Kostede, Der Ausländer als Verbrecher, in: Die Zeit Nr. 26 v. 19. 6. 1992: 8.

22 Heinrich Lummer, Asyl, Berlin 1992.

23 Anstelle vieler anderer Literatur vergleiche Klaus J. Bade, Deutsche im Ausland – Fremde in Deutschland. Migration in Geschichte und Gegenwart, München 1992.

24 Siehe dazu Lutz Hoffmann, Die unvollendete Republik. Zwischen Einwandcrungsland und deutschem Nationalstaat, Köln 1990.

25 Zit. in Bernd Siegler u. a., Der Pakt, Göttingen 1993: 144.

26 Der Spiegel Nr. 47 v. 16. 11. 92: 55.

27 Zur gesamten Analyse der Neujahrsansprache vgl. Wolfgang Gessenharter, Flurschaden für die politische Kultur. Des Kanzlers Neujahrsansprache, in: Vorgänge. Zeitschrift für Bürgerrechte und Gesellschaftspolitik, Heft 1 (1993): 1–3.

28 Ursula Münch, Asylpolitik in der Bundesrepublik Deutschland, Opladen ²1993: 154.

Kapitel 8

1 Wie wichtig die verschiedenen Formen der Kommunikation für verschiedene Formen der Herrschaft sind, hat Hannah Arendt in ihrer kommunikationstheoretischen Deutung des Totalitarismus deutlich gemacht, dies.: Elemente und Ursprünge totalitärer Herrschaft, Frankfurt/M. 1955.

2 Ralf Dahrendorf, Die Zukunft der Bürgergesellschaft, in: Frankfurter Rundschau vom 24. 1. 1992.

3 Zur Notwendigkeit der Offenheit für die Sicherung von Demokratie vgl. die grundlegende Analyse von Karl R.Popper, Die offene Gesellschaft und ihre Feinde, 2 Bde., München ⁴1975.

4 Siehe dazu näher: P. Feindt/H. Fröchling, Offene Bürgergesellschaft. Ein normativ-theoretisches Modell gegen die Kampf-, Schicksals- und Notgemeinschaft, Veröffentlichungen der Arbeitsgruppe Demokratieforschung, Institut für Politikwissenschaft, Fachbereich Wirtschafts- und Organisationswissenschaften, Universität der Bundeswehr Hamburg, Hamburg 1994.

5 S. dazu A. Gutmann/D. Thompson, »Moral Conflict and Political Consensus«, in: R. B. Douglass, G. M. Mara, H. S. Richards (ed.), Liberalism and the Good, New York 1990.

6 Konrad Hesse, Grundzüge des Verfassungsrechts der Bundesrepublik Deutchland, 16., ergänzte Auflage, Heidelberg 1988.

7 Jürgen Habermas, Faktizität und Geltung, Frankfurt/M. 1992: 182.

8 Richard von Weizsäcker im Gespräch mit Gunter Hofmann und Werner A. Perger, Frankfurt/M. 1992.

9 »Ich bleibe ein radikaler Liberaler«, Interview, in: Die Zeit Nr. 35 vom 27. 8. 1993.

10 Vgl. die Idee des »overlapping consensus« des amerikanischen Sozialphilosophen John Rawls; stärker politisch ausformuliert und

auf das Beispiel der USA bezogen: Michael Walzer, Zivile Gesellschaft und amerikanische Demokratie, Berlin 1992.

11 Vgl. dazu U. Rödel/G. Frankenberg/H. Dubiel, Die demokratische Frage, Frankfurt/M. 1989.

12 Wolfgang Gessenharter/Markus Birzer/Peter H. Feindt/Helmut Fröchling/Ursula Geismann, Zusammenleben mit Ausländern. Dialogisches Forschungsprojekt im Auftrag der Stadt Buxtehude mit Unterstützung des Landes Niedersachsen, Hamburg 1994.

13 Vgl: Wolfgang Gessenharter, Burkhard Krupp, Helmut Fröchling, Peter Henning Feindt: Umwelthandeln und Umweltforschung. Ergebnisse einer dialogischen Erforschung von umweltbezogenen Handlungen und Einstellungen mittlerer und hoher Manager in einem Unternehmen der Chemischen Industrie; Forschungsbericht der Arbeitsgruppe »Demokratieforschung«, Institut für Politikwissenschaft, Fachbereich Wirtschafts- und Organisationswissenschaften der Universität der Bundeswehr Hamburg, Hamburg 1990.

14 Entwickelt und in zahlreichen Projekten praktisch erprobt von Peter C. Dienel und der Forschungsstelle »Bürgerbeteiligung und Planungsverfahren« an der GHS Wuppertal, vgl. Peter C. Dienel, Die Planungszelle, Opladen ^{2}1991, sowie Stiftung Mitarbeit (Hrsg.), Demokratie vor Ort, Bonn 1991.

15 Umberto Eco im Gespräch, in: Die Zeit, vom 5. 11. 1993: 61.

Personenregister